金剛經宗通

——第六輯

——平實導師　述

ISBN:978-986-6431-49-4

執著離念靈知心爲實相心而不肯捨棄者，即是畏懼解脱境界者，即是畏懼無我境界者，即是凡夫之人。謂離念靈知心正是意識心故，若離**俱有依**（意根、法塵、五色根），即不能現起故；若離**因緣**（如來藏所執持之覺知心種子），即不能現起故；復於眠熟位、滅盡定位、無想定位（含無想天中）、正死位、悶絕位等五位中，必定斷滅故。夜夜眠熟斷滅已，必須依於**因緣**、**俱有依緣**等法，方能再於次晨重新現起故；夜夜斷滅後，已無離念靈知心存在，成爲無法，無法則不能再自己現起故；由是故言**離念靈知心是緣起法**、**是生滅法**。不能現觀離念靈知心是緣起法者，即是未斷我見之凡夫；不願斷除**離念靈知心常住不壞之見解**者，即是恐懼解脱無我境界者，當知即是凡夫。

——平實導師——

一切誤計**意識心為常**者，皆是佛門中之常見外道，皆是凡夫之屬。意識心境界，依層次高低，可略分爲十：一、處於欲界中，常與五欲相觸之離念靈知；二、未到初禪地之未到地定中，暗無覺知而不與欲界五塵相觸之離念靈知，常處於不明白一切境界之暗昧狀態中之離念靈知；三、住於初禪等至定境中，不與香塵、味塵相觸之離念靈知；四、住於二禪等至定境中，不與五塵相觸之離念靈知；五、住於三禪等至定境中，不與五塵相觸之離念靈知；六、住於四禪等至定境中，不與五塵相觸之離念靈知；七、住於空無邊處等至定境中，不與五塵相觸之離念靈知；八、住於識無邊處等至定境中，不與五塵相觸之離念靈知；九、住於無所有處等至定境中，不與五塵相觸之離念靈知；十、住於非想非非想處等至定境中，不與五塵相觸之離念靈知。如是十種境界相中之覺知心，皆是意識心，計此爲常者，皆屬常見外道所知所見，名爲佛門中之常見外道，不因身現出家相、在家相而有不同。

——平實導師——

如聖教所言，成佛之道以親證阿賴耶識心體（如來藏）爲因，《華嚴經》亦說**證得阿賴耶識者獲得本覺智**，則可證實：證得阿賴耶識者方是大乘宗門之開悟者，方是大乘佛菩提之眞見道者。經中、論中又說：證得阿賴耶識而轉依**識上所顯真實性**、**如如性**，能安忍而不退失者即是**證真如**、即是大乘賢聖，在二乘法解脫道中至少爲初果聖人。由此聖教，當知親證阿賴耶識而確認不疑時即是開悟眞見道也；除此以外，別無大乘宗門之眞見道。若別以他法作爲大乘見道者，或堅執**離念靈知**亦是實相心者（堅持意識覺知心離念時亦可作爲明心見道者），則成爲實相般若之見道內涵有多種，則成爲實相有多種，則違實相絕待之聖教也！故知宗門之悟唯有一種：親證第八識如來藏而轉依如來藏所顯眞如性，除此別無悟處。此理正眞，放諸往世、後世亦皆準，無人能否定之，則堅持離念靈知意識心是眞心者，其言誠屬妄語也。

——平實導師——

目次

第二輯：

第三輯：

第四輯：

第五輯：

第六輯：

第七輯：

第八輯：

第九輯：

自序

《金剛經》原名爲《金剛般若波羅蜜經》，意爲證得金剛不壞心而產生了實相智慧，由此智慧而到達無生無死彼岸底經典。本經是中國大乘佛法地區佛教徒中，家喻戶曉之大乘經典，在家居士及出家諸僧，多有人以本經作爲日課而持誦不斷者。本經是將大品般若及小品般若的實相教理，濃縮成爲一部文字較少而簡要的般若經典；若再將此經加以濃縮，則成爲二百餘字的極精簡經典，即是大眾耳熟能詳的《心經》，如是亦可證知本經所說的內涵是金剛心，並非解說一切法空。以此金剛心如來藏的實證，能使人看見本來就無生無死的解脫彼岸，由此實證而發起本來自性清淨涅槃的智慧。有了這個無生無死的本來自性清淨涅槃的現觀，知道阿羅漢們捨壽入了無餘涅槃中的境界以後，再現觀此時猶未捨壽之際，自己與眾生的金剛心如來藏，依舊不改其本來自性清淨涅槃的境界，那麼死後入無餘涅槃或不入無餘涅槃，就無所差別了。菩薩因爲如是實證、如是現觀，因此發起大悲心，願意盡未來際不入無餘涅槃，願意盡未來際利樂眾生永無窮盡，不辭勞苦。

然而《金剛經》之宗義，漸至末法時期，由於六識論的凡夫臆想中觀流行於世，同將本經解釋為一切法空之說，致使本經中所說的第八識金剛心密意全面失傳；縱使有善知識繼出於人間，欲將本經之眞實義廣為弘傳，亦屬難以達成之目標。由是緣故，必須先將禪宗之開悟實證法門推廣，眾皆信有開悟之事，亦信自身可能有緣開悟，然後教以禪宗之開悟即是親證第八識如來藏妙心之眞義，最後方得以本經之宗義如實闡揚，令大眾周知本經中所說「此經」者，實即第八識金剛心如來藏。然後依金剛心如來藏之清淨自性、離世間相自性、離出世間相自性、離三界六道自性……等，一一鋪陳敷演，得令已證金剛心之大眾隨聞入觀，一一現前證實 佛之所說誠屬眞實語；亦令未證金剛心之大眾歡喜信受，願意盡形壽求證之，以期得入大乘見道位中，眞成實義菩薩。以是緣故，應當講授本經，如實顯示本經之眞實義。

又，《金剛經》屬於破相顯宗之經典，是故講解本經時，除了顯宗以外，亦應同時摧破各種邪見相，令今世後世一切眞正學佛之人，讀後快速遠離各種外道常見、斷見相，亦得同時遠離各種佛門凡夫相。以是緣故，講解本經時，必須於顯示大乘自宗勝法時，同時破斥各種外道相及凡夫相，方能使聞此經典眞實義者同獲大利；由此顯宗同時破相之故，永離無因唯緣論的緣起性空、一切法空邪見，則此一世實證大乘般若實智即有可能。

又，若能如實理解本經中之眞實義，則能深入證實「宗、教不離」之正理，由是得以藉教驗宗、藉宗通教，漸次成就宗通與說通之自利利他功德，非唯自通得以自利而已。從此以後即能爲人解說宗門與教門非一非異之理，則人間有緣眾生即得大利，不久即得因如是善知識之弘化而得實證大乘般若，是故應當講授本經，並應於顯宗之際同時破相，令末法時代佛門四眾同得法利。

又因本經所說皆是直指金剛心之本來涅槃境界，然而未證金剛心之凡夫位菩薩，雖讀而不能現觀金剛心之本來解脫境界，於是不免臆想分別而產生偏差，終究無法如實理解本經中的 世尊意旨。爲救此弊，乃出之以宗通之方式而爲大眾講授，是故名之爲《金剛經宗通》；即以各段經文中與中國禪宗互有關聯之公案等，附於每一段經文解說之後說之，藉以引生讀者未來見道而實證《金剛經》宗義之因緣，是故即以宗通方式而作講授。復次，以《金剛經宗通》爲名而講授本經者，亦因鑑於明朝曾鳳儀居士所講《金剛經宗通》並不符實，顯違佛門宗通之智慧，後人讀之難免為其所誤，以是緣故，亦應於經文中與其有關之處加以拈提，條分縷析而令佛門四眾了知其錯謬所在，不復以其錯謬之宗通註解作為依止，後日參究眞如本心時，庶能遠離偏斜，則親證本經宗旨即有可能，是故即採宗通方式講授之。今者《金剛經宗通》之錄音已整理成文字，並已略加潤色，刪除口語中重複之贅言，總共達到一百三十餘萬言；今已將之編輯成書，總有九冊，仍以成本價流通之，以利當代學人；即以如是感言及緣起之說明，以為序言。

佛子 **平實** 謹序

公元二〇一一年初冬 於竹桂山居

第六輯：

《金剛般若波羅蜜經》

〈一體同觀分〉第十八（上承第五輯未完內容）

剛剛講的都是從理證上來說的，現在就從教證上來講；《大般若波羅蜜多經》卷五百六十九，佛云：

【「一切聖法由此成就，因是性故顯現聖者。謂佛如來無邊功德不共之法，從此性生，由是性出；一切聖者戒定慧品，從此性生；諸佛、菩薩甚深般若波羅蜜多，從此性出。是性寂靜，過諸名相；性是眞實，遠離顚倒；性不變異，故稱眞如；是聖智境，故名勝義。」】

證眞如，在這一段經文裡面講的，其實就是唯識五位裡面的實證唯識性。實證唯識性之後，你要怎麼樣去轉入唯識相位？你要觀察「萬法唯識」的種種法相。這段經文就是在告訴你這個道理。當你剛證得第八識的時候，你從現量觀察、比量推知，都可以證明祂是眞實與如如，但這個只是唯識性而已；八識心王裡面，「此」第八識是眞實與如如，因此稱爲眞如；祂永遠不變異，其餘的意根第七識以及前六識都是不眞實，非如如。這樣，你知道了八識心王的識性了，而這只是證得唯識性而已，只是剛入唯識門中。可是你證悟唯識性以後，一定要繼續進入唯識相，你才能知道諸法的法相究竟如何，那就是這一段經文講的，就是相見道位的智慧。你證得唯識性、證眞如時，只是眞見道而已，還沒有進入相見道位中。見道位，是要從眞見道以後繼續進修到初地的入地心時才算滿足，這個見道時程可眞是夠長遠的。聲聞的見道，半天、一天就過完了；甚至於善來比丘成爲阿羅漢，那個見道與修道只是短短幾分鐘就解決了。但是，你看大乘法這個見道，是將近一大阿僧祇劫。第一大阿僧祇劫總共有三十心，這個見道位的眞見道是第七住位，繼續進修到通達位初地的入地心，差距共有二十三心，那你看這個時程是有多久呢？所以，大乘見道的通達其實並不容易。

這一段就是告訴我們：在相見道位中，你要怎麼進修？佛說：「一切神**聖之法，都是由這個法來成就；因爲此法法性的緣故，所以顯現了證得這個**

法的人已經成為聖者。」證這個法的人，在大乘法菩薩道的五十二個階位中，才只是十住位中的第七住位，還不到初地，所以還不是聖人。為什麼這法叫作聖法呢？為什麼說證這個法，由祂的法性可以顯現出親證的人就是聖者？因為這個第七住位不退失的菩薩，同時也是解脫道中的初果聖人。也有可能他明心證眞如的時候，同時就成為二果或者三果聖者了，那可不一定呀！如果他明心之前，已經先有了離欲的修行而證得初禪了，他明心之後只要幾天就可以成為三果人了，怎能說他不是聖者呢？正因為這個心可以出生一切賢聖之法，所謂二乘法中的初果乃至阿羅漢聖人，他們將來入了涅槃就是出三界，所以說他們活著時可以被稱為聖人；但他們之所以被稱為聖人，而將來捨掉了十八界五蘊以後是什麼境界呢？其實還是這個眞如心的境界。如果不是因為有這個心，他們從初果到四果的修證就會變成戲論了，就都不可能是賢聖了。

不但二乘法中如此，在大乘法中成賢、成聖，乃至將來成佛，都還是因為這個心；而大乘法中可以成為諸地菩薩聖人，或者成為三賢位的菩薩賢人，也都是因為這個法，所以說一切的聖法都由「此」心來成就。這個心在般若諸經裡面，有時候叫作非心心，有時候叫作不念心，有時候叫作無住心，有時候叫作無心相心。「從此性生」所說的這個「此」，就是講這個第八識心。因為這個「此」，祂的法性是真實與如如的法性；祂是真如法性，所以證得真如法性的人，他一定會發覺自己五蘊身心完全是虛妄的，從此轉依這個心的真如法性，所以開始一分一分地修行而越來越清淨了，因此 佛說證得這個心的真如法性的緣故，顯現出世間有聖者。

這是一個概說，比較詳細的法義就接著繼續說明：「諸佛如來無量無邊功德，不共諸地菩薩的那一些聖法，都是從這一個真如心的法性中來出生，全部是由這個心的法性中顯現出來。」當然這裡面就牽涉到真如與佛性的體用關係；不過，這個關係，我不能在這裡公開講，這就不談它。那麼，世尊接著說：「一切聖者戒品、定品、慧品，」也就是說，一切聖者們的戒法、定法以及慧法，「都是從這個心的真如法性中出生。諸佛、菩薩甚深極甚深、微妙極微妙的般若到彼岸的所有功德，也都是從這個心的法性中出生。而這個法性是寂靜的，超過諸名的法相。」名是色陰以外之法，受、想、行、識所函蓋的所有法都稱為名，這些「名」所顯現出來的種種法相全都是五陰所攝；而這個眞如心所顯現的一切法性，跟受、想、行、識的所有法性完全不同，祂是超過受、想、行、識等一切法相的。而這個心的法性是眞實的，祂不是名言施設、不是假名施設，所以不能叫作「性空唯名」。只有名言施設的假名言說的名詞，才能叫作性空唯名。

印順法師把第二轉法輪系列的經典定義爲性空唯名，他的意思究竟是在褒揚般若？還是在貶抑般若？（眾答：貶抑。）對！就是在貶抑般若。他的意思是說：「般若諸經所說的一切法其實只是把解脫道重新再講一遍，所以全都是名言施設，因此體性是空，都是假名施設。」他的看法是指：「般若經所說的一切法，都是依於阿羅漢所修的解脫道，另外再作假名施設而演述出來，所以其性是空，唯有名言。」那你們說，他是不是破法者？知道他心中確實是這麼想、這麼作的人，都必須要說「是」，不能夠說他「不是」，因爲那正是印順法師寫書的本質。可是般若經明明說：「是性寂靜，過諸名相。」祂不屬於受、想、行、識這些名所顯現的法相所含攝，卻是有自性的，也是超過「名」的相，顯然不是聲聞解脫道所說的五蘊緣生性空的法性。受、想、行、識就是名，超過受、想、行、識的法相，顯然不是受、想、行、識所能函蓋的法，怎麼會說祂跟聲聞解脫道一樣？怎麼會說祂是性空唯名呢？佛說：這個法性是眞實的，是遠離顚倒的。這幾句話，諸位學了，要懂得活用。來到正覺講堂，一定要能夠現買現賣；你買了就能夠馬上賣，可以馬上賺得更多法財，不然你來正覺學法幹什麼呢？來正覺講堂學法，不是只有學一些名言、一些法相而已；如果只是想要學習佛法經論那些名相的話，去買一本佛學辭典研究研究就行了，何必來正覺辛苦學法呢！現在接著再解說，這幾句聖教，你學了以後要怎麼用？譬如說：「**是性寂靜，過諸名相。**」這就是般若的體質。如果有誰說他悟了，你知道他悟錯了，想要救他，你該要怎麼救？你憑你的現量所證來告訴他，他能接受嗎？他不會接受，因爲他第一個念頭是：「**你算老幾？**」如果你是三頭六臂，他就會聽你的。但你沒有，你看來跟一般人一樣，只好用聖教引出來說，然後憑你的理證來解釋這個聖教，他就只好接受，於是便得救了。

比如說「**是性寂靜**」，妳問他：「**你悟得哪個？**」他說：「**我不能告訴妳，我若告訴妳，那就洩漏密意了。**」妳就告訴他說：「**其實你不講，我也知道，你所謂的開悟內容就是離念靈知嘛！**」他不敢否認了，但是也不方便承認。

妳就告訴他：「般若經裡面說『是性寂靜，過諸名相』，可是你現在悟的離念靈知，是不是寂靜法？」他說：「寂靜呀！我打坐的時候，一念不生呀！」「那麼請問，你打坐的時候，我在你耳邊拍掌，你聽不聽得到？」「聽到。」「聽到，還算是寂靜嗎？」「喔！不寂靜。」那也許他的禪定更好，他修得第二禪，他說：「我進入等至位裡面，妳拍掌，我也聽不到呀！」「我拍掌，你也聽不到；那你出定了，我拍掌，你聽不聽得到？」「聽到了，出定當然會聽到。」「那就不寂靜了，因爲般若經講的是永遠都寂靜的；祂是常住的，不是變異法；你講的是入定了才寂靜，出定了就不寂靜，那就有變異，就不符合了。請問，你這個離念靈知，是不是『名色』中的『名』所攝？」他想一想，回答說：「不是。」因爲他如果說是名所攝，就落入妳的圈套了，就故意回答說「不是」。妳就告訴他：「如果你這個離念靈知，不是識陰所攝，不是名所攝，請問你，這個離念靈知能不能單獨存在？」他們智慧都不夠，一定會回答說：「可以。」妳就告訴他：「佛說的眞實法、寂靜法，是可以離一切緣而存在的，那麼你現在說你也可以，請問你，這個離念靈知，如果沒有色身五根的時候，沒有六塵的時候，還能不能存在？」這一問，他就知道自己剛才講錯了！因爲沒有色身時，離念靈知就不能繼續存在。那妳再問他：「既然是這樣，你這個離念靈知就是『名』所攝，是藉根、塵二法爲緣生的了。」

接著，再跟他提示一下：「佛說的寂靜法、過諸名相的法，祂不是名所攝，是常住的，你這個離念靈知常不常住？」「常住呀！」「你說是常住，請問你，突然後腦勺一記悶棍，你離念靈知還在不在？」他又不敢答了。「要不然，晚上睡著了，不作夢的時候，離念靈知還在不在？」他也不敢答了。「你這個離念靈知顯然都在名裡面了，都是名所函蓋的法相。因爲佛說的眞實法是『過諸名相』的，『過諸名相』就表示說不在受、想、行、識裡面；既不在受、想、行、識裡面，就是說你睡著時祂也在，悶絕了祂也在，死了祂也在，滅盡定中祂也在；生到無想天中進了無想定時，沒有名存在時祂也在。」聽妳講解了這一些法，他只好瞠目結舌：「喂！老姊啊！我才幾年不見妳，爲什麼妳這麼有智慧呀？」妳就說：「哪裡！哪裡！」如果你是師兄，他說：「老哥！你爲何這麼有智慧呀？」你就說：「哪裡！哪裡！」對方也許質問你說：「你爲什麼這麼狂，就直接承認是很有智慧？」你就說：「我這麼答，是爲你！爲你！」這才是大乘法。所以 世尊說「是性寂靜，過諸名相」二句，你要懂得活用。那些悟錯者的落處有沒有是永遠寂靜的？是否過諸名相？你要會活用這二句來觀察、來檢驗。來到正覺講堂，學了都要會活用，出去與學佛人言談時，七通八達不受拘限，這樣才叫作智者。不要說悟了是一回事，結果經中講的卻是另一回事，兩個兜不攏，那可就沒有智慧可用了。當你悟了，一定是跟經中講的可以互相聯結，可以活用。

接著說：「性是眞實，遠離顚倒。」你就比照這個方法，同樣自己思惟一番，然後怎麼樣證明悟錯者是顚倒的，而這個法是不顚倒的。再接下來：「性不變異，故稱眞如。」這很重要呵！永遠不變異其性，才能說是證眞如。如果所悟的法，祂的體性是會變異的，那就不叫眞如了。譬如說以前（應該說四年前，現在不叫三年前了），他們退轉者說：「你們證阿賴耶識，那不能叫作證眞如；人家證眞如時，譬如手被刀子割了很痛，我叫眞如要使身體不痛，眞如就可以使身體不痛。」好，「眞如接受命令要使身體不痛就可以不痛」，這是什麼心？這樣的眞如依舊是意識心。他們又說：「被刀子割了以後，我『叫』眞如要使身體不流血，身體就不流血。」好啦！請問：「這個心變異不變異？」祂還是會變異，因爲這樣的眞如不是自動運作的，當祂接受意識心的命令時一定也是會常常起心動念。這個心還會起心動念：「**意識命令我要使身體不流血，我現在想要它不流血。**」這就是變異法了。因爲當他們的手流血的時候，爲什麼他們要叫它不流血？因爲有恐懼嘛！怕流血過多會死掉，可是眞正的眞如心不會有這種行爲，而是任運卻不動心的。爲什麼要叫它不痛？因爲痛覺很痛苦嘛！顯然意識是有覺受，而眞如會跟這個覺受相應才會接受意識的指揮而違背祂原有的任運不動的心性，原來他們所謂的佛地眞如又落到「名」相裡面去了，依舊不離意識境界，不是眞正的眞如。可是，如果祂是眞實法、是如如法，祂的體性一定是永遠都不會變異、不會動心的；永遠不變異、如如不動的心，才能夠說祂是眞實法，所以說「**性不變異，故稱眞如**」。因此，證眞如時，所證的法一定是永遠不變異的，面對任何境界時也一定是永遠如如不動的；不能夠說：「**我入定的時候是眞如，出定了又不是眞如。**」不能夠說，我現在什麼都放下了是眞如，等一下聽到訊息說他在銀行的二億元存款不見了，或者現在生命有危險了，心裡波動起來想要採取應變時又不眞不如了。那這樣的「眞如」顯然「性」是變異了；所以遇到那種人，可以改稱他們爲「性是變異，故非眞如」。「是聖智境，故名勝義」，凡是聖智境界，悟後所表現出來的，一定異於常人，不會跟一般人一樣，也會跟悟前的自己多多少少有一點改變。如果悟了以後跟悟前都沒有改變，那麼我就說他的證眞如不是眞的開悟；縱使他知道密意了，也仍然不算開悟；因爲他的智慧並沒有出生，沒有轉依所知道的眞如，就是還沒有進入第七住位中。既然他還沒有離開六住位，還沒有進入到第七住位中，就是還沒有轉依成功嘛！怎能說是第七住菩薩呢！如果有一點點改變了，表示他有一點點轉依了，那就表示說他還可以算是七住位菩薩，不過這個七住位可能要混很多世才能超過。有的人，才不過一、二年就能超過七住位，就跑到十住位去了；他可能要經過一、二世或者一、二劫以後，才能夠圓滿第七住位應有的功德。所以，這裡面有種種的不同差別，不是每一個人悟了以後都完全一樣，都會有差別的。釋迦牟尼佛見了佛性時，祂成佛了；正覺同修會裡面的同修們眼見了佛性，只是第十住位，相差竟然有那麼多。眞的差很多啊！這表示什麼？表示基礎不一樣。所以新學菩薩、久學菩薩，二者都會有所差別。大精進菩薩證悟時，當下就是初地了；現在

是我們的本師 佛陀，早在無量無邊百千萬億那由他劫以前成佛了；所以同樣是開悟者，裡面還是會有各種果德上的差別。

但是，證得眞如法性，這是聖智的境界，不是凡夫的境界。凡夫智慧無法想像：「爲什麼會叫作眞實與如如？三界中哪有一個法是眞實與如如的？」三界中找不到這個法，所以他們都找不到。然而菩薩找到了，因爲菩薩有 佛依靠、有 佛指導；所以，只有這種聖智境界，才能說是勝義。也許有人想：「般若經這個講法是不是有語病？怎麼可能阿羅漢也不知道？」眞的沒有語病！因爲二乘菩提的極果、最究竟果，就是阿羅漢跟辟支佛；可是他們迴小向大進入佛菩提道中來，有的人只有六住滿心，有的人是五住滿心，有的人則是連初住滿心都滿不了，因爲他往世都沒有修過布施行，這一世也還沒有修，因此他還要從初住位開始修布施，所以都在大乘賢位中；還得要靠 佛指導而悟得如來藏了，才能進入第七住位中開始進修——除非是歷經一大無量數劫修菩薩行而仍有胎昧的菩薩，表面上是在佛世成爲阿羅漢。因此說，這個法才是聖智的境界，我們由此可以作一個結論說：因爲祂的法性不會變異的緣故，所以在一切境界中都同樣是一種法性，叫作眞實與如如。由於這個緣故，證眞如的人，不論在定中定外，或者在人間、天界，或者在貪瞋癡中，或者離貪瞋癡的時候，所證的眞實心永遠都是眞如法性，不會變異、不會改變，永遠一如，當然就不會有二種不同的開悟，法同一味；那麼這樣的人，才能夠說是眞正的大乘法中的賢聖。再來看理說第四個部分：

《佛說佛母出生三法藏般若波羅蜜多經》卷二十五：**【爾時法上菩薩摩訶薩謂常啼菩薩摩訶薩言：「善男子！如來者無所從來，亦無所去。何以故？眞如無動，眞如即是如來。不生法無來無去，不生法即是如來。實際無來無去，實際即是如來。空性無來無去，空性即是如來。無染法無來無去，無染法即是如來。寂滅無來無去，寂滅即是如來。虛空無來無去，虛空即是如來。善男子！離如是等法，無別有法可名如來。此復云何？所謂如來眞如、一切法眞如，同是一眞如。是如無分別，無二亦無三。」】**

你們已經明心了，就用這一段經文來檢查看看：你所明的眞心是不是這樣？你只能夠點頭，你不能搖頭啦！因爲 佛所證也是這個心，你所證也是這個心，所以當然同樣是如此。但是這部經稱爲「佛母」，說「佛母」能出生三法藏而使人到達無生無死的解脫彼岸。其實佛母是講什麼？是講般若經中所說的智慧，只有般若經中的實相智慧才是佛母。西藏密宗講的是什麼佛母？那是下三濫！把一個很神聖的佛母名詞搞髒了。話說般若智慧能出生諸佛，能出生三法藏，所以才叫作佛母。這部號爲「佛母」之般若經，法上菩薩摩訶薩向常啼菩薩說：「善男子！如來的意思是無所從來，也沒有所去。」現在要看看這個如來藏心，你能夠說祂是從哪裡來的嗎？沒辦法！你找到祂以後，眞的無法指出祂是從哪裡來的，因爲只能夠反過來說：諸法從祂而來，祂不斷地出生諸法。可是，你無法去找到任何一個證據或者任何一個理論，證明祂是從哪個法來的，你都沒辦法證實。因此所謂的如來，佛陀爲什麼會把祂叫作如來？因爲 佛陀證得的是這個無所從來的第八識金剛心。

這個無所從來的心，一定無所去，所以名爲如來。譬如說，阿羅漢入滅了，是他的五蘊十八界全都滅盡，不再有一點點的三界我存在了，這時候剩下的只是他自己的如來——他的自心如來第八識，而這個自心如來無形無色，卻有能生萬法的自性，所以稱爲空性。假使這個阿羅漢是在地球上，他現在入滅了，那你能夠說：他的自心如來現在正在地球嗎？不行！因爲祂既無形也無色，你還能夠說祂在哪裡嗎？當然不可能。假使說他由於自心流注，所以生前聽聞大乘法時非常愛樂大乘法，自心流注才不過一、二年，就使他的意根種子發動了，意根又現起了，於是又來三界中出現，開始行菩薩道，那他的意根種子這一動，還會一定出生在這個地球上嗎？不一定。也許因爲往世熏習，比如說如果讀過《佛說觀無量壽佛經》，知道極樂世界這麼好，這一下子也許跟那個種子相應，那麼他出現在三界時將是出現在極樂世界。所以，當蘊處界滅盡而只剩下第八識自心如來時，你沒有辦法定義說：他的自心如來在什麼處。只有祂被你這個五陰抓住了、綁住了，才可以說祂在你身中。可是，如果把你身中的如來藏跟你切割開來看，你就不能夠說祂住在五陰中，因爲祂是無所住的。有所住的才能說在你五陰身中，但是爲了方便幫助你開悟，讓你不要去心外求法，所以告訴你：祂駐留在五蘊身中。

所以，《如來藏經》一開始是怎麼樣顯現千葉寶蓮呢？那朵寶貝蓮華，蓮瓣有一千瓣，你想一想：一千瓣的蓮華有多麼莊嚴？世上從來沒有人看過。如果那種寬瓣的蓮花，有三十瓣、五十瓣，可就不得了了，經中說的竟是千葉寶蓮。那朵寶蓮開敷以後，有一尊如來坐在寶蓮華上，可是不久那朵蓮華就枯萎而臭爛了。這在講什麼呢？這在告訴你們，每一個人都是一朵千葉寶蓮。所以你們一身之中有多少法？你眞的算不完，可是寶蓮枯萎了以後，那位自心如來還是繼續清淨地存在，這就是有名的萎花喻。同樣的道理，這都在告訴我們說：每一個有情都有一個自心如來，可是這個自心如來，來無所來、去無所去。我們都說如來、如來，天竺那些菩薩們都說如去、如去，他們見了佛是稱呼如去，我們見了佛卻稱呼如來。到底是「如來」好，還是「如去」好？你想想看，如果是「好像來了」，究竟有沒有來呢？「如去」是好像去了，究竟有沒有去？那麼到底是哪一個名稱好？中國人喜歡來，不喜歡去，就叫作如來；印度人則說是如去，因爲如去是沒有去的。可是沒有去跟沒有來，好像來、好像去，到底是哪一個？其實二個都是一樣的，就是沒有來也沒有去。沒有來也沒有去，所以叫作如來，因此成佛一定是證得那個沒有來也沒有去的金剛心，才能叫作成佛。可是你們去看看，近代好多人自稱成佛了，有沒有證得那個沒有來、沒有去的第八識心？他們所證的都是有來有去的離念靈知心，落入識陰、意識中，所以這些人都是大妄語者。

接著說，爲什麼「如來者無所從來，亦無所去」呢？意思是說「眞如無動」，也就是說這個心是眞實性、如如性，這個心就稱爲眞如，而眞如心在六塵萬法中是絕對不會動心的。現在來看看當代大師們所悟的離念靈知，也有人號稱成佛了，且看他們寫的書、所說的法，他們每一天起心動念，請問：有沒有動心？動個不停呀！連晚上睡覺都還要動心、不安分。可是，如來所證的心是時時刻刻都無動，不管你怎麼樣罵祂，祂也不動心；不管你怎麼樣褒揚祂，祂也不會翹尾巴，永遠都不動心。你說：「**褒也不動心，貶也不動心，那我都不理祂，看祂動不動心？**」你不理祂，祂也不動心，祂照樣是我行我素，那你能夠說祂有動嗎？祂眞的沒有動，所以說「**眞如無動**」。無動就不會有所來去，所以叫作無所從來、無所從去，這就是如來。這個眞如就是如來，這個是不生法，所以沒有來也沒有去，有生就一定會有來去。

當代大師們所謂的開悟——離念靈知，譬如雍正皇帝，他所謂的開悟，就是要靜坐；靜坐到很堅固，都不會動心了——覺知心都不會生起語言妄想了，就說這樣叫作開悟了。現在我們大家來看他的開悟，是不是有來有去？他晚上總得要睡覺吧？好了，他這一睡覺可就不見了，離念靈知已經去了嘛！不是如去，而是眞的去了。明天早上又醒來了，國事如麻，必須趕快處理，當然得要醒過來，於是這時候離念靈知心又來了；不是如來，而是眞的來了。箍正的離念靈知有來有去，那怎能叫作如來？當然也不能稱爲如去。所以離念靈知是有生的法，因爲早上出生了就說是醒來了，晚上睡覺就去了，所以有來有去，不是不生法，不是如來如去；因此說，只有不生的法才是眞實如來。

那麼一切法的眞實際，沒有來也沒有去。實際，就是說一切法眞實的本際，那才叫作實際。可是如果有一個法，它不是一切法的眞實際，那它顯然是有生的法，一定不是諸法的本母。只有「諸法本母」才能叫作一切法的實際，可是實際是沒有來也沒有去的，這個實際才能叫作如來。阿羅漢入了涅槃就稱爲回歸實際，阿羅漢聽聞 佛說，知道入了無餘涅槃、滅了自己以後只是回到本際，所以知道入涅槃是三界有全部滅盡以後他也不恐怖。對 佛所說的話有所懷疑，就會於內有恐怖，於外也有恐怖，就不肯滅掉五蘊自己。阿羅漢知道有這個本際，雖然他沒有辦法去證得，但他知道 佛不會騙人；佛說無餘涅槃有本際常住不變，就一定會有，所以入無餘涅槃以後不是斷滅空，因此他不害怕，所以死時就滅掉自己，不受後有，後有永盡，那就是回歸本際了。可是這個本際不可能有來有去，所以這個本際、這個實際才是如來。如果換個名稱來稱呼祂，也可以叫作空性；不是空無，而是空性。空性的意思是說，祂雖然空無形色，可是祂有法性存在，不是名言施設，所以不是緣起性空；緣起性空是藉緣而起的蘊處界等法滅掉以後，變斷滅、變空無，那只能稱爲空，不能稱爲空性。

現在說：「空性無來無去，空性即是如來。」沒有形色而有法性，這稱爲空性。空性也是沒有來去的，如果空性是有來去的，那祂就不是眞正的空性。所以，有好多人說：「離念靈知就是空性。」問題是，離念靈知有沒有來去？有。有的人說：「佛性就是能見之性，我眼識能見就是佛性。我耳識能聞，能聞就是佛性。」請問：「能見、能聞之性有沒有來去？」有！既然有，那就不是佛性，就不是空性。所以，沒有來去的才是空性，這空性才是如來。

又說：「無染法無來無去，無染法即是如來。」你看，這樣總共講了幾種法？而這幾種法全都是如來，都同樣是講同一個本地風光的義理。無染法才是沒有來去的法，凡是有污染的同時就會有清淨，有清淨的就會有污染。所以，有時候覺得好慚愧：「我今天走過珠寶店，看見那個祖母綠那麼漂亮，我就一直想個不停。哎呀！今天染污了，不好！不好！丟掉！」於是明天再從那邊走過時就不看它，故意看著別的東西，這樣把頭轉向另一邊就走過去不看，今天終於可以忍住不看了，清淨一分了。練了好幾年，終於說：「我走過去時，眼睛瞄到了也不會再想它了，我眞的清淨了、清淨了。」可是清淨歸清淨，心裡面還是會想著：「我明年計畫要賺二千萬元，現在賺到了沒有？還沒有。今年快到年終了，還沒賺到二千萬元，今年好差，對不起股東，要想辦法再賺，要再衝刺一番。」那又變不淨了！所以清淨的法跟不淨的法，其實是一體的兩面，本是相待的法。相待的法，有時候這邊勢力增長，那邊勢力就消退；相對的，這邊消退時，那邊就增長；這邊染污的增長了，那邊清淨的就消退，都是相對的，都是一體的兩面。

所以，眞正的無染法，是永遠都無染而不會有時增長、有時消退的，因此般若經中的無染法，意思就是指本來清淨的法。而眞實如來是本離染污也是本離清淨的，從來都不認知自己是清淨的，祂從來都不分別染污與清淨，祂不在這兩邊裡。你說祂清淨嗎？祂從來沒有染污過，也不能與任何染污法比對，怎麼能叫作清淨呢？你說祂是染污的嗎？祂又沒有清淨過，怎麼能叫作染污？祂從來都不住在六塵境界中，永遠都不在清淨與染污兩邊。清淨與染污是意識心所有的，也是意根所有的；但是自心如來本身從來沒有清淨與染污可說，這樣的法才能夠叫作無染法。如果曾經有清淨，將來就不免會是有染的心，所以這個無染法不能隨便解釋。眞實無染的法是永遠都無染，可是眾生所知的清淨法是有時染污有時清淨的，那就不是眞正的無染法。這樣眞實無染的法始終都沒有來去，所以祂不會忽然變清淨，下了座又變染污；不會說下座是染污的，上座又變清淨了。祂不會這樣，祂永遠不變，這樣的無染法就是自心如來。

「**寂滅無來無去，寂滅即是如來。**」寂滅的法也是沒有來沒有去，寂滅的才是如來。寂滅的法，眞是難倒了那些大師們。他們跟人家印證開悟時，都是說他們所證的法是寂滅的，可是等到我們問他們：「**眞的寂滅嗎？**」他們又不敢承擔了。因爲他們所謂的寂滅，都是要靠打坐。坐到什麼都不管了，聽到聲音時，對聲音不管；聽到打雷時也不管它，他對什麼都不管，說這樣叫作寂滅。可是當時心中明明對五塵了了分明，可眞是鬧得很，怎能叫作寂滅呢？眞正的寂滅，那是涅槃境界；無餘涅槃境界裡面是誰呢？是如來藏—

—自心如來，是無染法，是無來去法、寂滅法。這個寂滅法恆離六塵見聞覺知，祂不在六塵中了知，當然是寂滅的；所以無餘涅槃裡面沒有六塵，這樣才是寂滅法。而這種寂滅法是不會有來去的，祂是恆存不變；如果祂是忽然出現了，有時又滅了；早上出現了，中午睡個午覺又滅了；在辦公室辦事好好地，背後仇人突然來了一記悶棍時，離念靈知又不見了，那就不是眞正的寂滅；因爲那是跟六塵相應的，所以說寂滅的法是沒有來也沒有去的，這個寂滅才叫作如來，因爲祂離見聞覺知。

「**虛空無來無去，虛空即是如來。**」這個虛空，不是像盧勝彥講的色法外面的虛空。盧勝彥是虛空外道，有時候又變成能量外道，有時候又變成意識外道、常見外道；他變來變去，自己卻不知道自己常常在變。這裡的「虛空」二字不是講虛空，這裡講的是虛空無爲；也就是說這一個心，體性猶如虛空而沒有邊際，但祂是無爲性的，是在講這個虛空無爲。這個虛空無爲沒有邊、沒有際、沒有界限，所以說祂是如來。凡是有界限的，都不能稱爲虛空無爲，表示說它是物質的法，是色法，色法就屬於色蘊所攝。色蘊所攝，那就不是無爲法了，不能稱爲虛空無爲。「虛空」無爲，又表示祂不是名所攝的法，因爲受想行識是三界有，不是虛空無爲。這個虛空無爲法，祂不會有來去，因爲你永遠找不到祂的虛空無爲是什麼時候才出現的。不論你往前怎麼推究都推不出來，不但你推不出來，我也推不出來；不但我推不出來，觀世音菩薩也推不出來，釋迦牟尼佛、阿彌陀佛也推不出來；因爲祂從來就沒有來去，所以這樣的虛空無爲法才是眞實如來。

你看這個心，已經講了幾種：如來、無動、不生法、實際、空性、無染法、寂滅、虛空，這樣就有八種法性了。可是自心如來只有這樣嗎？其實不止，所以《楞伽經》中世尊說如來有百千萬億名。如果有人說：「那個上帝最偉大。」你說：「對呀！上帝最偉大。」「爲什麼你也承認上帝最偉大？你不是學佛的嗎？」「對呀！因爲上帝就是如來。因爲他們說上帝是創造萬物的造物主，可是上帝自己不能創造萬物，連創造自己都沒辦法。眞正創造萬物的其實是自心如來，那您說『上帝創造萬物』，顯然那個上帝就是如來，所以我說上帝最偉大。您想知道這個眞理，請您趕快進佛門來。」就是這樣呀！他無法證明上帝創造萬物，但我們卻可以證明上帝創造萬物，我們說的這個上帝就是如來——自心如來；他們無法證明，我們卻可以證明這是事實，但不是他們口中或心裡想的有五陰的上帝。他們永遠找不到上帝，上帝在哪裡？西方哲學界一直提出質疑：「上帝何在？」他們都無法證明。可是他們如果要我們證明說：「你們講如來，如來在哪裡？」我給他五爪金龍說：「如來在這裡！」也就解決了。所以你看，這樣說眞實如來，顯然如來不是指釋迦牟尼佛那個五蘊，是在講祂的五蘊之所從來的那個不來不去的法，那就是釋迦如來的第八識自心如來——無垢識；將來我們成佛時，這個眞如阿賴耶識如來藏，就改名叫作無垢識。

接著，法上菩薩摩訶薩又說：「善男子！離開了上面所說的這個法，不可能再有別的法可以叫作如來。這個道理又是怎麼說的呢？也就是所說的如來的眞如、一切法中的眞如，都同是這樣一個眞如。」如來的眞如也在如來的色蘊中，也在如來的受、想、行、識四蘊中；如來的受、想、行、識四蘊中的眞如，也就是這個如來眞如。如來色蘊中的眞如，如來的色、聲、香、味、觸、法中的眞如，也是同樣這一個眞如；一切法中的眞如，就是如來的這個眞如，同樣是這一個眞如。也可以這樣說呀：「某甲師兄！某乙師姊！你們的一切法中的眞如，就是如來眞如，同一眞如。」因爲一切法就是各人的這個眞如所生，然後附屬於這個眞如的表面上在運作而已；本來就要攝歸這個眞如，不能外於這個眞如。外於這個眞如，就沒有任何一法存在了！所以說一切法眞如，如來地的眞如，也是這個眞如。

所以，你將來成佛的時候，你所現觀的眞如法性，還是你這個第八識心的眞如法性，與我們的本師 世尊並沒有差異。這樣的一個如，是沒有分別的，你不可能再找到另一個法跟祂一樣是如。如果你硬要說另有別的法是如，那就像大珠慧海在罵的：「那麼你跟木頭、石塊有什麼差別！」因爲木頭、石塊，你罵它，它也不會生氣；你褒揚它，它也不會歡喜，似乎也永遠是如；可是那就變成無情而沒有「如」了，那就不是諸法之主，就不是諸法的所依身，就不能稱爲法身了。所以說，像這樣的如，不會有第二種分別性出現，你無法從別的法裡面去分別出還有哪個法有這樣的如，你一定找不到。這樣的如沒有第二種、沒有第三種，永遠只有這樣的如。你將來成佛的眞如是如此，現在也如此，畜生道、地獄道中的眾生也同樣是這樣的眞如，這個眞如是遍一切法界存在的，祂才能稱爲眞實的如。如果是在人間打坐的時候才有，那不是遍一切法界。所以一定要是遍一切界（遍十八界）中，也遍三界九地都是同樣的如，這樣的法才能夠稱爲眞實如來。

所以如來，能不能夠說祂去了？不行！你可以說應身佛 釋迦牟尼佛離開了，但你不能夠說 釋迦如來去了，因爲 釋迦如來的自心如來是永遠沒有來去的，因爲祂是眞如。由於這個緣故，三界六道一切境界中；即使是在人間，不論是定中定外；若是不在人間的話，生到天道去或者生在三惡道中，也都要同樣是如的，才是眞正的空性妙法眞如。假使能夠證得第八識心，然後現前觀察祂的眞實性、如如性，如此證得祂的眞如法性的人，就可以稱他爲已經證眞如，可以說他證得自心如來。所以，依這樣的基礎來說，假使畜生道中有誰懂得禪師的話，聽聞開示之後而參禪證眞如了，那麼牠也就是賢聖位的菩薩，也就是證眞如者。我在這裡講經，假使有天人、天主來聽，他們聽經後開悟了，他們也是證眞如。但是，你不可以說：「假使有鬼神來，聽聞以後悟了也是證眞如。」因爲鬼神不容易進來正覺講堂，除非他有特殊的因緣；但是天主都是擁護佛法的，所以他們是可以進來的。所以，諸天天主也有可能是菩薩去擔任的，如果他有任務，他就會去擔任天主的職務。

因此說：「如來的眞如，一切法中的眞如，同樣是一個眞如。」可是不要誤會這句話。「同樣是一個眞如」，並不是說大家共有同一個眞如，因爲眞如是大家各個獨立、唯我獨尊的。所以如果有誰告訴你說：「我們悟了、證眞如以後，就可以修行，將來會成佛，成佛以後就跟佛的眞如合併。」你就罵他是外道。因爲他一定沒有開悟，也因爲你的眞如、我的眞如，根本沒有辦法相涉相及，怎麼合併呢？他一定悟錯了才會這樣說。所以你如果知道了、實證了、現觀了，你就知道什麼人眞的開悟了，什麼人根本還沒有開悟。如果說成佛以後的眞如要與諸佛的眞如合併，只需看到他書中寫出這一句話，你就不必讀其他的文字—他的一本書中如果有十六萬字、二十萬字—你只要讀到這一句，就不必再讀其他的文字，就可以確定他一定悟錯了。眞如是遍一切時都如，所以如果說：「定中所證才叫作證眞如，出定了就不是。」譬如雍正皇帝就是這一類人，就表示這個人也不懂得眞如的道理，他不知道眞如遍一切時的道理，他就不是實證者；因爲他的智慧顯然還沒有生起，那麼不管他在爲你開示什麼，你都可以不用再聽聞了，就可以耳根清淨一點了。

「一回風雨一回涼，法界性海好徜徉。」人家說秋高氣爽，雖然今天下雨，大地上都還是水，不過空氣倒是乾爽的；這是最好的秋天，又沒有秋老虎，所以這種心曠神怡的時節，正好徜徉在法界性海中。所以這種天氣，明心了，來聽這個《金剛經宗通》，不該只說是人生一大享受，應該說生生世世之中若有這樣的日子，都算是大享受。

上回講了整整兩個鐘頭的證眞如，大家隨聞入觀以後，對於「證眞如」應該已有很深刻的體驗與現觀，這應該說是明心者都能隨聞隨觀的眞如法相。由於這一品講的是「一體同觀」，所以我們要特別說明《金剛經》裡面這個一體同觀，到底是同哪一體？又應該觀哪一個法？因此我上一週對眞如就講得比較多。這就是講，一切有情都是同一類的眞如心體——遍及一切有情各自都有同一種的第八識心。這個心遍及一切有情之中，都同樣在一切時中示現眞如法性，永不變異；不論由哪一位菩薩悟後來觀察時都是如此的，卻不是說大家共同擁有同一個眞如心。接下來說，以眞如的「一體」，來「同觀」一切有情、一切諸法，這個「一體」講的就是非心心；《大般若經》裡面講的非心心，就是講這個金剛心如來藏——眞如。所有的有情—十方三世一切有情—同樣都是這個心體所生，都依這個心體而存在；沒有一個有情不是這個心體，所以叫作「一體」。

但這「一體」兩個字，古往今來一直都有人誤會了；自己心中思惟一番，就自以爲是而去告訴別人：「每一個有情都是從同一個法體生出來的。」就把它叫作「大我」，已故的香港月溪法師還特地寫了《大乘絕對論》，還搬出托辣斯大公司總攝一切小公司的理論來解說眞如大我。然後就說：「從這個大我又分出來，於是有我們每一個有情的小我。」所以，幾十年來佛門中常常聽到有人講：「開悟就是證得大我，悟後就要消融自我而跟大我合而爲一。」這都是很奇怪的說法，因爲 佛陀示現在人間的第一件公案，明明是走了七步，上指天、下指地說：「天上天下，唯我獨尊。」既然是唯「我」「獨」尊，顯然不是「大家」「共」尊，那怎會是源於同一個大我而想要跟大我合併呢？這種說法竟然出自佛門法師之口，眞是不可思議！

其實是每一個有情都有一個唯我而獨尊的非心心，時時顯示出眞如法性。如果大家都是從同一個大我中分出來而成爲各個小我，那跟基督教就一樣了，就可以被基督教統一了。然後再來看一貫道的說法，他們說老母娘生了好多好多的有情出來，就是原人，由這些原人再出生了更多有情；也說 釋迦牟尼佛一樣是老母娘所生的，也是老母娘的兒子，將來要收歸老母娘的理天之中。一貫道這個說法又跟一神教一樣了，又是被一神教統一了，那麼結果最後大家都會被一神教的歪理統一了。所以，那個大我、小我的說法是從哪裡來的？其實本來是從那些哲學研究者講出來的，後來有些佛學研究者心中顛倒而跟著信哲學，而佛教中的法師們在幾百年後卻又跟著這些佛學研究者學習，轉而傳授於佛門中，問題就更大了！

如果大家都是從同一個大我分出來的，將來要回歸、合併到大我中，那麼修行可就簡單了；咱們每天都去卡拉ＯＫ唱歌，三不五時就上酒家喝酒取樂，也可以每天遊山玩水享樂就好了，行善與修行的事都交給別人去修，或者都交給上帝去修，咱們都不用辛苦修行；因爲上帝或別人把道業修好了，上帝的種子就清淨了，咱們那時再回歸上帝也就自然清淨了，那不就結了嗎？那麼一貫道那些道壇可以關門了，他們從今以後再也不用扶鸞了，什麼事都不用辦了，讓老母娘去辦道就好了，因爲將來是要合併而歸於唯一的大我，統一爲大原人的狀態，那我們辛苦修行幹什麼？但問題是，這樣一來，三界中還有因果可說嗎？這可就變成一切修行都將無因無果了。因果律是三界中很重要的鐵律，卻被他們施設的原人論、大我論給打破了。問題是，他們打破了這個因果律，還不知道自己是要打破因果律，成爲無因無果的外道了，卻還在繼續講因果：「善有善報，惡有惡報；不是不報，時辰未到。」當他們把小我歸結到大我的時候，其實他們講的因果律已經不存在了；他們卻沒有注意到這一點，所以問題非常的嚴重。

因此所謂的「大我」其實是外道說，佛門中不該有大我的想法與說法，那是在誤導眾生，也是在戕害自己的法身慧命。所以，眞如「一體」固然是說如來藏、非心心，但非心心卻是每一個人各自都本有，同樣是不可增減的眞實心；不是大家共有一個本體，也不是能互相合併，是各個唯我獨尊的。所以，月溪法師講那個本體論，跟我們講的本體論不一樣；我們講的萬法本體，是各人全都唯我獨尊的；月溪法師講的卻是大家共有同一個本體，所以他用托辣斯（就是聯合壟斷）的總公司、分公司那個說法來作說明，寫出了所謂的《大乘絕對論》，結果他的絕對論實際上卻只是在五蘊世間法中想像的相對論，是相對於各人唯我獨尊的如來藏而有的識陰世間法，並且是完全相對待的世間法，所以我說他的絕對論理論不能成立。

所以說，「一體同觀」不是說大家共有同一個萬法的本體，而是每一個人各自都有一個唯我獨尊的各自獨立互不歸屬的本體，這個本體心叫作如來藏，就是各人都有的自己的第八識，又名阿賴耶識，成佛時改名爲無垢識。而大家都同樣是這樣的一個心體，這叫作「一體」，並不是一切有情共有一個大我心體。「一體」而「同觀」，是因爲這個非心心每一個人都各自獨有，而每一個有情都同樣有的這個心卻永遠都是眞如法性；不作諸異觀，一定是同觀。如果有幾位證悟者所觀出來的心，不是同樣的眞如法性，而是各人所作的觀行結果互不相同，那就變成一體異觀，不是一體同觀，就顯示這些人之中只有一人眞的開悟，其餘諸人全都悟錯了，或者所有人全都悟錯了；那麼正法的弘傳就是出問題了，並且永遠無法了知法界中萬法的實相，那就必然會輪迴生死永不斷絕。

所以，〈一體同觀分〉的意思是告訴我們說，每一個人開悟時所證的心體應該都是同樣的眞如心體，也是各人唯我獨尊的第八識「非心心」，不是大家共有同一個眞如心。「同觀」的意思是告訴大家，每一個有情的這個心體都是同樣的眞如法性，所有菩薩悟後所觀必須都相同，不可以作出不同的觀行結果，不該說「各人悟各人的，不要互相評論」，因爲大家都一樣有這個眞如心體，體性也都完全相同，都無差別，所以說是一體；要像如此同樣的現觀，才能叫作「一體同觀」。所以，這個「一體」講的是非心心，不是眾生所知的那個覺知心；因爲不論是有念靈知或離念靈知，不論是染污的靈知或者清淨的靈知，都一樣會有種種不同，譬如智愚有別、染淨有別等等，不是同樣的眞如法性，所以全部都是虛妄法。唯有三界中的虛妄心，才是能被凡夫眾生所知道的心，那都不是這個如來藏眞如法性「非心心」。

所以《大般若波羅蜜多經》卷五七四，也有這樣一段記載：**【曼殊室利菩薩言：「我觀如來即眞如相，無動無作、無所分別、無異分別，非即方處非離方處，非有非無非常非斷，非即三世非離三世，無生無滅無去無來，無染不染無二不二，心言路絕。若以此等眞如之相，觀於如來，名眞見佛，亦名禮敬親近如來。實於有情能爲利樂故。」佛告曼殊室利童子：「汝作是觀，爲何所見？」曼殊室利白言：「世尊！我作是觀都無所見，於諸法相亦無所取。」佛言：「善哉善哉！童子！汝能如是觀於如來，於一切法心無所取，亦無不取，非集非散。」】**

現在從這段經文再來看「一體同觀」，這個「同觀」到底是指哪樣的觀？

可不能說你觀的眞心是那個樣子，我觀的眞心又是這個樣子，互不相同，那就要改名爲一體多觀了。如果是一體多觀，那好極了，開悟可就簡單了，不管誰說的開悟內容全部都對，三歲小兒自稱開悟而說出來的也可以說是正確的，因爲有一些佛教界人士說：「各人悟各人的，何必要求別人跟你蕭平實開悟的內容一樣？」意思是說佛門的開悟可以有多體多觀，不必「一體同觀」。可是 佛所說的是「一體」而且必須「同觀」，一切開悟者所觀察出來的結果，各人的非心心永遠是一個樣，不會有第二種情況或狀態出現，因爲法界實相只有一種，永遠都不會有第二種。

在這段佐證眞心自性的《大般若經》經文裡面，文殊師利菩薩說：「我觀察如來就是眞如相。」也就是說，一切開悟者所看到的如來都只有一個法相，叫作眞如的法相；眞正開悟者的所見沒有第二種法相，不許有第二種不同的法相。「如來」爲何是眞如相？有好幾個理由，文殊菩薩說：「無動無作、無所分別、無異分別。」「無動無作」是說這個如來心、眞如心，於一切法中都不會動心，也不會有任何有爲有作的狀態出現，所以叫作「無動無作」。所以，當一個有情被欺負到非常瞋恨而且又不敢抗拒，落入極端恐懼之中的時候，這時正是又瞋又懼；可是證悟的人卻看到那個又瞋又懼有情的自心如來完全不動心，根本就不會起瞋也不會有恐懼。這時候，被欺負的那個有情，也許心裡面正在想著，被欺負的事情過後要如何暗中去報復回來，這時的心已是有作了。這都是有動有作的心行，可是他的自心如來卻根本不動心，也不會落在有爲有作的心行中，所以說如來「無動無作」。這個無動無作的心才是眞實如來，因爲祂是這樣子來顯示出祂的眞如法相。

文殊菩薩又說如來「無所分別」，因爲不管貴爲天主，或者賤爲一條蜈蚣，這些有情各自的眞如心—非心心—都不會分別世間的善惡或者生起喜怒哀樂，因爲祂完全不分別六塵中的種種法，根本就不會生起分別的心行，所以說祂無所分別。假使是離念靈知，當祂一旦存在時就已經在分別了。有些人眞的很愚癡，離念靈知時時在分別，他們卻都不知道這個事實，還睜眼說瞎話，硬說他們的離念靈知都沒有在分別。那些大師、居士們，當他們說自己都不分別的時候，意思只是說他們心中都沒有語言文字妄想，認爲這樣就是沒有分別了；可是這時你拿著打火機點了火，往他們的鼻頭不斷地靠近，他們就不斷地後退，然後你問他說：「你怎麼知道要後退？你這不是有分別嗎？」他這時才想起來：好像已經有分別了。可是面子下不來，還是硬要跟你爭執說：「我還是沒有分別，我這叫作了了靈知；當我知道有危險了，我自然就會閃開，可是我依舊沒有分別。」了了靈知就已經是分別完成了，卻還不知道自己已經分別完成了，所以我說他們叫作睜眼說瞎話。

當他們說瞎話的時候，還不知道說出來的是瞎話，這才荒唐！可憐的是，這種人如今漫山遍野，所以古時禪師才要罵：「天下死人無數！」說當代所謂的開悟大師們，一個個都是死人，法身慧命根本還沒有活過來，難得看到活人。正因爲如來藏在六塵中是離見聞覺知的，所以祂無所分別，因此對一切萬法都不動心，對眼前的違心順心境界都無所作爲，這就顯示出祂的眞如法性。因爲都不會加以分別，所以火來燒時祂也無所謂；可是五陰—特別是識陰離念靈知—可就大大地有所謂了，於是五陰全都要閃躲了；可是眞如心全都無所謂，祂從來不閃不躲。被罵了，五陰生氣了；祂眞如心全都不生氣，祂都無所謂，因爲祂根本不分別而不了知這是罵或是讚歎。祂從來都不分別，但五陰、離念靈知住在離語言境界中，可就處處分別了。所以說，金剛不壞性的眞如心，祂從來無分別；由於這個第八識心體的不分別，而顯示出眞如法性。

並且「無異分別」，因爲意識分別心的分別性，本來就屬於眞如無分別心中的一部分法性，不曾外於無分別的眞如心。在《金剛三昧經》裡面也說：「無分別智分別無窮。」因爲祂在無分別中卻能夠對六塵外的諸法廣作分別。這是在說，第八識非心心雖然永遠都有眞如法性，顯現出來的法相也永遠都是眞如性，可是祂對六塵都無分別之時並不是完全不能分別的，不是像石塊、木頭一樣全無分別，祂還是有祂獨特而不共七轉識的六塵外的分別性，所以才能說爲心。如果是像石塊、木頭而不能分別，祂還能稱爲心嗎？當然不行，因爲石塊等物都沒有分別性。所以，這個非心心還是有特異的分別性，只是祂不像意識一樣都在六塵中分別。如果說完全沒有分別，也可以稱爲法界的實相，那麼石塊也可以算是法界的實相了，因爲一樣完全沒有分別；而木頭也可以說是法界的實相，因爲也完全沒有分別。可是，非心心既然說是心，祂會成爲法界中的實相，是因爲祂有某一個方面的分別，不是六識和意根的分別性，才可能在這上面有祂自己的「心的行爲」，這個行爲一定是從某一種很微細的分別性才能夠運作出來，才能說是心。

如果沒有那一種很微細的了知與分別性，祂就不可能被稱爲心，那祂又要怎麼樣叫作非心之心？所以祂還是有六塵外的了知與分別性的，只是祂的分別性不在六塵中運作，所以那個了知性與分別性是非常非常微細的；正因爲這個緣故，所以有些大菩薩們就把祂叫作細心。但這個細心，是因爲祂的識性極微細，而不是應成派中觀講的從意識細分出來的細意識；因爲意識心不論怎麼細分，全都是很粗的，全都是不外於五塵、法塵而出生的三界中法，都不能超出於五塵、法塵與三界之外。三界中最微細的意識細心，就是非想非非想定中的細意識，超過非非想處就沒有任何細意識可以存在了；但這個最細意識，仍是意識，仍然屬於三界中的法，依舊不能外於法塵而存在，而法塵是三界中法。但是「此經」非心心，祂的心行所作出來的極微細了別，都不是任何粗細意識所能作到的，所以才會被稱爲細心。但這個細心是第八識，被應成派中觀胡亂套用細心的名稱而把祂套用到意識上去，稱爲細意識，問題可就嚴重了，因爲完整而不矛盾的佛法就因此而全部亂了套。所以說，祂其實還是有分別的，但在六塵中都無分別；可是這個在六塵中都無分別的運作過程中，卻有許多微細的了別，不是意識、意根所能作到的，所以

《金剛三昧經》才會說這個心在無分別中能廣分別，因爲祂的無分別慧可以有無窮的分別，才說：「無分別智分別無窮。」

所以，你在這邊發了願：「我要往生極樂世界，我已經心得決定了，這個心願絕對不改變了。」那麼極樂世界就增加了你應該有的那一分國土了，這時候你的非心心、你的眞如心，就在極樂世界增加出來的那個七寶池裡面，特地出生了一朵專屬於你的蓮華；你的那朵蓮華美或不美，莊嚴或不莊嚴，高廣或不高廣，全都是依你的如來藏在分別而成就的，不是由你的粗意識、細意識所能分別、所能成就的。你的修證越高，你的心量越大，你的願力越強，在遙遠的極樂世界中，你所專屬的那一朵蓮華就越高廣、越莊嚴、越漂亮。彌陀世尊一看見了就說：「不久的將來，這裡又會有一位上品上生的菩薩。」就是這樣呀！那朵蓮華應該怎麼樣造，怎麼樣變得更莊嚴、更高廣、更漂亮，是由誰分別而成就的？全都是你自己的非心心，這可不是你意識覺知心所能了別的。

所以，這裡面所說的分別，其實就是講這種六塵外的分別；不論哪一個有情的金剛心，都同樣有這樣的分別性，卻都不在六塵萬法中生起分別。而這個分別性隨於十方三世一切有情的非心心，都同樣一個體性，沒有不同的分別性；這個分別性都是六塵外的分別，全都不在六塵中分別，卻屬於眞如心如來藏所有；而能在六塵中分別的離念靈知的了了分明，卻含攝在這個眞如心中，所以說眞如「無異分別」。不可以說人家證悟了所講的非心心的分別性是這一種，而另外有人講出來的分別性所講的卻是說：「當我都沒有語言文字的時候，都沒有妄想雜念的時候，你的火把湊過來，我就知道要閃避，我就是這個不分別的分別。」這二者可是天壤之別，完全不一樣的。因爲這種分別還是六塵中的分別，與非心心的六塵外的分別完全不同，所以仍然屬於意識、識陰的分別。所以說，這個眞如心、非心心雖然也有分別，而所有的有情都同樣有這種分別，卻都同樣是六塵外的分別性，不是六塵中的分別；但都同樣含攝了識陰六識離念靈知心在六塵中的分別性，所以說「無異分別」，這二種分別性不可以互有差異、互分彼此而分離開來。

文殊師利菩薩又說：「非即方處非離方處。」這個實相心，你不能夠說祂有方處。比如說，你上一輩子在東方琉璃世界，聽 琉璃光如來說：「娑婆世界那邊修行很快。」所以你就來了，你的非心心跟你的五陰同在一起，你說：「那我的非心心上一輩子是在琉璃世界，這一輩子跑到娑婆來了，是不是有方處？」看來好像是有方處，因爲一個在東方，一個在娑婆，方位不同、處所不同。可是當你詳細探究下來，這個非心心既然無形無色，你怎能夠說祂在何處？當然不能說有處所呀！又譬如說，你如今在這裡，有一天聽到說極樂世界多麼好，又準備要往生到極樂世界去了，於是發了願要去極樂。好了，這時極樂就有一分你的七寶池空間增加出來了，又有一朵你專屬的蓮華生出來了，而你的如來藏既然在娑婆世界這個五陰裡，同時又在攝受極樂世界那一分國土跟那一朵寶蓮，請問：「你的如來藏到底是在哪裡？是在極樂世界呢？還是在這裡呢？」這又難說了，所以你不能夠說祂有方處，因此又說「非即方處」。

可是「非即方處」之中，又不能夠說祂離了方處，因爲明明你的五陰在這裡，眞如心也跟你同在。一神教最喜歡祝福別人的一句話是：「願上帝與你同在！」以後你遇到了他們，你就回應說：「如來隨時與你同在！」不是祝願，是本就已經同在。上帝還沒有與你同在，如來卻早已經跟你同在了。你就祝福他這一句話，看他有沒有因緣轉變，這也是攝眾方便之一。既然你的如來與你同在，你的如來也與你極樂世界中專屬於你的那一朵寶蓮同在，那麼如來到底有沒有方處？好像又有了，既在娑婆，也在極樂；在極樂的寶蓮中，也在娑婆這個五陰中；那到底何在？似乎還是有在呀！似乎也是有方處。假使這個時候，碰巧又正是這個世界到了壞劫的時候，這裡共業有情眾生的如來藏，在另一處虛空中正在變現出另一個三千大千世界，那麼顯然這些有情的眞如心也同時在那邊，也在這裡，又在別的剛剛正在變現的未成世界，那麼到底是在哪裡？又不能說是有方處了！所以，三個地方都有方處，你的眞如心無形無色而沒有方處，卻又不能說祂沒有方處，所以說：「**非即方處非離方處**」。

當你悟了，你找到了自心如來時說：「*原來是這傢伙！*」但這個傢伙可不能稱爲傢伙，還得要尊稱祂爲如來藏。然後再詳細觀察以後卻說：「**稱祂爲如來藏，也還是多餘的。**」因此你可能就說：「**名可名，非常名。**」竟然把《道德經》的經句搬出來了！那麼到底祂是什麼？應該名之爲何呢？眞的無可名狀。那麼到底祂是有方處，還是沒有方處？原來祂可以被你所體驗，當你找到祂，一把抓住祂，你就開始體驗祂，然後拿祂當奴才，又怎能夠說祂沒有方處呢？祂在你身上，被你找到了，當然還是有方處。但祂無形無色，又怎麼可以說祂有方處呢？所以等你悟了，你說有方處也得，說無方處也得。當別人主張有方處時，就跟他說沒有方處；當人家隨著你的話而說沒有方處時，你卻說有方處。人家說：「那就是亦有方處亦無方處。」你卻又說：「非無方處非有方處。」你怎麼樣解釋都通，這就是般若的妙處。因此，文殊菩薩就說：「非即方處非離方處。」你不能夠因爲祂現在正在娑婆，跟著自己的五陰在娑婆，就說當然是在娑婆。你眞的不能這樣說，因爲祂無形無色所以「非即方處」，不能說祂是在娑婆；可是等到有人說：「那就是不在娑婆了。」那也不對呀！因爲祂「非離方處」，不可以離開五陰方處而存在，離了方處你就找不到祂了。

所以，以前盧勝彥說眞如就是虛空，那麼我請問他：到虛空哪裡去找祂？你有本事，虛空找去；找出來看看，虛空中有哪一個是眞如心？他能找得出來嗎？絕對找不出來啦！所以他講來講去，有時候講是虛空，有時候又講是能量，豈不跟那些練武功的外道一樣了嗎？練武的人，夏時的三伏天以及最嚴寒、仲寒之際也有三個九天；所以初伏以後每到第十一天，都同樣要去戶外山林練氣功，說要吸取能量，要攝受日精月華。那麼請問：他們練武者攝受到了什麼日精月華？根本就沒有！所攝受到的都只是自己如來藏去鍛鍊出來的能量。而那些能量是從哪裡來的？還是從他們自己的如來藏來的。所以，這些人都是長他人志氣、滅自己威風。佛陀明明已經講了：「**唯我獨尊。**」而且是「**天上天下**」全都「**唯我獨尊**」的，他們卻是心外求法，個個偏偏要去尊別人、尊別的法、尊上帝、尊能量、尊虛空。更有愚人還要去尊老母娘，說老母娘出生一切法，全都是胡扯！菩薩要有廣大的心量，不要一天到晚長他人志氣、滅自己底威風。明明 佛陀已經講白了：「**唯我獨尊。**」既然是唯我獨尊，爲什麼要把眞我的功德都推給上帝、推給能量、推給虛空、推給冥性呢？那不是白癡嗎！

所以這個法，你不能夠說祂有方處，你也不能夠說祂沒有方處，所以 文殊菩薩講得好：「**非即方處非離方處。**」一定是兩個都具足，如果單取其中一部分，可就錯得離譜了。所以，如果有人講萬法的本源是能量，有人講是虛空，有人講是上帝，有人講是大梵天，那你就說：「**你這個人是外道！**」「**你爲什麼罵我外道？**」「**答案是：因爲你心外求法。**」佛陀在世時，常常說某些人是外道，說有很多人是外道。你們看《阿含經》裡面，不是講了很多外道嗎？都因爲他們是心外求法。

文殊菩薩接著說：「非有非無。」爲什麼非有又非無？以前有人很不服氣，說：「非有就一定是無，怎麼可以說又非無呢？天下沒有這種東西啦！」我就說：「因爲祂不是天下的東西。」所以人家罵你說：「你眞不是東西！」你還應該高興呢！因爲你轉依了祂，而祂不是東西，所以你就不是東西。凡是東西都會壞，而祂不會壞，因爲祂不是東西，眞的不是東西。如果祂是三界有，凡是「有」的法後來一定會壞；如果祂是無，無就沒有任何一絲一毫的法性可說，就不該是金剛心、眞如性。可是祂卻能出生萬法，無一法不從祂來，怎能說祂是無呢？可是如果說祂是有，就會屬於三界有所攝的法；既是三界有的法就一定會壞，所以也不能說祂是有；但也不能說祂無，祂雖然空無形色，非三界有，卻能生三界萬法，因此說「非有非無」。

「非常非斷」，也有人不服氣這一句話，說：「有一個東西非常的，竟然同時也可以非斷，天下沒有這個邏輯。」事實上是，在大乘法中就有，但二乘法中沒有，世間法中也沒有。所以大乘法讓你悟後可以玩得不亦樂乎，法樂無窮，眞的法樂無窮。當你悟了以後，你又有能力寫書來度人時，當你把這些書寫起來時，筆可就停不下來；因爲當你寫到這個法時，另一法又冒出來；你根本來不及寫，不停地冒出來。所以，我以前用稿紙寫書的時候，常常要準備另外一張便條紙；當我全心要寫完這個法，不想被打岔而專心把它寫完的時候，我的經驗是：等這個法寫好的時候，剛才心裡另外跑出來的那個法已經被我忘掉了。等我後來思索著剛才跑出來的那個法，正思索要寫那個法時，已經想不起來是什麼法；因爲當我思索剛才冒出來的究竟是什麼法時，又會出現了另一個法，就把那個法給忘了，眞是妙法泉湧。所以，一定要準備另一張便條紙，當我寫到一半而出現另一個法時，就在便條紙上先寫兩、三個字作爲提示，免得這個法寫完時忘了剛才冒出來的法；等到寫完的時候往往又出現另一個法，不是剛才冒出來的法，那也沒關係，就把後來才出現的法先寫，稍早出現的另一個法就等這一段寫完了，再來看便條紙上的提要，再把它拉回來繼續寫，所以往往一個法可以寫出很多法來。

所以後來開始用電腦寫書的時候也一樣，一定要準備一張紙，另外記著突然跑出來的相關的法，所以寫書時往往停不下來。當你打電腦的時候，或者以前用稿紙寫的時候都一樣，都停不下來，必須要一直寫下去，因爲妙法不斷地出現，於是越寫越歡喜。所以，人家寫信或寫書罵你，你爲了答覆而寫書回應時，也是寫得好高興；因爲法一直冒出來，讓你覺得法樂無窮。所以有很多人說，他們寫文章回應人家的評論時，寫字時手都會發抖，敲鍵盤時手也會發抖，我以前聽了都覺得好奇怪。後來我終於想通了，因爲他們沒有法而無法快速正確地答覆，必須設法扭曲來解釋；這時他們心中根本沒有法樂，因此寫文章回應時心中就對質疑的人很生氣，當然手就會發抖。但我們不是，我們在寫書、寫文章答覆別人質疑的時候，心裡一面還存著「好快樂、好快樂」的覺受，所以心想：**應該爲對方解說得更詳細一點，讓對方能夠理解，使他能夠離開外道法，他將來也許就會有因緣實證佛法。**所以我們心中反而是沒有瞋心的，這原因在哪裡呢？就是因爲你有這個「**非常非斷**」的法，智慧不斷出生而有無窮的法樂。

世間人找不到中道法，因此否定而質疑說：「**世間哪有一個法可以非斷又非常的？這中道根本不存在。**」因爲世間的一切法，若是非常的，就一定會斷滅，哪有說它可以非常同時又非斷呢？所以，有的人罵說：「**禪宗講的**

都是無頭公案，他們講的都是非常亦非斷，三界中哪有非常的東西同時可以非斷？」他們心中都不相信，而且公開演講時也這樣質疑。然而在我們正覺就是這麼好，好的地方就是有這個「非常」亦「非斷」的妙法，是兩邊都通的這個非心心恆處中道。如果因地就永遠是常，那可就完蛋了，在因地一定要非常亦非斷才可以。如果在因地染污的時候就常，那你的心地就永遠無法轉變清淨，既無法成爲阿羅漢，也將永遠無法成佛了！因爲你永遠都會這麼染污，怎麼辦？常，就是不變；現在若是常，染污的種子就永遠會繼續染污下去，不能轉淨。這也就是一神教上帝的落處，上帝說的就是這樣：生到他的天堂裡面去的就永遠生在天堂中，被他判下地獄的就永遠都在地獄中受苦，永遠不能翻身，他就是這樣的常。如果眞實心在因地時就已經是常，那就完了，所以因地一定要非常；要怎麼樣非常呢：這些清淨的種子，你可以把它增長；那些染污的種子，你也可以把它淨化；所以常住不壞心中的種子有這個非常，才眞是好，若是裡外都常的話，可就不好了。

世間人嘴裡說：「常，非常好。我不喜歡無常。」可是你眞要讓他常，他又不喜歡了。譬如說女眾好了，女人總是喜歡去作頭髮；今天作了這個樣子，過了一個月以後想一想：「這樣子也不好看，我還想要換一下，變成另外一種。」才剛改為燙髮，不到半年，現在又說：「我要改為清湯掛麵。」清湯掛麵了一段時間以後，又覺得太單調，過一段時間又改，反正有很多種髮型可以改來改去。這種改來改去的習性，本質是什麼呢？就是喜歡非常。所以小孩子夏天的時候，往往很嚮往冬天；可是冬天才過幾個月，他又開始嚮往夏天了；所以人們其實都喜歡無常，不是眞的喜歡常。如果常是大家喜歡的，我告訴你，那一些餐廳可都要關門大吉了；因為大家都喜歡常，所以永遠都是要同一個味道，就不必常常上館子變換口味了。而嘴裡的味道也是常，所以永遠都是同一個味道，因此去吃西瓜時也變成是同一個味道，不是西瓜該有的味道；改為喝酒時，也還是同一個味道，依舊不是酒應該有的味道；因為口中的味道是常而沒有辦法改變了，那麼誰還要去外面的餐廳吃飯呢？所以你想：世間人是喜歡常，還是非常？答案是非常，他們根本沒有喜歡過常啦！

我們在因地學佛，也應當如是，所證的金剛心體應該是常，但所含藏的種子應當要非常才好。如果永遠是常，你如來藏中的種子永遠都不能改變，那麼再怎麼努力修行以後種子還是染污的，依舊沒辦法改變，修行就唐捐其功了，所以常中應該要有非常。可是非常之中，祂又不是會斷滅，因爲心體永恆常住；這個心體永遠是常住的，不會斷滅。而且祂這個心體的自性永遠不改變、永遠是常，永遠是眞如法相。祂的體性顯現出來時都是眞如相，不會有時染污、有時又變清淨；所以祂的心體的體性是常，但是祂所含藏自身的種子以及與七識心相應的各類種子卻是可以變異的；所以如來藏金剛心函蓋了非常亦非斷，這一定是三界外的法才能如此。如果是三界內法——屬於三界有，還有哪一個法是非常亦非斷的？都沒有，永遠也找不到。

接著說：「**非即三世非離三世。**」究竟是依什麼而說有三世？其實是依五陰的改換而說有三世。前世那個五陰壞了，所以找了一對父母投胎，然後這一世出生了，這樣子依五陰的生滅而分成前世與今生。今生這個五陰，將來還是會壞，死了以後又再去投胎，然後十月滿足又重新出生了，又變成下一世；下一世跟這一世不同，是不同的五陰，所以就有了今世與後世差別；於是就有了前世、今世、後世，這就是三世。這個三世都是五陰所有的，因爲有前後五陰不同，才會有三世；而如來藏從前世入胎，祂並沒有死，所以當你這一世出生的時候，祂一樣沒有生，祂還是原來同一個心，所以沒有生。這一世死了又去入胎，五陰死了，祂一樣沒死，祂還是祂。下一世出生了是五陰出生，祂如來藏依舊沒有生；因爲祂從來沒有死，怎麼會有生？所以前後無量三世的五陰都不相同，但每一世都是同一個如來藏心，所以祂沒有三世，不能夠說祂有三世。

可是無量的三世五陰，卻都是從祂而來，離了祂就沒有五陰的三世；而你若是想要找到如來藏，不能從上一世的五陰去找，因爲上一世的五陰已經壞了，不存在了，所以就從這一世的五陰來找。如果這一世五陰老了、壞了，你還沒有找到祂，那麼往生去到下一世時就從下一世的五陰去找；一定不能離開一世又一世的五陰而想要找到如來藏，因爲如來藏永遠跟每一世現存的五陰同在一起，可是祂自己沒有三世；而三世的五陰其實都附屬於如來藏心，與如來藏金剛心非一亦非異，所以說如來藏金剛心「**非即三世非離三世**」。離開了三世諸法，你就甭想找到祂；所以不能離生而找無生，一定在有生之法中才能找到無生之法，因此說「**非即三世非離三世**」。所以，假使有人笨到要離開這三世的五陰，往虛空中去找生命的實相，那他就一定是心外求法，一定是外道。這外道二字，也許是指外道法中的外道，或者是指佛門中的外道，但同樣都是外道，因爲都是心外求法。在眞心之外去求常住法，永不可得。

文殊菩薩又說：「無生無滅無去無來。」生是因爲過去有滅；即將會有滅，也是因爲過去有生，所以生與滅其實是同一個法：有生就有滅，有滅就有生。如果是不可能滅的，他就不會有生，如果是沒有出生過的，他就永遠不會有滅；所以生就是滅，滅就是生；生了就說來了，去了就說滅了。所以，兩個已經離開胎昧的菩薩，在上一世先走了一位，而另一位還在人間，那位先走的人就去跟他道別說：「我先走了，你兩年後、三年後，到哪裡來找我。」「好！一定去找你。」時間到了，還沒捨報的老人就前往相見，就打個招呼：「喂！你來這一世了。」這嬰兒就跟他笑笑說：「我早一些來了，你還記得我啊！」這父母可就要害怕了：「這是何方鬼神？」其實不是啦！那是四、五地以上的菩薩們遊戲人間，因爲他們依止的是無生無滅的法。有來有去的就是有生滅，那就是五陰，所以才說「你來了」、「我先走了」。這是因爲從五陰來看時就有生有滅，所以有來去；生了就說來了，去了就說滅了。

可是如來藏生了五陰、滅了五陰，這個過程中，如來藏卻沒有生滅、沒有來去；祂既然沒有生，怎能說祂有來？祂既然沒有滅，怎能說祂有去？所以，你如果悟了，轉依這個自心如來，那你就不該說你有來去。因此，將來你走的時候跟同修們告別、跟家人告別時，你可以歡歡喜喜地說：「我先走了，再見！」我們有一位台中的同修就是這樣，那麼不瞭解的人說：「這個人好奇怪！快要死了，還高高興興地揮手說再見。」悟了，本來就該這樣；不過對於世俗人，就該跟他們說：「我講這個走了是方便說，其實是沒有走的。」那世俗人聽了就說：「奇怪？明明走了卻說他沒有走，到底在搞什麼鬼？」家裡人說話就是不一樣，家裡人知道他依止無生死的如來而說沒有走，才會那麼灑脫地說再見，揮揮手走了。因為再見其實沒有再見，下一輩子再見了，實際理地還是沒有再見；根本就沒有見，哪來的再見？沒有見才是眞見，這就是大乘法，阿羅漢之所不知。因為祂從來不生不滅，所以就沒有來去；沒有來去、沒有生滅，怎能夠說祂有走？下輩子再見時，自心如來又沒有見，怎能說祂見？可是正因為有這個從來不見的，才能夠有五陰互相說「再見」。

接著，文殊菩薩又說：「無染不染無二不二。」是要這樣見如來呵！每一個眾生的自心如來都應該如此見。這個自心如來從來沒有染污，祂的自體性就是眞實性與如如性，永遠不會改變；永遠不會改變而永遠保持眞如性，就是無染，可是祂所含藏的種子一直是有染污的；無量世以來都是這樣染污，沒有一世的種子是不染污的。那這樣子，到底是有染還是無染？顯然還是有染。可是在有染之中，那些染污的種子都只跟眾生的七識心相應，不跟自心如來本身相應；自心如來供給了眾生所需要的一大堆染污種子，祂自己卻是完全沒有染污的。當眾生證悟三乘菩提而開始漸漸修行、漸漸清淨，祂給眾生的種子就成爲多分清淨、少分染污；修到了成佛時，就完全沒有染污；所以 文殊菩薩說因地的自心如來「無染不染」。

又說：「無二不二。」「無二不二」就是《楞伽經》講的「俱、不俱」；這個俱與不俱，也就是般若中道觀行中所講的「非一非異」。一切染污法跟自心如來非一非異，一切清淨法也跟祂非一非異；一切有爲法、無爲法跟祂非一非異，五陰也與祂非一非異，而山河大地同樣與祂非一非異。自心如來與所生的一切法全都非一亦非異，有無量無邊的非一非異，所以 文殊菩薩說如來「無二不二」。你不能夠說萬法與祂是二，也不能夠說萬法與祂不二，而是無二與不二相合，不可分離而獨取其一；因爲萬法與祂如果是二，那就跟祂無關了，就不該跟祂有關；萬法如果與祂不二，那萬法壞的時候，祂也就該同時毀壞了，那麼山河大地壞滅的時候，這個世界的一切有情如來藏也將全部跟著一起毀壞，因爲不二。但法界裡的事實並非如此，所以說「無二不二」，一定是兩者兼俱。這個大乘法的般若中道，世間人總是想不通；因爲世間人會認爲：如果是二，那就是互相沒有關聯；如果是一，那麼一個壞了就全部都壞，哪有什麼不一又不二，非一又非異？因此不認爲世間有這種事情。事實上，也就只有法界實相裡才有這種事情。

正因爲祂是法界的實相，所以想要求證這個實相當然非常地困難。如果不是法界的實相，修證都是很容易的，只要按部就班一步一步去進行，都可以達成；當然，那一定是世間法，譬如世間法的次第禪觀。所以你若想要實修禪定，只要有實證者親自教導，那麼欲界定、未到定、初禪、二禪、三禪都可以實證，因爲它可以有次第性而知道每一個次第該如何修證。可是學習中國禪宗般若禪的人，大家的問題就是：到了大乘法中想要實證般若，一定要證自心如來這個心；當你想要證這個心時，卻沒有次第可說，都是在苦心參禪時，只是突然間一刹那相應，並沒有一個次第可說的。開悟明心時就只是這麼一念相應，可是這種一念相應而開悟明心，既是最容易悟的，也是最難證的，因為沒有次第可入，所以《楞伽經》中說大乘的見道是無門之門。

你們來到正覺講堂修學時算是好因緣，我們還幫你安排了一些次第，藉這些次第讓你具足證悟的條件。當條件具足了，證悟的因緣就容易成熟，可是當你開悟時仍然只是一念相應而生起智慧。這個自心如來本來就在，不是先前不存在而後來漸漸證得的，所以不能以次第完成，而是突然全體現前。那十牛圖講的先見腳跡，再找到牛尾巴，然後找到牛的後腿、肚子，最後才入廛垂手等等，那樣次第所證的一定是有為法的意識心境界，所以十牛圖中說的那條牛一定不是大白牛，一定是假牛。那條牛，充其量最多就是太上老君所騎的那條青牛，但那條青牛未來還是會死滅，並不是眞實法。眞實法，那條眞牛——大白牛，祂是一念相應的時候就全體現前，再也無有遮藏了，是與五陰同時同處的，你也會發覺祂與五陰的你不一亦不異；所以說這個法一定是與你的五陰不一亦不異，也就是「無二不二」。

講到這裡，諸位想一想，文殊菩薩說的：「無動無作、無所分別、無異分別，非即方處非離方處，非有非無非常非斷，非即三世非離三世，無生無滅無去無來，無染不染無二不二。」這樣的自心如來會不會跟語言相應？如果能跟語言相應，就絕對是意識心，不可能是自心如來。如果祂會跟語言相應，當你這樣罵祂：「你是壞東西！讓我找了幾十年都找不到，進了正覺講堂修學以後才終於找到你，你可眞會躲藏。」祂將會生氣起來，祂就不是眞如了。但自心如來是始終都不了知六塵的心，怎會與語言相應？所以你證悟了祂，根本不用試著罵祂，因爲你一看就知道祂一定不與語言相應，再怎麼罵祂，祂也不會知道，何況生氣起來？所以會與語言相應的，一定是三界有所攝的生滅法。譬如離念靈知依六塵而存在，不能一剎那離開六塵，所以永遠會跟語言相應，既跟語言相應就會分別；所以當你讚歎他：「你眞不是東西！」他也許一時沒意會過來，不曉得你在讚歎他，誤以爲你在罵他，於是就開口回應你了：「你爲什麼罵我？」你就說：「因爲你眞的不是東西——不是物，所以我是讚歎你，不是罵你，你怎麼老以爲我在罵你呢？」那時他可就不好意思了。若是悟錯的人，被你這麼一讚歎，因爲誤會而生氣起來質問你，又被你這麼讚歎了，他心中不好意思，卻又不知道該怎麼辦；所以他們悟錯的人遇到了你，眞的沒轍。

定性阿羅漢就苦在這個地方，沒有實相般若；所以阿羅漢們遇到了菩薩，都不敢開口、不敢起慢心，都是有這個原因在背後存在著，使他們對菩薩們不敢輕舉妄動。可是，這些智慧與手段深妙的菩薩來到了 佛前，也都沒有用處，因爲 佛都知道菩薩們的智慧與手段，佛陀已經全都親自走過來了。所以，阿羅漢爲什麼要那麼恭敬 佛陀？因爲他們尚且不敢對菩薩輕舉妄動，而菩薩對 佛一樣不敢輕舉妄動，那麼阿羅漢們想一想：「那我顯然距離佛地還很遙遠。」當然他就不得不恭敬於 佛陀了。菩薩在外面遇到外道共論諸法以後，回來道場時不必跟 佛報告，因爲都知道自己與外道所論議的內容沒有問題。可是阿羅漢們不管遇到哪個外道，論法之後回來道場時，總是要一五一十向 佛報告，並且請問 佛：「我這樣跟外道說法，有沒有謗佛的嫌疑？」因爲把法說錯了就是謗佛，因爲他們一定是說：「我們世尊就是這麼講的。」所以如果講錯了，那不就是謗佛嗎？因爲 世尊明明不是那樣講的。

所以由這裡來看，凡是非心心、眞如心顯示出來的境界，一定是言語道斷、心言路絕，絕對不會落到眾生所知的覺知心的心行中，不會落到覺知心裡自言自語的行爲中，也不會像眾生所知的離念靈知、有念靈知一般了知語言的意思。要是有人不相信，等以後找到了自心如來，就在心裡面罵祂：「都是你，躲得那麼隱密，才會害我找到現在；這樣子故意躲我，眞是個渾蛋加三級。」你可眞罵得不客氣，可是罵歸罵，祂都不跟你生氣；不但不跟你生氣，根本就不理你，祂充耳不聞，因爲祂沒有耳朵。這個如來心就是這樣，所以說祂「心言路絕」。禪門裡有一句話說：「言語道斷。」語言之道——語言中的種種法，都沒辦法來到自心如來的境界裡；一切語言在祂身上都使不上力，所以不論你是寫文章罵祂，寫書罵祂，上網站罵祂，或是在心裡面罵祂，祂都不理你，因爲這一些語言之法全都到不了祂的境界中去。你說：「既然罵祂不行，我試著讚歎祂，總可以吧？祂總要聽上一、二句吧！」但我告訴你：祂也不聽。因爲祂是言語道斷，與語言相應的一切法道，來到祂這裡全都使不上力。那麼這樣想一想，這到底是什麼東西？原來祂不是東西。

文殊菩薩又說：「若以此等眞如之相，觀於如來，名眞見佛，亦名禮敬親近如來。」如果用這樣的眞如法相來觀看如來，來看待如來，才可以叫作眞的見佛。我們《正法眼藏》書中印了《佛藏經》的經文，不也是同樣的說法嗎？所以，見佛時並不是用五陰見，而是要用自心如來相見。當你看到自己的如來藏阿賴耶識時，你也就看見了如來的無垢識，這樣才是眞見佛；這樣見佛的人，才是眞的禮敬如來、親近如來。凡夫眾生只能看見應身如來的五蘊，就說已經看見如來了。不迴心阿羅漢們一樣只能見到如來的五蘊，看不見應身佛的自心如來，所以他們見到的如來是假的。若只是見到如來化現的五蘊，就不是眞見佛；只有菩薩親證自心如來，才能夠眞見佛。

從這一小段經文中的三、五句，諸位有沒有想到經裡面的一個典故？有一次，佛陀去忉利天爲摩耶夫人說法，但因爲忉利天的一天等於人間的一百年，所以 佛陀上去說法不久，人間已經過了三個月了，那時有好多人說：「三個月都沒有看見如來，好想念！」所以，優塡王去找了一塊很好的木材，用那一塊很名貴的木材想要雕佛像，可以每天瞻仰，稍解思念之苦。於是請目連尊者以神通力攝受匠人上去天宮觀看 世尊的法相，然後下來人間幫他雕刻；正因爲那一塊好木材眞的很難得，恐怕被雕壞了，所以目連三度幫忙攝受匠人上天觀佛，下來幫他雕製。三月過後，有消息從天上傳下來，說釋迦如來要回來人間了，大家都搶著要第一個見 佛，人人搶著站在前頭；蓮華色比丘尼就化作轉輪聖王，又變化了一大堆的儀仗隨從、聲勢浩大；所以大家都讓位給她所化現的轉輪聖王，讓她站在最前頭，她就最先迎接到 佛陀了。然而十大聲聞弟子之中只有須菩提沒有前往迎 佛，須菩提還是在他的石窟裡面晏坐，那時候他早已明心證聖了，認爲應該以自心如來而見 佛，就沒有去跟大家爭第一。

當蓮華色比丘尼爲了想第一位見到 佛，化作轉輪聖王來見，大家不知道，都禮讓給她，因此她是第一位看見 佛陀從天上下來人間。但她沒想到這樣子作的結果，反而被 佛陀責罵，佛陀責罵她：「妳怎麼可以這樣欺騙眾人禮讓而第一個來見我？即使如此，妳仍然不是第一個見佛的人，十大弟子中第一位見佛的其實是須菩提，雖然他還在他的石窟裡面晏坐。」爲什麼他是第一位見佛的人？因爲他就是像 文殊菩薩講的這樣見佛。須菩提在自己的石窟裡面思惟 佛陀本際，就是思惟 佛陀也是這個自心如來，所以 佛就說：「他才是迴心大阿羅漢中第一位見佛的弟子，妳蓮華色比丘尼還不是第一位見佛的人。」你看，結果她想方設法第一位見到 佛陀，還是要被斥責。這就是說，她當時還不知道 佛陀的本際，不知眞正的如來。

所以，文殊菩薩這麼講，跟 佛陀親自示現給我們知道的經中公案是完全一樣的；要這樣來仰觀如來，要以無垢識的眞如之相來觀如來，這才是眞見佛。這樣眞見佛，才能叫作眞實禮敬如來、親近如來。所以，凡夫每天恭敬拜佛，仍然不是眞的禮敬如來、親近如來。眞正的禮敬如來，是要觀看如來的無垢識永遠示現的眞如法性，要觀察諸佛顯現出來的都是眞如法相，這樣才是眞正的親覲如來，才眞正叫作親近如來。爲什麼 文殊菩薩會這樣講？因爲這樣禮敬如來、這樣親近如來的人，他才是 佛陀的眞子，阿羅漢仍然不是 佛的眞子；所以經中說「入如來家」是從初地開始，入地時才叫作生如來家、入如來家、住如來家。阿羅漢迴小向大時還進不了初地，得要開悟明心而知道如來的本際以後，再進修般若別相智而通達時，才能進入初地，才算是生如來家的眞佛子。何況是那些還沒有迴心的阿羅漢們，當然不是如來的眞子；因爲他們還不知道如來的本際，所以對如來的恭敬心就不會足夠，也沒有能力負荷如來的龐大家業。

進入初地而成為如來的眞子了，對如來的恭敬心就會具足，這樣的人才是眞正的親近如來、禮敬如來。在大乘法中想要能夠眞的禮敬如來、親近如來，至少得要眞見道、相見道具足，才能進入初地，成為眞正的佛子，才終於是眞正的禮敬如來。對末法時代的大師們，這是不容易達到的境界，我們也不苛求他們。但是對於諸位，至少得要明心，能夠觀察如來的眞如法性，這樣就是初步禮敬如來、親近如來，也唯有這樣的人才會眞正樂於親近如來。為什麼這樣的人可以說是禮敬與親近如來呢？從利益眾生的方向來說，這樣的菩薩眞的能夠對有情產生大利益；因為這樣的人能夠幫助有情同樣實證這個自心如來，同樣可以教導眾生如實親近如來、禮敬如來。這就是說，他可以荷擔如來家業，使得與他有緣的有情一樣可以進入眞實的佛門之中，可以發起般若實相的智慧。

文殊師利講了這一段法義，他講的其實沒有幾句話，但是我們講解了一大堆。他講這幾句話不會超過一分鐘、二分鐘，但我們卻講解了一個鐘頭。因為他講的道理很深，對於還沒有明心的人而言，眞的很難理解，讀經的人都不免誤會與想像，所以我必須要這樣詳細講解，因為我不該只為已悟的人講解。如果單爲已悟的人講法，我可輕鬆了。可是聽經者中，還沒有悟的人更多，我們得要詳細地說明，所以我才會講得這麼囉嗦。這個囉嗦到底是好？還是不好？還眞難講，所以這是因人而異。

「曼殊室利童子」，這裡爲什麼把 文殊菩薩叫作童子？因爲他是修童子行的菩薩。文殊師利菩薩頭戴天冠、長髮飄飄，手有臂釧，然後身著天衣非常華麗，胸佩瓔珞價値無量百千；這顯然是在家人的身相，但他卻是個不折不扣底出家人，這就是大乘法中的出家菩薩。大乘法中的出家人有兩種，若是像 彌勒菩薩還沒有上生兜率天之前，他示現的是比丘相，也是大乘法中的出家人。可是大乘法中的出家人還有另外一種，就像是 文殊、普賢、觀音、勢至一樣，頭戴寶冠、胸佩瓔珞，還有臂釧。想一想，如果哪一天我把頭髮留長了，也戴起寶冠又掛上了臂釧，然後又穿著很華麗底衣服，又去買些瓔珞掛在胸前，然後開著千萬元買的車子來講堂講經。諸位看見了，會怎麼想？假使有那麼一天，你們也得要接受呀！因爲佛世的大乘出家人就是這樣，特別是等覺、妙覺菩薩的 文殊、普賢都是如此。

我們現在禪三道場已經先建立這樣的制度出來，正覺裡的出家菩薩僧是依菩薩戒而不依聲聞戒來出家的；住進祖師堂去了，就一定要修童子行、童女行；這時所受菩薩戒中的不邪淫戒，就自動改爲不淫戒；但是依舊不受聲聞戒，所以不剃髮，不著染衣。雖然是這樣的菩薩僧，我們還是設計了一套出家人的衣服給他們穿。還是要穿起來，不然的話，外面世俗人見了會瞧不起他們，不知道他們也是僧寶。這眞的是菩薩僧，他們卻都不知道；所以我們設計的菩薩服上面還繡了字：正覺寺常住。要讓會外人士知道，雖然我們的常住也許還留著長髮，卻也是菩薩僧，還是僧寶的身分，只是沒有像 文殊、普賢一樣戴寶冠、佩臂釧、穿天衣。我們要把 佛陀時代的大乘法回復起來，所以成爲正覺的常住時，一旦住進去，如果是示現在家相，那你就是要修童子行、童女行。如果是想要現聲聞相也可以，但是原則上我們比較歡迎示現菩薩僧的法相，盡量不要是聲聞相的出家人。因爲台灣佛教裡示現聲聞相的凡夫菩薩已經太多了，我們要多一點稀奇的菩薩僧，所以他們要修童子行、童女行，而不是修聲聞行。同理，因爲 文殊菩薩修的是童子行，所以經中就稱呼他「曼殊室利童子」。

文殊師利向 佛解釋自己如何觀佛的道理以後，佛就向 文殊師利童子說：「你這樣觀察如來，那麼你到底是看見了什麼而有這樣的觀察？」文殊師利童子回答說：「世尊！當我作出這種觀行的時候，其實都無所見，於諸法相也沒有所取。」這是轉依於自心如來非心心的立場，是站在如來藏的立場來看如來的時候，其實自己的如來都無所見。因爲你的自心如來不觀察諸法，對六塵中的一切法都不觀察，都不加以了別，都不加以觀看，都不加以了知，所以說「都無所見」。意識覺知心可以觀察這個自心如來而生起智慧，可是如果意識覺知心轉依這個自心如來，而來看待一切佛法的時候，就沒有一法可得；既沒有出世間法，也沒有大乘的世出世間法，無一法可得，所以無佛無法亦無僧，當然無佛亦無眾生；於是既沒有智慧也沒有愚癡，這就是《心經》講的：「無智亦無得。」所以　文殊菩薩說：「我作是觀都無所見。」

既然都無所見，那就是於諸法相都無所取，所以　文殊菩薩緊接著說：「於諸法相亦無所取。」當你覺知心開悟了以後，仍然像悟前一般取世間法，也取世出世間法——取了般若實相智慧；但是你的自心如來卻是被你所取的法——自心如來所顯現的眞如法相是被你所取的法相，而祂卻根本不取自己，也不取一切法。祂是被你悟取的法，不是祂要悟取什麼法；所以你有種種智慧，祂沒有種種佛法智慧。你的種種佛法智慧是因爲悟取了祂，所以有種種智慧；祂卻是被你悟取的對象，祂自己不生任何智慧，所以也於諸法都無所取。而你轉依了祂，你站在祂的立場來看時，也就沒有一法可取，所以沒有任何法相可說，當然就沒有所取了。

佛聽了文殊菩薩這麼說，就讚歎他說：「講得好啊！講得好啊！」也就是讚歎說：「你的修證眞好啊！童子啊！你能像這樣子來觀待如來，於一切法，心中都無所取，於無所取中同時也沒有不取，非集亦非散。」這樣才是眞正的證悟者。末法時代的那些大師們自稱開悟了，卻是「悟」離念靈知，落入意識中；那他們到底是有所取？還是無所取？當然有所取呀！諸位都知道，就只有他們不知道自己早就取諸法了，嘴裡竟然還在狡辯說「無所取」。所取，知就是取；在阿含裡面 佛早講過了：「想亦是知。」想陰就是了別之性，因爲想就是了知；知道的時候就已經落在想陰裡面，已經是取六塵而了知完成，結果竟然還說他們是「無所取」，所以還眞的需要有個蕭平實出來告訴他們說：「你們已經有取了。」

所以《阿含正義》出版後，那些阿含專家們可能心裡面都在猶豫了：「我以後還要不要自稱爲阿含專家？」因爲阿含之道，他們自己也沒有弄懂，以前卻都自以爲懂。現在我把阿含諸經中的眞實理寫了出來，他們無法挑毛病；並且以前他們都不知道的內涵，我都幫他們寫出來了。我們還特地登了一段很有名的話在《正覺電子報》裡面，那幾句話，對他們而言都是創見；可是對佛菩薩們而言，那其實都是老生常談。那幾句話是怎麼說的呢？我說：有證得四禪的凡夫，沒有不證初禪的三果人；有證得初禪的凡夫，沒有不證初禪的阿羅漢。這些教理，其實早都在阿含諸經中講過了，可是那些阿含專家們知道嗎？都不知道！從來都沒有聽他們講過一句；而我們今天又講了好多句，顯示他們讀了卻不能懂的阿含諸經的聲聞道。所以那些阿含專家們也該迴心反省、反省了，如果懂得反省，他們就有機會證得阿含中所講的初果乃至四果；如果不肯反省，就永遠沒機會。

那麼眞實法如來，是被修行的意識所取的法相，而不是由能取的法來變成眞心，來變成眞實如來。那些人都想要把能取的自己，去住在所取之中而變成被取的眞心。他們認爲語言文字就是所取，取語言文字時就是有取；如果靜坐到沒有語言文字時就是無取，就能把所取的境界變成沒有取的境界；

也就是說，他們都認爲離開了語言文字時的覺知心，就是已經變成無取的眞心了。可是變成了這樣所謂的眞心以後，其實仍然不是眞心，仍然還是有取；因爲他離念的時候了了分明，了了分明是不是已經對六塵或某一塵分別完成了？確實是分別完成了。如果不是已經分別了，怎麼能夠叫作了了分明呢？所以離開語言妄念的時候仍然是有所取，了了分明就是已經有所取，因爲已經分別完成了。他們一定是在所取的六塵中完成分別了，才能叫作靈知，不然怎麼叫作離念的「靈知」？不然怎麼能叫作了了分明？所以已經落在所取裡面，他們卻還不知道這是有所取的境界，都不知道自己已經有取了。

但是這個如來藏卻不一樣，祂於一切法中都無所取，可是卻又沒有不取；因爲你的所有法，包括五陰以及一切法，都在祂的所取之中，沒有一法不取，但這種取與覺知心的取六塵不同，所以 世尊說爲「集」。如果祂都不取——不集，你老早就滅壞了、消失了，還能存在嗎？可是當你在集一切法的時候，你所集的一切法，祂卻又全都不集；當你在收集一切善法、在毀壞一切惡法時，那是你在集一切善法，祂卻不跟隨著你集任何善法，所以祂完全不集。然後你在壞散一切惡法的時候，祂卻不跟隨你壞散惡法，而是你在壞散，祂卻不壞散惡法，所以祂不散。而你壞散惡法時成就了善法種子，祂對你所成就的善業種子卻又不散而集存在祂心中，所以祂「非集非散」。請問：離念靈知能夠不集諸法嗎？絕對不行！修行人的離念靈知心一直在集善法。祂能夠「散」嗎？也不行！只有離念靈知才能一直在壞散惡法。可是佛說的如來是「非集非散」，這樣看來，那些大師們對這段般若部的經文，大概是不敢宣講的；除非他們把它加以嚴重地曲解了，猶如印順法師一樣不斷地加以嚴重曲解。

這樣看來，這眞如心的體性應該瞭解了吧？可是聽了老半天，有許多人還是只能想像：「到底這是怎麼回事？聽起來好像很妙，可是又覺得好玄。」「玄」是什麼意思？玄，就是烏漆墨黑，讓人看不明白；因爲不明白，所以就說「玄之又玄」。因爲連世間最有智慧的佛學專家、佛學研究者，世間最有智慧的哲學家們，都覺得大乘佛法眞的好玄。既然連他們都覺得好玄，那當然叫作玄之又玄。老子正因爲找不到這個東西，所以才說：「玄之又玄，眾妙之門。」老子曾說：「窈兮冥兮，其中有精。」他知道萬物之出生，背後一定有一個精妙之法作爲根本因，不可能是無因而生、無因而滅的；但因爲這個東西太精妙了，簡直無法理解，所以才說這個「玄之又玄」之精，說這眞的是「眾妙之門」。他雖然找不到，但他知道一定有這麼個精妙之法，所以才主張說：窈窈冥冥之中，有一個精明之法性；這個「精」是無法理解的，所以說：「玄之又玄，眾妙之門。」既然如此，覺得好玄而弄不清楚，不能明白，那就是被無明所籠罩了，那該怎麼辦呢？那就得要想辦法把祂找出來，現前觀察清楚以後就不覺得玄了。該怎麼找呢？來！看看宗門怎麼說，宗門裡的妙法都是在幫助大家親證如來的。

《佛果圜悟禪師碧巖錄》卷一裡面，克勤圓悟禪師這麼說：【夾山下，三箇點字，諸人還會麼？有時將一莖草作丈六金身用，有時將丈六金身作一莖草用。德山本是講僧，在西蜀講《金剛經》，因教中道「金剛喻定，後得智中千劫學佛威儀，萬劫學佛細行，然後成佛。他南方魔子便說即心是佛。」遂發憤，擔疏鈔行腳，直往南方破這魔子輩。看他恁麼發憤，也是箇猛利底漢。初到澧州，路上見一婆子賣油糍，遂放下疏鈔，且買點心喫。婆云：「所載者是什麼？」德山云：「《金剛經》疏鈔。」婆云：「我有一問，爾若答得，布施油糍作點心。若答不得，別處買去。」德山云：「但問。」婆云：「《金剛經》云：過去心不可得，現在心不可得，未來心不可得。上座欲點那箇心？」山無語，婆遂指令去參龍潭。纔跨門便問：「久嚮龍潭，及乎到來，潭又不見，龍又不現。」龍潭和尚於屛風後引身云：「子親到龍潭。」師乃設禮而退。至夜間入室，侍立更深，潭云：「何不下去？」山遂珍重，揭簾而出，見外面黑，卻回云：「門外黑。」潭遂點紙燭度與山，山方接，潭便吹滅；山豁然大悟，便禮拜。潭云：「子見箇什麼？便禮拜。」山云：「某甲自今後，更不疑著天下老和尚舌頭。」至來日，潭上堂云：「可中有箇漢，牙如劍樹，口似血盆，一棒打不回頭。他時異日，向孤峰頂上立吾道去在。」山遂取疏鈔於法堂前，將火炬舉起云：「窮諸玄辯，若一毫置於太虛；竭世樞機，似一滴投於巨壑。」遂燒之。】

克勤大師這麼說：「我夾山會下，有一個字是三個點；那個只有三點的字，你們諸人還會不會呢？」克勤大師曾經住持於夾山，那時慣會使這三個點的字來考人。他有一個字就是三點，有時候說：「我於上方點上一點，是什麼字？」然後如果不會，他又說：「我到東方十萬億佛土之外再下一點，請問這是什麼字？」難不成你要跟著他跑到東方十萬億佛土外去看那一點嗎？然後接著他又說：「再不然，我到西方十萬億佛土之外再下一點，這一點又是什麼字？」他又問了。座下那些徒弟們，大家把頭皮都搔爛了也想不出來：「這到底是什麼字？」如果都還不會，克勤大師就當面三點，然後請問：「是什麼字？」大眾也是不會，眞的難會呵！你說，在這樣的禪師座下想要開悟，簡單不簡單？眞的不簡單呀！

這本來是《大般涅槃經》中說的典故，叫作「伊字三點」；是 佛陀爲諸弟子最後開示說：聲聞人只知解脫，不知般若，所以般若就成爲祕密藏；賢位菩薩只知如來法身，不知深妙般若種智，所以也不能成佛，便無法成就佛地大般涅槃。必須這三法，也就是解脫、法身、般若種智全都具足了，並且也都互相緊密關聯而具足實證了，這才能夠成佛。如果有人把這三法拆開來，使這三法互不相干；縱使他眞的能夠證得其中一法，也不可能成就大般涅槃，成佛無分；何況是現代大師們連聲聞解脫都錯會了，連如來法身都錯會了，如何能夠成就佛地大般涅槃？竟然還敢自稱成佛了，眞是大膽。譬如梵字裡有一個字，音譯成中文時就稱爲「伊」，這個梵文中的伊字只有三點，上方一點，左方一點，右方一點；不許把這三點縱著寫成一排，也不許把這三點橫著寫成一列，一定是要三點不縱不橫，上方一點，左、右各一點，才能成就「伊」字三點。

如來果地的大般涅槃也是如此，必須是解脫道的內涵能夠分開來清楚瞭解而實證了，如來法身也分開來清楚瞭解而實證了，並且不會與解脫道混淆不清；最後還得要把深妙底般若種智通達而究竟了，與聲聞解脫、如來法身二法，清楚地分開而且都具足實證了，然後把這三法合起來而不許分開，才能成就如來果地大般涅槃。如果把這三法拆開來，縱使所證是正確的，也還是無法成就如來果地大般涅槃的；但若是把這三法合併起來，卻不能分別實證，又不能為人分開來解說，也一樣無法成就如來果地大般涅槃。這就是經中說的「伊字三點」的典故，意思是說這三點如果分開就不成伊字，如果倒過來上方二點，下方一點，也不能成就伊字。如來果地大般涅槃也是一樣，得要依著先後次第，先證聲聞果，次證如來法身，後證般若種智，然後圓滿成就為一法——成為一個完整的伊字，才能成就大般涅槃。克勤大師早期曾經住持正法於夾山，他這個開示是住持於夾山時說的。他問大家：「**我夾山法會門下，有個伊字三點；這個只有三點的字，諸位還會麼？**」他是借用經中的典故來度人開悟，但是這個由他從經中發明出來的公案，可眞是難倒天下人了。

然後我師父 克勤大師，他接著怎麼說呢？他說：「我夾山會下有那個三點的伊字，你們諸人會不會？我有時候把一根草當作丈六金身來用，有時候把丈六金身當作一莖草用。」這個禪門術語我若不解釋，大概諸位也不會知道什麼意思。譬如人家來問：「如何是佛？」他老人家就從地上摘了一根草起來說：「這就是佛！」這是把一莖草當作丈六金身來用。可是有時候人家問說：「如何是佛？」譬如木平禪師可好笑了，他就回答說：「幫我去那邊，挑一擔泥來！」一擔挑完了上來問，他又吩咐：「再去挑一擔來！」得要連著挑三擔。挑完三擔了，才終於告訴你：「這就是佛！」這叫「木平三轉泥」，這時就是把丈六金身當作一莖草用，眞的欺負人家。人家好歹也是唯我獨尊的丈六金身，他竟把祂拿來當作一莖草用，看得不值一文。我這樣解釋了，諸位聽完就懂了。你如果明心了，我這麼一說，克勤先師這兩句話你就懂了。你們若是想要瞭解 克勤大師講的話，還眞的不太容易，但我這麼一解釋就知道了。

然後，接著話頭一轉，克勤大師把話轉到德山宣鑑頭上去了。德山禪師他本來是個講經僧，不是禪師；他在西蜀，就是四川西部，專講《金剛經》。因為他在教理上面，是依據經典裡面的聖教而這麼說：「想要證得佛果，先要證得金剛喻定。」金剛喻定，就是猶如金剛才能比喻的法界大定，因為從來不出定也不入定，猶如金剛一般不動不轉的定。因為這個如來藏既不出定也不入定，當你證得這個如來法身時，就是證得法界大定了！證得這個定時，就叫作金剛喻定；因為金剛心所住的這個定，眞的好像金剛的譬喻一樣，絕不動轉，永遠不出定也不入定，就這麼住。周金剛讀經時，知道聖教中有這麼說：「金剛喻定證得以後，」這個是眞見道，眞見道是說已經證得根本無分別智，「然後還要轉入後得無分別智中，歷經千劫學佛威儀，萬劫學佛細行，然後才能夠成佛。教中明明這麼說，他南方的魔子魔孫們卻敢誇口說：即心是佛。」周金剛心中很不服氣。對呀！馬祖大師就是這樣子傳下來的，都是講即心即佛，說這個心就是佛。人家聖教裡明明講的是「千劫學佛威儀，萬劫學佛細行」，你們南方的禪宗竟然敢誇口說「即心是佛」，這不是魔子魔孫，又是什麼？周金剛眞的不服氣，就發憤要去南方破斥禪宗裡的魔子魔孫；於是擔起他註解《金剛經》的《青龍疏鈔》，往南方就走下去了。他目的是要找嶺南那些開悟底禪師們，想要把他們一個一個加以破斥，要破掉這一些魔子魔孫之輩。因爲禪宗正法大部分在嶺南弘傳，最多開悟禪師的地方是福建跟廣東；於是他往南方嶺南而去，要破盡這些魔子輩。克勤大師說：**「你們看，周金剛這麼發憤，也眞的是猛利底漢。」**說他不是那種溫溫吞吞的娘娘腔。

於是周金剛最先是到了澧州，他在路上因爲挑著《青龍疏鈔》，走呀！走呀！肚子餓了，路上看見有個婆子在賣油糍。油糍就是「油粿」，台灣現在也有人賣。周金剛肚子餓了，就放下《青龍疏鈔》要買點心吃；沒想到這個婆子眞的不簡單（古時候的婆子，你們不要想得很老，古時女人四十歲就叫作婆子了。現代人都五十好幾了，還有人稱呼她爲小姐呢，還沒有人敢稱婆。古時候四十歲就成婆了，因爲古時候女兒家，如果二十歲還沒有嫁，父母都要愁到白了頭，通常在十七、八歲就一定要出嫁了。大多人家則是十五、十六歲就嫁了，不像現在女人三十歲了還不想嫁人。我前幾個月才嫁了老二，把二女兒出嫁了，也是三十出頭了才肯嫁出門，不過我們都不催她。如果她不嫁，將來在正覺寺出家也不錯，我們二個老的可都不擔心。可是人家男方等了六、七年了，沒辦法再等下去，就來催嫁了，我說：「那你們就直接找她談，不干我的事。」所以是幾個月前才低調出嫁，我也不宴請親朋好友。你看都已經三十好幾了，依古時的狀況，再過幾年可就要叫作婆子了。古時女人四十歲就叫婆子了，有很多人三十七、八歲，都被人家叫奶奶了，所以這位賣油糍的女人當然是婆子）。

這個婆子可不簡單，這婆子看周金剛是個出家人，想要買點心，就問他：「你挑著的東西是什麼？」一開口就不懷好意呵！家裡人就是這個樣，一句話就是開口見膽。這周金剛德山宣鑑，當時不知好歹，聽不出言外之意，就隨著語句答云：「這一擔是《青龍疏鈔》，我寫來註解《金剛經》的。」他就是愛現，講得有些得意洋洋地，這個婆子聽了就說：「我只有一個問題問你，你如果答得出來，我就布施了油糍作你的點心。可是如果答不出來，我不但不供養，而且不賣你吃，你就別處買去。」不但不布施給他，連賣都不肯賣他；因爲他既然敢出家行腳，還註解了開悟者才懂的《金剛經》，寫成了《青龍疏鈔》，那他可得要有料才行。若是肚子裡沒貨色，膽敢出來行腳，那婆子說：「我連賣都不賣你，你就別的地方買去。」德山當時膽子好大，回說：

「妳儘管問。」可是婆子沒這麼簡單就放過他，至於這婆子又是怎麼樣對付他的，且聽下回分解。

上週《金剛經宗通》，我們講到公案的關鍵處，時間又到了。上週講「一體同觀」的那個一體，所以談到了宗門的公案，因爲經中說的一體就是禪宗開悟時所明白的眞心如來藏，這是 克勤大師舉出來說的一個公案。這個公案上週講到婆子向周金剛講說：「我有這麼一個問題，你如果能夠答得出來，我婆子就布施這個油餈給你作點心，你如果答不出來，我婆子不但不供養你，連賣都不肯賣給你，你想要吃點心，就到別的地方買去。」你看，這婆子雖是個女流，作略卻不輸給丈夫，眞的有丈夫氣概。這種點心別處應該也還有人賣，不可能是沒有，只不過婆子心裡一定是認爲說：「你既然敢註解《金剛經》，一定是自認爲說懂得《金剛經》了，自認爲經中底內容已經實證了，你才敢註解，不然你憑什麼註解？」因爲註解以後會流通很久，甚至於有一些註解到現在已經流通一千年了都還在，那豈不是誤導了人嗎？所以這婆子認爲說：「你如果答不出來，竟然還敢註解，我連這個油餈都不賣給你，更別說布施了。」換句話說，像周金剛這種人，婆子是拒絕跟他作買賣的，當然更不會供養他。婆子把她的看法講出來時，周金剛自信滿滿，他就說：「但問。」是說：妳儘管問。但，就是儘管，或是「只有」的意思。周金剛答覆說：「儘管問。」答得也很灑脫啦！然而等一下是不是那麼灑脫，咱們且來看看他。

婆子就問：「《金剛經》裡面有說：過去心不可得，現在心不可得，未來心不可得。請問上座：你買油糍是要點哪個心？」這一問，倒把周金剛給愣住了。如果是問到現代這一些所謂開悟的大善知識們，他們是不會愣住的，他們會說：「就是點這個心呀！」他們點的是哪個心呢？是覺知心，因為覺知心會跟點心相應，點心有色聲香味觸呀！對不對？所以他們一定講：「點這個心呀！」所以我說只有周金剛才會被問倒，若是現在這一些大師們一定自信滿滿說：「點這個心呀！」但是，如果在正覺同修會破參回來，也會這樣答：「點這個心呀！」但是所點的心可就不一樣了，因為一個是點這個第八識，一個是點這個第六意識，顯然不會一樣的。然而問題是，周金剛還有一點知識，他心知肚明：「這一回遇到行家了，顯然這個婆子比我厲害；我要是隨便答，搞不好吃上一記火鍋，我都還不知道為什麼吃了她的火鍋。」

所以他很聰明，那時就默然無語，這算是聰明人。如果智慧不夠，就硬要瞎掰胡扯，扯到最後越扯越亂、理不清，是要被修理的。

他算聰明，無語；無語就有救了，若是硬要狡辯就沒救了。無語就表示說：「我自認理屈，沒辦法答妳這句話。」因爲一般人講經，在悟前講經時，經歸經、咱們歸咱們，經跟咱們是無關的。一般是這樣，講經的時候講得一大堆，頭頭是道；下了座，經還是經、我還是我，依舊兩不相干。下面黑鴉鴉底一大片大眾在聽經，一樣經是經，聽完了，我還是我，兩不相干。但是在眞正佛門中可不能這樣，眞入佛門以後，這二者是關聯在一起的。這《金剛經》講的是我們心中底事，不是講外面底事；也不單是語言文字，不是施設一些名相搬來搬去說：「這個名不是名，所以是名。」絕對不是這樣，所以不是印順講的性空唯名。因爲這部經講的是我們的金剛心，是與我們修學佛法的人息息相干的。周金剛知道這一點，所以無語。

這婆子看他無語，認爲他還有救；因爲周金剛挑著一擔《青龍疏鈔》，穿著僧服，遇到一個賣油餅的婆子，竟肯低下心來，不狡辯，這表示他可救。所以婆子就說：「你就去參訪龍潭崇信禪師吧！」就指點他去。要不是他無語，要不是這一指點，豈會有後來的德山宣鑑禪師廣利人天呀！還好他是無語，否則他還要吃更大的火鍋呵！因為這婆子眞非等閒，老趙州跟她也只能打個平手，並且末後還要寫偈讚歎這婆子呢。眞正佛門之中，可不要輕視女流之輩！妳們女眾聽了有沒有覺得很順耳？（女眾笑⋯）眞的喲！這個婆子很厲害呵！這女人叫作凌行婆，連老趙州跟她言來語去之後都還得要讚歎她；不過婆子也有量，聽到老趙州說偈讚歎，她也回了一首偈讚歎老趙州。所以周金剛照子夠亮，懂得忌口而不狡辯；否則他還要吃更大的虧，並且還要名留禪門黑史。

被那婆子指點，所以周金剛就去禮見龍潭崇信禪師。不過他倒是稍微懂一點禪宗的門風，對宗門下的風格稍微懂一點，所以他來到龍潭時，才剛剛跨門進來，開口就問：「久嚮龍潭，及乎到來，潭又不見，龍又不現。」意思是說：「我很早就聽到龍潭崇信大師的名號，」鼎鼎大名如雷灌耳，早就嚮往了。其實他本來並沒有嚮往，否則不會南來想要破禪宗；不過他吃了婆子一記小火鍋，終於知道禪宗的厲害；同時他也得要這樣講，才好提問，於是說：「我早就嚮往龍潭，沒想到我來到這個地方了，並沒有看見一個龍潭，潭在哪裡呢？而潭中的那條龍也沒有現前，我還沒有看到那條龍。」龍潭和尚正在屏風後面，可能是在打坐或是讀經，就從屏風後面探出上半身來說：「你已經親到龍潭了！」這夠親切吧！你們這回從禪三破參回來的人，聽到這裡就知道什麼處很親切了。

龍潭禪師本來在屏風後面，聽到周金剛這麼講，就引身出來說：「你已經親自見到龍潭了！」周金剛倒很聰明，當下就禮拜，然後退下去。到了晚上，當然龍潭崇信禪師總不能從今天坐到明天吧？所以晚齋過後，就讓周金剛進了方丈室來請法。「侍立更深」這個「更」字要讀「經」的聲音，「侍立更深」是說周金剛侍奉在龍潭崇信禪師旁邊請法，而時間已經到了二更快過去了，所以說「更深」。龍潭禪師坐在禪椅上爲他解說禪法，他當然要站在旁邊，總不能夠在師父面前大剌剌也跟著坐。這就是說，他自己認爲是徒弟了，已經自認是龍潭禪師的徒弟了，所以「侍立」在旁。師徒論法到後來，可能二更已經過完了，所以說已經「更深」，也許已經到了三更初了，也有可能子時過了。子時過去，那就是已經深夜一點鐘了，這也有可能。因爲「更深」二字不可能是指初更，晚上總共是五更，「更深」最少也要第二更過了。

龍潭就說：「你爲什麼還不下去呀？」其實龍潭想想：這麼晚了，我也該睡覺了。就問他：「你爲什麼還不下去呀？」德山就珍重，也就是恭敬問訊之意；然後揭簾而出，因爲方丈室門前都有個竹簾子遮陽，周金剛揭開那個簾子就出去了。才剛出去門外，不像室內有油燈照著，看見外面好暗，可能剛好不是月明之夜，而是月末或月初時都還沒弦月照明；或者因爲烏雲罩頂而看不見地，於是又折回到方丈室來，報告說：「門外很黑。」龍潭禪師因此就點了紙燭遞給他。

紙燭是用廢紙束成的，要用時就以火摺子來點火，作爲短時間裡的照明之用，不怕被走路時產生的風吹熄。最早以前人家說火摺子，不曉得你們懂不懂？以前禪門都有火摺子，就是弄一個不會被火融掉的硬紙筒，裡面裝了一些絕熱物，譬如香灰那一類的東西；就是先在裡面裝了不容易燃燒的木炭在裡面，再用香灰把旁邊給注滿，再把它壓得死死地，然後用一個蓋子蓋著；平常就揣在懷裡，需要用的時候臨時拿出來，把蓋子拿下來，裡面還有一點點的火星，用嘴吹一吹，火苗就冒出來而可以點紙燭了，那就叫火摺子，然後再把紙燭拿來點。紙燭是用厚的廢紙上了油來做成的，可以點一會兒時間；龍潭禪師就點了個紙燭給周金剛。「度」就是送過去，把紙燭伸出去送給周金剛；那周金剛伸手剛要接過來，沒想到龍潭崇信口裡大呼一口氣：「呼——。」又吹熄了，又沒火了！然而就這麼一吹，周金剛當下豁然大悟。

你看，龍潭崇信度人多輕鬆，我們卻要辦禪三，辛苦弄上四天三夜，勞師動眾。這一回禪三的第一天，或許是氣壓太低，那個晚上本來應該睡五個鐘頭，我卻只入睡了兩個鐘頭，都在床上聽著天籟；有一些有情眾生在寮房後面怕我寂寞，就地唱歌讓我聽一聽，就這樣子度過五小時。人家龍潭禪師度周金剛就是這麼方便，紙燭拿來點起火來，接著「呼」一下就解決了。周金剛當時豁然大悟，於是就地禮拜；龍潭崇信禪師就問他：「你看見了什麼，就禮拜？」周金剛回說：「我周金剛從今天以後，絕對不會再去懷疑天下禪宗老和尚的舌頭了。」因爲他以前從嶺北出發來嶺南的時候，是公開放話說天下老宿：「學與無學，唯我知焉。」你看他，這些話有多狂？眞是比我還狂呢！有人說我狂，其實我一點點都及不上他狂，因爲我只是講老實話，沒有狂過。周金剛可是眞狂，以前連我見都還沒有斷，實相也都還沒有證得，就敢開大口說天下老和尚們：「哪個是有學，哪個是無學，只有我知道，你們都不知道。」如今，沒想到龍潭禪師這麼一吹，他頓悟了。剛這麼一悟，說話卻倒過來了：「從今天以後，我不會再懷疑天下老和尚們的舌頭了。」意思是說：「南方老和尚們說什麼，我全都信了。」以前是全都不信，說要來南方把這些人—他叫這些人是魔子魔孫—要把他們摧滅；現在反而是全信了，篤信南方禪宗的魔子魔孫了。可是我這個現代禪宗大師們講的「魔子魔孫」，寫了《公案拈提》七輯了，也寫出好多般若與唯識的書籍了，當代大師們竟然還不肯信，你說他們與周金剛相去有多遠？那周金剛只這一下，倒是全信了南方禪宗的魔子魔孫了。

第二天，龍潭上堂開示就說：「可中有箇漢，牙如劍樹，口似血盆，一棒打不回頭。他時異日，向孤峰頂上立吾道去在。」意思是說：「你們大眾當中已經有一個漢子，他的牙齒就像是很鋒利的劍排成一整排，」換句話說，周金剛這時的上下牙齒全都變成利劍，猶如樹林一樣排了滿嘴，「他的嘴巴可就像羅剎那個血盆大口一樣，這個漢子經過我一棒打了以後，就永遠不會再回頭了，以後一定會向孤峰頂上建起道場，把我龍潭的禪門法道建立去了。」這些話其實是很口語。因爲這都是漳州、福州話，所以寫起來，諸位覺得這話語好像很古典；其實並不是怎麼古典，不過就是閩南語、河洛話而已。閩南話其實是很文雅的古語呵！所以你們不要輕視閩南話。只是閩南話現在三個系統有一點不太一樣的腔調，漳州腔、福州腔已經不一樣，台灣腔又更不一樣了，這且不管它。這就是說，龍潭崇信已經當眾爲他印證了。這周金剛聽完了，就把他帶來的註解《金剛經》的《青龍疏鈔》全部拿出來，在法堂前點了一把火拿在手上，面對大眾開口說：「窮諸玄辯，若一毫置於太虛；竭世樞機，似一滴投於巨壑。」

周金剛這些話，把古今天下人都給罵翻了！他說：「就算是口才非常的好，對於玄學，」因爲佛法是義學，在還沒有悟的時候佛法就變成玄學了；「即使有人對於玄學，能夠跟人家辯論到無窮無盡都不會落敗，可是所講的那一切法義卻都好像一根毫毛一般無足輕重；」毫毛就是很小的，猶如身上白白的毛——讓你幾乎看不見的細毛，往往得要拿放大鏡才看得見，「即使有人能夠窮盡各種使人無法瞭解的玄義之辯，也都只像一根小小的毫毛那樣無足輕重，當你把這根毫毛丟到太虛空裡面時，根本就沒有人會看得見，眞是微不足道。」你想，太虛空那麼廣闊，把一根毫毛丟進太虛之中，根本就不成比例，誰也不會看重它。且不說太虛，你就算是拔下一根清楚可見的眉毛，把它丟在正覺講堂地上，有誰會注意到而看重它？一個又一個人走過了，誰都沒看到它，何況是更小的毫毛丟到更大的太虛空裡面去？這意思就是說，即使能「窮諸玄辯」口若懸河，根本就微不足道，再怎麼能言善道都沒用啦！講得一大堆，其實就好像是一根毫毛丟到太虛空裡面去一樣，誰也不會去看重它。

然後周金剛又說：「竭世樞機，似一滴投於巨壑。」說有個人非常的有智慧，講的都是很重要的東西。「樞機」，譬如古時的門戶不是都要有一個戶樞，門才能開關嗎？那個就是門扇靠著門框那邊的上下兩個扣住門的戶樞，這是門戶中很機要的東西。「即使有人所說的法義都是很機要的，但他縱使能夠把這種佛法中很機要的法義講了一輩子，再把它們全部都集合起來，那也還是微不足道，就好像只是一滴的水，投到一個大山谷裡面一樣。」這意思就是說，要是還沒有真的開悟，著作等身也無用啦！講了一大堆的經典、論典，把三藏十二部經全部講解或註解完畢，也全都沒有實際用處啦！都是微不足道。說完了這些話，就把他註解《金剛經》的《青龍疏鈔》點起火來燒掉了！所以今天就不會有周金剛悟前寫的《青龍疏鈔》來誤導眾生了。

假使我是現代的大法師，當我看到正覺同修會的書籍流通出來時，我一定會把我所有的著作燒掉，因爲周金剛早就說過了：「窮諸玄辯，若一毫置於太虛；竭世樞機，似一滴投於巨壑。」講得再多都沒用，全都言不及義嘛！凡有所說，都講不到第一義諦，又何必講那麼多幹什麼？反不如等將來眞悟了再來講、再來寫。還沒有眞悟以前寫的，等到悟了以後重讀時，自己耳根都會發燙呢，眞的是如此。就像以前我們講《楞伽經》以後，大眾幫我整理，等到稿子謄了出來，我準備要請人打字、出版之前，我重讀了一遍，越讀耳根越燙，後來乾脆重寫，所以才會重寫而成爲詳解，不是講記。所有學佛人眞正進入佛法宗門以後，都應該如此。可是諸位要知道，我當年講《楞伽經》時還是悟了以後講的，當時是手持小本的原文經典直接宣講的，並沒有參考任何註解。可是，現在那些大師們都是我見還在，也還不懂什麼叫作佛法時，就先寫了一大堆的書；而他們自己現在重讀的時候也都是得意洋洋，耳根完全不會發燙的。一個人佛法能不能修得好，就看這個地方：有慚有愧或無慚無愧。

周金剛在法堂前面這麼一講完，隨即當場把自己辛苦寫成的《青龍疏鈔》給燒了。諸位！你們看看，他講《金剛經》講了幾十座，而且也寫了《疏鈔》，能夠挑著往南方，顯然講得很詳細，數量大到要用扁擔挑著，他是憑藉這一套《疏鈔》要去滅南方禪宗那些魔子魔孫的。然而在龍潭座下才這麼一著就悟了，就立即覺悟到自己那一些《疏鈔》裡面所寫的一切全部都是玄辯，不是了義究竟的義學；因為龍潭把火燭這麼一吹，他當下悟了，就知道自己寫出來的法義都只是依文解義，所以一把火把它燒了。你看，這樣燒了以後，他從此到哪裡去都不怕人家拿來質問，那凌行婆從此以後也就無可奈何他了。所以這時周金剛已經不像以前了，以前是經文琅琅上口，這時倒是不講經說論了。

周金剛才剛悟沒幾天，就告辭龍潭崇信禪師。他告辭後要回嶺北，在回途經過溈山時，知道這是鼎鼎大名的禪師溈山靈祐，就繞上去參訪。當時溈山靈祐正好坐在法堂上，周金剛就從法堂西邊走過東邊去，然後轉頭看著溈山禪師；溈山禪師當場默置他，故意不答他的腔。周金剛才剛悟不久，不曉得人家默置他，一時以為溈山禪師看不懂他在幹什麼，就開口說：「沒人啊！

沒人啊！」隨即走出法堂。他來到了僧堂前，想一想，覺得這樣應對有些太潦草，因爲潙山禪師名聞一時，也是悟得很深底大禪師，不可能不懂他在幹什麼。於是他就重新整裝，而且鄭重地搭衣而具足威儀了，才又上來法堂再參潙山禪師。這回比較正式一些，跨門進來就提起座具（就是尼師檀，古時候沒有什麼水泥地再鋪磁磚的，以前好的道場就是鋪一些厚厚的青瓷塊，大部分道場則是把泥地夯平，鋪上青石板；這樣的地板很涼，所以各人都要自備坐墊），周金剛提起尼師檀，就向潙山靈祐禪師呼喚說：「和尚！」「和尚」二字在禪門裡是尊稱，等閑人不許被稱爲「和尚」的。當時潙山知道周金剛是以家裡人身分要與他相見，所以伸手準備去拿拂子時，沒想到周金剛大喝一聲就揚長而去了，你看周金剛才悟了沒幾天，就懂得這些作略了。

那個晚上，潙山靈祐禪師就問大眾說：「今天新來的那個僧人在哪裡？」大眾回答說：「那個僧人見了和尚您以後，根本就沒有回到僧堂掛搭，直接就離開了。」於是潙山禪師就問大眾說：「你們還識得這個阿師嗎？」「阿師」二字是有一點點瞧不起的味道。大眾回答說：「不認識。」潙山禪師就授記說：「這個僧人，將來總是會有一大把茅草蓋頭的，」也就是預記他將來會開山弘揚禪法，「那時他將會用訶佛罵祖的方式弘揚禪宗的。」沒想到這周金剛那麼厲害，依舊逃不出潙山禪師的授記，後來還眞的以訶佛罵祖的方式在弘揚禪宗妙法。

你看，周金剛才剛悟得沒幾天，就有這種作略了。後來這個周金剛就前往德山開山，人家都稱他德山宣鑑禪師。德山宣鑑在當代禪門裡面鼎鼎有名，凡是有人進得方丈室，他舉手一棒就打出去。不論是誰來，都是一棒打出去，不等人家開口，這就是很有名的「德山棒」。禪門有兩個人很有名，叫作臨濟喝、德山棒。你看他到底是悟個什麼？從此就把教門給丟了，不再講《金剛經》了，一定是有他的道理；因爲悟後得到了大受用，不再落於五陰之中，眞的實證《金剛經》了，又何必繼續捧著《金剛經》依文解義呢！所以他悟後一生都是以禪接人，不再講經說法了。一個講了《金剛經》幾十座的座主，在當代是很有名的座主大師，爲什麼後來全部丟了不講，就只是以禪接人？不管誰進得門來，一棒就打了。他寧可這樣，有徒弟、沒徒弟，他才不擔心，反正進門來就得挨打。如今講過這個公案，回過頭來看這一段經典的最後面聖教，也是說：**過去心不可得，現在心不可得，未來心也不可**

得。周金剛當時被凌行婆問倒了，在龍潭一悟可就通了；請問諸位，你們今晚聽經回家以後，肚子餓了想要點心，究竟要點哪個心？可得要探究、探究。

可是我現在要說：心既然不可得，佛也不可得，菩薩也不可得，獨覺也不可得，聲聞也不可得，諸天也不可得，人倫也不可得，修羅也不可得，餓鬼、旁生、四生九地一切含識都不可得，而這個「不可得」也是不可得。所以，永嘉玄覺說：「了了見、無一物，亦無人，亦無佛；大千沙界海中漚，一切聖賢如電拂。」這是永嘉玄覺的〈證道歌〉裡說底。那些大師們講了一大堆道理的時候，永嘉大師都認為言不及義；所以他認為說，如果能夠對般若的宗旨了了明見的時候，轉依了這個宗旨；也就是說，你覺知心改為依如來藏的立場來安住的話，那時就沒有一物可得，什麼東西都沒有了；沒有所面對的別人，沒有人類，沒有學佛者，也沒有佛。一般學佛人聽了就說：「我知道了，就是緣起性空。」所以，你看那些大師們解釋這一段經文時都說：「因為一切都是無常，最後都歸於空，都是緣生法，緣起緣滅；所以無人無佛，一切都不可得。」聽眾也跟他們一樣沒有悟，當然聽了就只好相信，所以就說：「原來般若就是緣起性空，緣起性空的法在阿含已經講了，現在只是重新把它提出來，建立一些名相來重說一遍，所以般若諸經中所說的本質還是空。」所以就判作性空唯名。是誰判的？諸位都知道。

可是，永嘉大師說的種種「無」，並不是這個意思；周金剛也不是這個意思，龍潭崇信也不是這個意思，達摩西來之意也不是這個意思，佛、諸菩薩說的也不是這個意思；而是說，悟得這個眞實心的時候，知道自己五陰身心虛妄無常，可是那個眞實心眞實常住；當你轉依了祂以後，從祂的立場來看一切法時，無人無佛亦無眾生。是把意識心站在眞實心金剛心的立場來看一切法的時候，由於眞心的境界中是離見聞覺知的，沒有分別性，沒有思量性，沒有執著性，沒有人我性；依這個如來藏自住的立場來看的時候，哪有佛可說？哪有菩薩、出家、在家、天人、畜生、鬼、地獄可說？所以一切都無。這時以金剛心如來藏的境界來看，祂自己的境界中並沒有過去心、現在心、未來心，三心都不可得；是這個意思，而不是說一切都是緣起性空。所以，當你悟得金剛心如來藏而能夠了了見此實相時，都無一物可得；無人可得，無佛可得，無三世心可得。

乃至一個大千世界裡面的這些小世界是這麼多，或者擴而大之，三個千的大千世界裡的小世界是那麼的多；可是在這個無有邊無有量的如來藏來看，那麼大的一個三千世界，也不過就像大海中的一顆小水泡而已；而所有十方世界的這些賢聖們，也都猶如過客一般，就好像那個閃電拂過大地一閃就滅了，從如來藏來看時就是這樣子。一般人不懂法界實相，作威作福，欺壓善良，燒殺擄掠，無所不至，都是因爲覺得一生的時間眞夠長久，值得貪愛；可是從證道者來現觀的時候，一切的有情比起這個眞如心來講，都只像電光一閃，好像就這麼一刹那就過去了。我不曉得你們明心以後有沒有這樣的感覺，至少我當年明心又見性時就是這樣的現觀，當下所見都是虛妄，就不會覺得人生百年有多麼漫長；那時在我的感覺中就是像這樣，覺得一下子就過去了，感覺當下就是夢，無有一時不是夢。如果晚上作夢，那便叫作夢中夢，眞的是夢中夢。你如果找到了如來藏，祂是無量劫以來就是這樣，對祂來講沒有一世或一生，也沒有一劫或兩劫；所以看一切如同電光拂過大地一樣，一下子便滅了。

話說回來諸位要嚮往德山這樣子，要嚮往古人如此。在還沒有悟之前就敢找上門去破「邪」，等到悟了以後也敢宣示自己以前眞的弄錯了，都不顧念面子，這樣才是大丈夫漢！所以我會讚歎李元松老師，原因就在這裡。只因爲他敢公開道歉，敢落實在文字上，不妨是一條漢子。可是如果比起德山來，李老師卻只成半條好漢。爲什麼呢？因爲他終究還有顧慮而沒有親自找上門來。他當年是打電話找我，我就不接聽了；如果找上門來，我可就一定會接見。當年他若是找上門來，捨報前總是會有機會悟入的；因爲我這個人最心軟，如果有這麼個漢子，我怎麼能不幫忙呢？可惜的是，他終究沒有找上門來。我有時候在想：如果他當年找上門來了，今天現代禪就還在，如今應該還在弘法，並且是佛法宗門裡的正法。

可是像德山這種漢子，千年難得其人；李老師這種半條好漢，我這一世也才遇見這麼一個，很不容易呀！其實，李老師他是勝過印宗法師的；印宗法師會信受六祖慧能，是因爲六祖南來的傳說已經傳播十五年了；而且六祖還有那一領五祖傳給他的法衣，並且還有五祖弘忍輾轉從達摩大師那邊得來的佛缽，所以印宗法師才能輕易信受。要是沒有那兩件物事，也沒有六祖南來已經十五年的傳說，印宗法師會相信嗎？所以，我認爲李老師是勝過印宗法師的，確實是不簡單的一號人物；只是有頭無尾，可惜了一條好漢只剩下半條。

接著回來看看超過李老師的周金剛，他就是後來很聞名的德山宣鑑禪師。周金剛好在不是現代人，這德山宣鑑如果是在現代，我還是會招招手說：「來！來！來！當我的徒弟來！」因爲他雖然厲害，也還沒有眼見佛性。他也還沒有過牢關，他的牢關是後來由他的徒弟巖頭全豁指點他，只得了個解悟。你說，他如果生在現代，該怎麼辦？只好來正覺同修會裡面當親教師，繼續求見佛性、體驗牢關。我們會裡面的親教師們，卻有好多人證量超過他，因爲比他多了一個眼見佛性的證量，而周金剛卻還沒有證得。不過你要看呵！這個人可不簡單哦！他還沒有悟以前就敢誇大口，他怎麼誇大口呢？他說：「一切的善知識，不論是有學、無學，唯我知焉。」你看，這個口氣多大：「所有的善知識中，誰是有學位的聖人？又有誰是無學位的聖人？只有我周金剛看得出來，只有我知道。」有學，就是有修有證者，表示他已經開悟了；無學，是說他已經究竟了，不必再修學了。他認爲：「普天下禪者，不管是有學、無學，只有我知道，他們自己都還弄不清楚。」這口氣夠狂了！正因爲狂，所以他敢註解《金剛經》，所以他有一部《青龍疏鈔》，專門註解

《金剛經》；也才敢去南方想要滅掉禪宗那些「魔子魔孫」。

可是，永嘉大師說不可得，佛陀這段經文中也說十方世界一切眾生心不可得，又說三世一切心也不可得，那到底是因什麼道理來講一切心都不可得呢？你如果是以意識心來講，明明就是有三世不同之心；凡是有宿命通的人，他會看到自己上一輩子住在哪裡，幹過什麼事業，姓甚名誰，作何行業；那明明是有過去心、有現在心，爲何 佛卻說不可得呢？大師們都解釋說：「因爲過去世的心已經滅了，現在雖然有這個心，但這個心也是剎那剎那變異一直在過去，所以現在心也是不可得；未來心也會跟這一世、過去世一樣，所以也不可得，都是剎那生滅。」說起來還眞有道理，你也不能推翻他。可是咱們偏要推翻他，因爲 佛說的是：你這個金剛心，從來不落於三世中，祂也從來不了別過去、現在、未來世，在祂心中都沒有這些三世等法；祂心中沒有人、我，也沒有佛與菩薩的差別，所以 佛陀才會說三心不可得。

從如來藏自住的立場，根本沒有這個了知，完全沒有認知三世的功能。你悟後用意識心來看祂，你也看到這個心根本就沒有三世，因爲從來都不曾出生過，未來也將永遠沒有壞滅時，怎麼會有過去、現在、未來三心可得？

而祂也從來都不了知三世，當然沒有過去、現在、未來心。這一段《金剛經》的經文中，世尊說：因爲祂「非心」，才能夠說是眞正的心。所以，不論從妄心看妄心自己，從妄心來看眞心，或者從眞心的立場來說有沒有三世，都是如此，一切都不可得。可是在一切都不可得之中，爲什麼又有萬法生滅而且永不斷絕？這就是說，問題就在他們懂不懂《金剛經》在講什麼？差別就在這裡。對實相心、對金剛心來說，從祂自住的境界中來看一切法時，可都沒有所謂一切法可說，無人、無我、無眾生。然而從實證這個「非心」的菩薩來看，三世諸佛及十方世界一切有情，其實都是這個心；而十方三界一切有情同樣都有的總共無量無數的這個心，全都是「非心」，所以才是 世尊在《金剛經》中所說的心：「是名爲心。」這才是金剛般若所說的實相心。

　　可是三世諸佛與凡夫俗子卻是不同的，因爲凡夫將來成佛以後，跟將來還住在凡夫地的那些凡夫們又不一樣，智慧相差很大而無法相提並論；但從實相心的眞如性看來，其實又都是同樣由這一個心來成就。而凡夫與諸佛同樣各自都有的這一個心，祂卻不分別賢聖與凡夫，體性都是一樣的，所以從實際理地著眼時才會說：「心、佛、眾生，三無差別。」可是如果不瞭解這個道理，這一問可就被問倒了：「既然經中說一切法都不可得，爲什麼又有萬法不斷生滅，卻永不斷絕？」這一問可就被問倒了！我剛才解釋了這其中的道理，諸位不會再落入一般凡夫大師的那種理解之中了。可是當你們知道有這個金剛心以後，我卻要問你們：「這個一切法都不可得的心，究竟何在？」當然要問你們，不然你們坐著聽，我在這邊浪費了多少口水，當你們聽過了，我總要問一問的。很難吧？我卻可以告訴你：「萬象森羅許崢嶸，一元復始事事新。」這樣聽懂了沒？我已經把金剛心捧出來給你了。可是咱家這個玄妙底話，有耳不聞；只有具眼者，以眼得聞。諸位且道：是用阿哪個眼得聞？我也要看看第二講堂、第三講堂諸位大德們，你們是以哪個眼得聞？瞧一瞧，看一看——這個眼！

〈法界通化分〉第十九

【「須菩提！於意云何？若有人滿三千大千世界七寶，以用布施，是人以是因緣得福多不？」「如是，世尊！此人以是因緣得福甚多。」「須菩提！若福德有實，如來不說得福德多；以福德無故，如來說得福德多。」】

講記：「須菩提啊！你的意下如何呢？如果有人鋪滿了三千大千世界的七寶，以這麼多的七寶用來布施給眾生，這個人由於這樣的因緣所得到的福德多不多呢？」「就像是這樣子，世尊！這個人以這樣布施的因緣而得到的福德非常之多。」「須菩提啊！如果福德是有實物的，如來就不說他所得到的福德非常多；由於福德並沒有實物的緣故，如來說他得到的福德非常多。」

接下來講「法界通化」，這是第十九品。佛陀說過三心不可得以後，就呼喚：「須菩提啊！你認爲怎麼樣呢？假使有人用能夠布滿整個三千大千世界的金銀、琉璃、車磲等七寶，用來布施給眾生；這個人由於這個大布施的因緣，得到的福德是不是很多呢？」須菩提就答覆說：「正像是您講的這樣子，世尊！這個人由於這個大布施的因緣，他得到的福德非常非常之多。」佛又呼喚須菩提說：「須菩提啊！如果福德是有實物的話，是有眞實物質的福德，如來就不說這個人所得到的福德很多；因爲福德『無』的緣故，如來才會說這個人如此布施所得到的福德很多。」

這一段經文中 佛陀似乎又故弄玄虛了，只因爲這個「法」就是不可以明講的緣故，才需要這樣烘雲托月。咱們《金剛經》講這麼久了，證悟的人都說：「老師！您講經時都已經明講了。」可是我到底明講在哪裡呢？對於還沒有悟入的人來說，這可就難會了。也許哪一天，有誰聽出名堂以後又跟我說：「老師！您都明講了。」我就問他說：「明講在何處？」這位老哥、老姊也許就告訴我說：「六六三十六。」我只好跟他們說：「抱歉！還眞的是明講了。」那也沒關係！回頭我再去跟 佛陀懺悔吧！

現在 佛陀又問說：「如果有人用遍滿三千大千世界的七寶拿來布施，由這個因緣而獲得的福德到底是大還是小呢？」諸位想想看，這個因緣、這個福德，到底是大還是小？現在台灣佛教界最大的慈善團體，大概就是慈濟，他們獲得的資源可眞夠多的；可是如果以 世尊開示的這種布施來看，慈濟全體會員集合那麼多的資源去布施，那因緣、那福德，還眞的不夠瞧。再把地球上所有最有錢的富人們所有資財集合起來，全都投入慈濟功德會來合併布施，這樣算起來也還是差太遠了，眞的不夠瞧，因爲 佛講的是遍滿三千大千世界的七寶。三千大千世界有多麼廣大？且不說那麼大的處所，單說一個地球世間就好了，有誰能夠用遍滿地球的珍寶來布施？且不說布施，光是讓他鋪滿了來示現；且不說地球，因爲整個地球還是太大了，只說遍滿台灣就好了；把全球所有富人的資財集合起來，假使能夠買到那麼多的七寶，能夠把整個台灣鋪滿嗎？不可能呀！所以你想，以遍滿三千大千世界的七寶全都用來布施，那福德當然不能說小呀！所以須菩提說：「由於他這樣布施的因緣，得到的福德非常非常多。」可是 佛陀卻說：「須菩提！像這樣布施的福德，那個福德若是有實而不是無，像那樣具體的福德，我不說他的福德多。」所以，成佛時的福德不該是像世間人這樣看待。你如果想要成佛，你的福德都要化爲無相的福德，把它們全部存在你的金剛心中，不應該加以實現爲具體的福德。如果你把它實現的話，那你大部分都應該拿來布施，否則你無法將未來成佛時所應該有的福德累積成功，你一定累積不起來。

想要成佛，那個福德就得像滾雪球一樣，每一世努力修集大福德而不用掉，要把大福德像雪球一般不斷地滾下去，才能越滾越大。可是如果你把它具體化了，譬如說，你往世所修的福德，在這一世把它實現出來，那你可能會擁有幾百億、幾千億美元，其實一世是用不完的，可是下一輩子開始就得世世都當窮光蛋了。如果聰明，就大部分拿出來布施。有一些外國人很有錢，他們都不是沒有前因的。他們很有錢，可是往往會設立一個單位，專門去付錢布施、救濟貧窮；他們留給子女的，往往只是十分之一、三分之一。有很多這種洋人，都很有錢，可是他們大部分拿去作慈善事業。這種人當然會很有錢，因爲這種布施的行爲並不是一世就能養成的習慣。可是如果他不懂得繼續去作布施，這一世很有錢，都不肯布施，下輩子就沒有福德了。所以眞正的福德要留在你的金剛心中，要把它化爲無相的福德，永續存在金剛心中，不應該有具體的實現。

作爲菩薩，世世修道時所需要的資糧其實很有限，世世修集所得的大部分福德，眞的不應該全部實現出來；所以眞學佛的人，世世不斷地布施，當他重新受生於人間而必須實現福德時，他賺錢到了一個階段時，就不想再賺錢了；也就是說，他賺錢到了一個階段時，就不再實現應該有的福德。那時，他明明知道這裡可以賺錢，那邊也可以賺很多錢，可就是不想賺了；他不想再去實現自己的福德，保留著更多的福德無形無色而存在自己的金剛心如來藏中。所以 佛說：「因爲福德無，如來說他所得到的福德非常非常多。」也就是說，你要轉依於金剛心來看待這些福德業種。再從另一方面來看，金剛心不會覺得自己有福德，福德實現以後全部是五陰在受用；對金剛心來講，沒有福德可說。當你轉依了金剛心的這種自住境界以後，你覺知心中也覺得沒有所謂的修福可說；因爲你已經把一切福德都歸於金剛心的立場來看，所以修福之目的不是爲了修福，而是爲了成就道業、利樂眾生。所以，如果能夠像這樣使福德成爲「無」，如來就說：這個人眞的得到了很多、很多福德。

這個觀念，我不曉得諸位能不能接受？可是若不能接受時，你的佛菩提道這條路走起來就會非常地漫長。在利益一切眾生之中不斷去獲得無形福德的回報——福德種子不斷地累積起來，每一世也都只實現一些，把大部分福德留起來，成爲無形無色的福德種子而存放在金剛心裡面；然後把此世實現的那一小部分，再撥出其中的大部分繼續來布施；如是，以無住心而行於布施，心中卻沒有修集福德的想法、看法。所以，住於無住心的境界而布施的時候，即使僅僅布施了一塊錢，那福德可就很大了，因爲這個福德是「無」的緣故。這就是懂得布施的人，依金剛心的立場來布施，這時沒有我這個布施者，沒有對面那個受施者，也沒有所布施的財物。這樣去布施，福德就非常之大，因爲「福德無」的緣故。雖然理上是這麼說，可是沒有實證這個「理」的人，眞的還是作不到，那我們就先從事相上來說說福德吧！

從事相上來說，福德有事相上的福，也有心地上的福。事相上的福，是說以實際上的財物來布施，或者以自己的身力去服勞務，這樣來布施。這雖然只是事相上的福，但也不能偏廢；因爲未來世行菩薩道，你得要有資糧。沒有世間法上的資糧，空言修道；結果在家的時候，每天朝九晚五不得休息，晚上還得兼差賺取生活必需品，哪還有心思放在佛法上呢？所以事相上的福德，你得要能夠實現一部分。可是上一世若沒有布施，這一世就沒有這個福德來實現行道的資糧。所以有的人三、四十歲就退休了，不必再爲五斗米折腰，可以專心在法上用功，這就是有形的事相上的福德。

還有一種福德是心地上的福德，那就是修除五蓋，所謂貪欲蓋、瞋恚蓋、掉悔蓋、睡眠蓋、疑蓋，是五蓋。修除了這五蓋是心地上的福德，其實說穿了，就是「好心」所得到的福德。可是這個好心不是世間人講的好心，意思是除掉了貪欲，對世間的財、色、名、食、睡無貪；也除掉了瞋，不會隨意對眾生起瞋。可是他心地卻不會掉散，也不會常常作錯了事再來悔恨。他也不會像某些人有很嚴重的睡眠蓋，不管什麼天氣，他都是好睡覺，閒著就睡；下雨天，睡覺天；颱風天，睡覺天。天氣很熱，太陽那麼大，他想：「睡覺！別作事了，累死人了！」等到陰雨的時候又說：「下雨了，睡覺！睡覺！」所以下雨天也是睡覺天。不管什麼天氣，他總是跟睡覺連在一起。然後，當他生起煩惱的時候，他還是上床睡覺。有的人起了煩惱，他就什麼事都不能作，他只能睡覺；一覺起來以後，心情就好多了。就這樣子，就是睡眠蓋。等到沒事了，不管他心情好不好，他坐下來，也不想講話，什麼都不想作，在沙發上一靠，他又睡著了。一到了吃喝玩樂時，他就很有精神；可是你若教他修定，才一上座，他又跟周公點頭了，真沒辦法。這就是睡眠蓋。明明剛剛睡醒起來，上了堂打坐時又瞌睡了。這樣子，就表示他在佛菩提道裡的心地上的福德還是不夠的。還有呢，證得禪定也是心地上的福德，這個福德是諸天法界中通認的，這個福德比世間法上的一切有形福德更大。

但是還有一種福德，也是心地上的福德，就是不疑，除掉疑蓋了。疑人、疑法、疑禪定境界、疑解脫、疑佛菩提，那就把自己的福德給缺減了。有的人就是這個福德好，他於正法不疑，於他的師父也不疑，所以他得法非常快。你們在正覺同修會得了法以後，到處去接引別人時，你會發覺眾生很難度；不論遇到了誰，當你開口說：「現在眞的可以開悟，眞的可以證初果、斷三縛結。來！來！來！趕快來正覺同修會。」對方聽了卻說：「哼！你在說什麼？你算老幾？現在已經是末法了，誰能證菩提？」這表示他的福德還不夠，你得要費盡心神，今天送他《無相念佛》，明天送他《念佛三昧修學次第》，過幾天以後，你發覺說：「也許這二本是結緣書，他覺得沒價值，讀不下去；那麼我就買一本《心經密意》送給他。當他看到我是花了三百塊錢買來的，也許就願意讀一讀吧！」事實上往往也是這樣。後來終於有機會送給他，他拿到了書也不看，就放上書架擺著。終於有一天閒著無聊，起了好奇心，拿下來翻一翻：「這是什麼時候出版的書？」在版權頁裡一看：「喲！這書要三百塊錢，我這個朋友對我還眞不壞，還肯爲我花錢呢！」心裡想一想：

「好啦！他對我這麼有心，那我就讀讀看。」這一讀，才終於願意進正覺學法。搞不好，你們之中有人就是這樣來的。可是更多的人是：「這本書賣三百塊錢？邪魔外道寫的，還賣三百塊錢？」連讀都不讀，所以眞的很難度。原因是什麼呢？正是因爲他被疑蓋障住了。如果沒有被這個疑蓋障住，就表示他有心地上的福德，所以福德在事相上就有這些差別。

再來談一談說，福德可以分成世間福德、出世間福德。世間福德已經是千差萬別了。所以你們可以看到一個現象，出家以後，有的人小廟裡住，人家就是一直送供養來，他根本是想推也推不掉；因爲他往世布施多，在法上不斷地利益別人。有的人出家以後是用宣傳手法，發動群眾的迷信心理去崇拜，又到處去勸募，這樣弄成一大片家業；然後弄到每天三更半夜才能睡覺，清晨四點半打板時只好勞動徒弟們去把他挖起床來。名聲變得很大，道場好大，金碧輝煌好像皇帝住的金鑾殿一般，可是那福德是他自己的嗎？不見得！等他轉生去未來世，自己就知道了。有些人出家後，一天到晚要下山來托缽，好辛苦啊！他想要蓋一個小小的佛殿，下山去勸募托缽就花了好幾年，可是始終無法完工。台灣不是有很多這樣的小佛寺嗎？這就是說，往世在世間福德的修集上面，他沒有作，或者作太少了，這是屬於世間福德。

如果是在家人呢，他作什麼就賺什麼；看來似乎笨笨的，但他不管作什麼行業都賺錢。人家都不看好的，他作了就是好；人家作了就是會賠錢，他去接過來就開始賺錢，眞的沒來由。可是，有的人去到某一家公司作事，那家公司就會賺錢，因爲他能力太好了！有一天，他發覺說：「**我不論去到哪一家公司作事，那一家就賺錢，顯然是我的福報。**」好了！有一天他眞的自己開公司，開始營業以後卻老是賠錢。這代表什麼呢？是他自己的福德少，老闆的福德多，他雖然很有才幹，但是卻要依靠以前老闆的福德才能賺大錢。有的人很有才幹，卻是三百六十行幾乎都幹遍了，可就是賠錢，永遠賺不了錢；這就是說，他往世修的世間福德眞的不夠。

可是，福德並不是只有世間福，還有出世間福，出世間福跟世間福德完全不一樣。也許有人想：「**那我知道了，能生天就是出世間福。**」但這個不是出世間福，仍然是世間福。光說世間的有情，同樣是行善生天，可是佛經上不是有講嗎：「**諸天共寶器食，隨其福德，飯色有異。**」在欲界天中，有一個專門變化出甘露的寶器，諸多天人來了，都從那裡去把食物舀出來放到自己的缽裡面來吃。然而同一個寶器生出來的食物，不同的天人來了，舀出來放進自己的缽裡，顏色與香味就是不同，那你要怎麼說它呢？若是在人間的話，人們都會怨怪說：「你怎麼拿比較不好的給我，好的就給他？」可是諸天都不敢抱怨，因爲都知道那是由於自己的福德所致；又沒有人弄比較差的給他，是他自己的福德弄成那樣的。所以他從同樣的寶器中自己現出不夠精美的食物時，可不能怪任何人，只能怪自己的福德比別人差。這就是說，同樣往生在同一天的境界中，可是因爲往世所修的福德不同，各人的果報也就不一樣。

在人間也是一樣，所以共業之中有不共業，因果歷然昭昭不爽。所以有時候，有的人很愛抱怨：「爲什麼同一件事情，他可以作，我就不能作？爲什麼作同一件事情，他得到的是讚賞，我得到的是被人家貶斥？」這其中都有緣由。雖然佛教不是宿命論者，因爲我們主張說：「我們經由修行、經由行善，可以去改變命運，不過有許多事情則是前因已定。」且不要說到這麼玄，我講一個可能大家都經歷過的事。譬如說，你有時候會作夢，夢見去哪個地方，要去作什麼事情，於是夢裡就跟人家有一番對話，而且對話之後會變成某一種情況。你夢見了之後，第二天早上剛好要去所夢的地方辦同樣的一件事情，你心裡就納悶：「咦！怎麼會這樣？」然後去辦完事情時，沒想到談話的結果竟與夢裡說的一字不易，連一個字都沒差錯。對方這麼講，你這麼回；這樣來來回回許多句話，連一個字都沒有差異。你說玄不玄？

這還只是無記業的夢，非關善惡；但它的勢力卻已經決定在那裡，不可改變。我相信有很多人體驗過這種狀況。我有一天要去訂製一樣東西，那天早上就這樣夢見了，我心裡懷疑說：「眞的會這樣嗎？」結果竟是一個字都不差，沒有多一句一字，也沒有少一句一字，而這還只是無記業。所以老人家有一句話說：「一飲一啄，莫非前定。」連一隻雞都是如此，牠一生之中可以飲幾口水、啄幾粒米，出生時已經確定了；如果有超過預定的數目，那是遇到善心人士幫助。不要以爲因果是不存在的，我是非常非常相信因果的；因爲我在定中、夢中看見不少過去世的事，把看見和夢見的每一世，依照順序串聯比對下來，就看見很多世的前因與現果了，所以不敢小看因果。依今天的證境來看所造的一切業，全都在自己的如來藏中造，那業種會跑到哪裡去呢？當然還是存在自己的如來藏中。因爲我們所有人都沒有離開過自己的如來藏，一切業都是在自己的如來藏中造作；我們的現觀就是如此。

所以說，世間福雖然不可靠，但是菩薩卻需要世間福來作行道的資糧。每一世都實現一點點世間福，把這已經實現的這一點點福，大部分用來利益眾生，少部分用來生活、修道。利益眾生以後，那世間福很大，佛在《優婆塞戒經》講過了：你買個包子布施給一條狗，來世還得百倍報；布施給破戒人，來世還得千倍之報；布施給一個外道的離欲者，那可就是百萬報。如果是佛法中不破戒的人，你布施了一家持戒很清淨的寺廟裡的向道師父，來世可得千億報。那你想想看，這福德眞的很大嘛！如果你去布施給初果以上的聖者，那可是無量報。你把這一生實現的那一部分足夠生活的福德，把其中的大部分布施出去，那麼此世又得到了多大的福德？可是不要把它執以爲實，要把它執以爲虛，化成福德的勢力，把這個勢力放在金剛心裡面。這樣一世又一世實現一小部分，又拿出已實現爲有形的福德中的大部分，用來布施有情；其餘大部分的無形福德又繼續留著不實現出來，那不是像滾雪球一般嗎？那樣滾起來才會快，所以我們不羨慕有錢人，原因就在這裡；所以我年紀輕輕地退休，就是要修學佛法、弘揚佛法啊！

至於出世間福是什麼呢？由於在不斷地布施植福的過程中，護持到正法了，那個出世間福可就很大了。如果不懂這個道理，專門去挑大山頭：「哇！這個山頭好大，師父好有名。」於是不斷地去布施給他們，那他未來世在出世間法上所得到的就是常見外道法。那個布施的福德當然很大，因爲畢竟是佛門中的表相三寶；對方後來也成爲大師，大家都很崇拜，徒眾好多，財產更多；但這位布施者在此世及後世，從這件布施中所得到的修行果報，仍然會停留在常見法裡面，得不到眞正的出世間法；因爲他所布施的對象、所弘揚的法，其實只是世間法。如果有因緣遇到眞正的出世間法，他去布施了，也許只是不小心去布施到，但他來世就有證悟的因緣了，這才是福德大。

因爲前世聽到人家說：「某個地方有正法道場，是眞正的開悟者。」可是朋友這麼來勸，他心裡面想：「那個道場那麼小，師父也沒什麼名氣。好啦！我預備要布施的這一百萬元，就轉施一萬元給他，其餘九十九萬元我依舊拿去大山頭布施去。」就這麼不小心布施了一萬塊錢，來世就有證悟的機會，因爲這個是出世間福；他所布施的對象是屬於出世間法，不是世間法。這就好像說，在世間存款，有人說：「你在那個大銀行存那麼多，這家小銀行也來存一點吧！總經理！拜託！讓我多一點業務。」這大公司老闆想一想，就說：「好啦！我這一千億元，就撥一億元給他的銀行好了。」對小銀行來講，一億元算是很多了，它就可以作出很多業務來。就因爲這一億元，後來這一家銀行經營得非常好，又有許多對客戶的幫助等等；於是他過了一段時間以後，也得到那一家銀行的幫助了；就只是因爲以前對那家銀行所存的那一億元，而在困難時受到那家銀行的幫助，不是由其他九百九十九億元存款的那些銀行幫助他，所以世間法中有很多事情也眞的很難預料。

在出世間法中也一樣，若是去落入斷見外道法、常見外道法的道場護持，來世得到的法就是他們的常見、斷見法。因果是昭昭不爽、歷歷分明的，不可能種了豆子而想要收割冬瓜，種了龍眼卻想要收割玉荷包。在世間法中如此，在出世間法中也仍然如此。有些人以前在那些大山頭布施了很多，來到正覺學法時卻開始吝嗇了：「對不起啦！我眞的沒有錢啦！」沒有錢也沒關係，我們也努力幫助他，但他就是沒辦法悟入；我們給他的機鋒已經叫作「李太白」了，但他也還是沒辦法悟得，對他而言依舊是「王太黑」，能奈他何？這表示什麼因果呢？表示他的因果是互相對應的。在常見外道法上面大力資助的結果，所能得到的就是錯悟的果報；在正法道場中卻是心中懷疑，不肯支持，於是得不到正法中的實證智慧。因果不爽，永遠如此。

如果有人無量世之前曾跟辟支佛結緣，卻從來不跟菩薩結緣；只因爲他看到菩薩戴著寶冠，留著長髮，穿著天衣，佩帶瓔珞，於是他想：「他那麼好過，**我還要布施給他喲？**」他可不願意布施給菩薩啊！雖然說對方是菩薩，他也明知是大菩薩，但依舊不願意布施，根本不懂菩薩獲得的所有錢財都用在利樂眾生上面。可是菩薩如果有一天剃了髮，穿起僧衣來，他就願意布施了；那他將來所能得到的法將會是緣覺法；雖然他布施到了菩薩身上，但在佛菩提道中實修時一定會有遮障，使他很難開悟；而他只能從菩薩那裡得到緣覺法，因爲他的心是跟緣覺法解脫道相應的，往世的布施也是與辟支佛結緣的，所以他往世布施時沒有發願跟菩薩道相應，這也是三種出世間福德中的一種。出世間法的因果歷歷昭然，在出世間法中植福時也要懂得道理：前因如何，後果就如何。因地所悟的東西如果是常見法，因地所支持的法如果是常見法的道場，未來世所得到的果報，不管是幾世以後得到，仍然會是常見外道法。這是無可避免的，因爲出世間福的因果仍然是如此。

出世間福有三種，第二種福德是聲聞法解脫道中的福德。譬如有佛之世，聽聞佛宣講第一義諦，他就起煩惱；可是如果爲他說苦、空、無我、無常，講四聖諦、八正道，他就很歡喜，這個就是因爲過去世以聲聞心態植福，所以他只能相應這個聲聞法，得到這個聲聞法，這就是他該有的出世間福德。如果過去世在聲聞法上不斷地植福，卻不相信可以出三界；他將來聽到聲聞法的時候，將仍然無法斷結證果；雖然好樂聲聞法，還是無法證果，眞是因果歷然。這種人聽到第一義諦的無上甚深微妙法就會起煩惱，聽到佛說：**「其實我成佛以來已經很久了，不是今天才成佛，今天只是到這個世界來示現成佛。」**他就生氣了，當場走人。所以才會有《法華經》中的五千聲聞凡夫當場退席抗議，就是這一類人。因爲他們往世植福時，就是這樣子；「因」是如此，後時的果報也就如此。

假使有人不理會表相，純粹從實質上探討，了知第一義諦的眞實義，願意實際上修學而尋求實證，他就會在第一義諦法上面努力護持，也把次法一一實修具足，這就是修集出世間福德的第三種。那麼他這一世或者未來世，必定會獲得證悟而發起實相般若，因爲他所修集的福德全都是在第一義諦上面修來的；當他世世修集第一義諦的出世間福德時，這個福德種子當然世世都會隨逐於他，等他實證的福德足夠了，恰好遇到了菩薩，爲他宣說了三乘菩提以後，他努力修學，一定會實證第一義諦，因此就跟著同時擁有二乘菩提的實證內涵了。由於他往世及此世所修集的福德，都是在與第一義諦有關的各種事情中來修，因地所修與果地的成就必然如此相應而昭昭不爽。

所以在出世間法中熏習、修學、植福時，確實需要有智慧加以探討。可別一大把金錢拿去丟進水裡，什麼出世間法裡的福德都沒得到。不過，如果從世間學佛人的現象來看，這還算是好的，因爲他丟進水裡至少還有「噗通」一聲。如果去護持了西藏密宗，可就不是只有「噗通」一聲，因爲他支持了喇嘛教，來世就曉得苦了，因爲他死後一定會生到烏金假淨土去。烏金淨土其實就是羅刹住的世界，他所種下的因是如此，將來死後往生的果報也必定如此。可是他們知道嗎？都不知道。因此修福的時候，眞的要注意呵！以前有一位師兄（他後來離開正覺了，他很喜歡修福）常常向我說：「我以前在某寺院布施，如何、如何，都是大筆金錢布施；我以前又在哪裡、又在哪裡……布施，種了許多福田。」他認爲他很會種福田，我告訴他說：「不！你是在種毒田，將來長出來的都會是毒草、毒果。」因為那些道場教的法義，全都是密宗會害人下墮三惡道的惡法。可是他聽不進去，我又能奈他何？我想要叫他遠離那些果報，他竟無法遠離。眞的很難啦！因此我才要強調心福。

事相的福德裡面，心福是非常重要的；也就是說，心地柔軟而願意去判斷是非，不會落在情執裡面，這個很重要。例如《無量壽經》中說：「復有眾生雖種善根、供養三寶作大福田，取相分別情執深重，求出輪迴終不能得。」他只相信大法師說的常見法，一心認定離念靈知是常住心；眞善知識說離念靈知是意識心，是虛妄的生滅法，他卻永遠不信，是個「取相分別情執深重」的人，那他一定連聲聞法的出世間福德都沒有，因為出世間法中的因果一定是如此的。如果心地上的福德不肯修，用大把銀子在邪見法不斷地布施，會使他的福德在未來世實現時都跟邪法相應，那福德就不是出世間福德了，所以心地的福德非常重要。一定要心地調柔，願意依眞相去實際上探究，遠離惡法；這樣有了心地上的福德，將來修事相上的福德時，就能夠一本萬利。這樣來累積成佛的資糧，可就快得很。所以在這個福德上面，我必須要這樣跟諸位說明；因為這一段經文講福德，我就帶出這些福德的道理來說。

可是，我們回到這段經文的品名來說「法界通化」。「法界通化」就是說，於一切法界之中可以相通的法，用這個法來作爲化度眾生的法，這就是「法界通化」。至於那個法是什麼呢？當然是金剛心如來藏。無論是單從一個人的五陰法界、十八法界來說，遍於他的十八界法中，這個金剛法是可以通化的；不論是四聖六凡的法界，也不論是三世法界、十方法界，用這個法一樣都可以通化。而你用這個法通化十方三世無量有情以後，所得的福德是「無」，不可執以爲實；因爲執以爲實就會落入世間福德，無法累積到成佛，難以成就佛道。如果能把它化成無相的福德勢力，繼續留在金剛心中，這個福德才是大。在這一段經文中，文字的表面上是這樣告訴我們；可是在理上，以這個法用來度化眾生時，它是不一樣的。已經實證而有智慧的人在度化眾生時，也是不一樣的。我們就來看看，宗門裡面證悟者對於修福是怎麼看：

《景德傳燈錄》卷十九，雲門文偃禪師，【上堂云：「故知時運澆漓，迨于像季。近日師僧，北去禮文殊，南去遊衡嶽；若恁麼行腳，名字比丘、徒消信施，苦哉！苦哉！問著黑似漆相似，只管取性過時。設使有三箇兩箇枉學多聞、記持話路，到處覓相似言語；印可老宿，輕忽上流，作薄福德業。

他日閻羅王釘爾之時，莫道無人向爾說。」】

雲門禪師這些話也是語重心長啦！雲門文偃禪師在中國禪宗史上非常有名；他的開示也都非常簡短，很少有像這樣老婆心切叮嚀的。由雲門禪師說的這些話看來，我們今天被人家毀謗、輕薄，其實也是正常的；因爲從雲門禪師講的這一段話中，就知道古時已經如此了。他上堂開示時，先講了一段話，然後說：「所以由於這些緣故，就知道佛法弘傳的時運已經是澆漓了，」就像是被染污的物質不斷沖刷以後一樣，又像是水已經快乾了，一滴一滴似乎即將不見了一樣，「如今已經是到了像法的時期了。」那時還只是到了像法的時期，雲門已經這麼感嘆了；那我們現在是末法時期了，如果雲門今天還在，豈不要更感嘆了嗎？可是我們不必感嘆，我們要奮勇直前，把這個絲縷欲絕的了義妙法，變成像運動拔河時的粗繩一樣，不要再絲縷欲絕了。

雲門禪師怎麼說的呢？他說：「我看近來那些師父以及參學佛法的僧人，他們總是往北去五台山禮拜文殊菩薩，向南則是去遊衡嶽。」都是去朝禮大菩薩們住持的道場，也就是到處去行腳、去朝山。半夜裡開始朝山，不論颳風下雨，淋得渾身溼也要完成；每一週都這樣精進，可是這樣朝山禮拜幾年之後，得到了什麼？（大眾搖頭。）怎麼沒有所得？你們不可以搖頭呀！得到的是渾身溼答答的泥土、爛泥巴。如果是天氣好呢？可就是一身汗。這就是他們的所得，可是在佛法上呢？完全沒有得到。

所以，雲門禪師接著說：「如果是像這樣子行腳，那只叫作名字比丘，其實都是徒消信施。」信眾的布施，他要怎麼消受得起？得要證悟以後，反過來有法來利益徒眾。人家是對他有信心才來布施的，心中認爲他是證悟者才來布施的。結果他老哥只是籠罩人，肚子裡面空空卻是不如，所以叫作「徒消信施」，徒然消耗掉信徒們大信心的供養。雲門禪師說這種人叫作「名字比丘」，只是名爲比丘，其實沒有比丘的實質。你看，雲門禪師這麼罵，只因爲沒有悟入就被他這樣罵。如果像現在那些都在修雙身法的大法師們，雲門遇見了會怎麼辦？雲門可能都要上門一個一個把他們殺了。都還是在「像季」，都還在像法的時節，他就已經很感嘆了；若是末法時代的現在，台灣雙身佛像還曾賣到缺貨，雲門看見了要怎麼自處呢？怪不得他不來了。所以，他爲那些「徒消信施」的法師們說：「苦呀！苦呀！」苦，可不是現在苦，是下一輩子就知道苦了，現在可都不會知道下輩子將受的苦呢！

雲門又說那些人：「等到有人問到宗門下事，又黑得像烏漆一樣，沒一個明處可說，這些人只管取性過時。」說他們一天到晚就隨著自己所喜愛的方式過著出家的日子。又說：「假使有三個、兩個出家人肯深入經藏，肯多聞經典而多學，結果還是枉學，不想去弄通經藏文字背後的意思，老是在文字上面用心；就只是記著經典裡的字句，一天到晚就搬弄那些字句來講。又到處去聽人說法，聽了就記下來，都是一些相類似的經典文句。這樣子妄學了一段時間以後，他們的認知是：只要是大山頭的老法師所講的，就一定都是正確的。可是卻輕忽上流，」對於那些未悟、錯悟的大山頭、大和尚們，他都願意信受；可是超過那些凡夫大山頭的上流者，由於沒有全力經營世間法中的山頭與名聲，他卻加以輕忽，「這都是在作薄福德業」，所作都是福德很淡薄的善業。雖然看來是很努力在修福、很努力在學法，可是全都屬於「作薄福德業」。像這樣子出了家，只願意去護持那些沒有實證的大山頭老和尚們；小廟裡那些證悟的年輕小法師，他卻不肯去稍微聽個一、二句。雲門禪師就吩咐那些人說：「等到未來有一天捨報的日子到了，閻羅王拿鐵釘釘你的時候，你可不要說沒有人跟你提示過呵！」

你看，雲門禪師講得夠嚴厲吧？他可是有來頭的，雖然他是跛了一隻腳的禪師，跛著腳到處去；但是人家大道場可是虛位以待，有一個很重要很大的道場就在等著他。靈樹如敏禪師從開山以來，就一直把首座的位子虛著，一直等著他。有一天，靈樹禪師對大眾說：「啊！我的首座已經出生了。」原來雲門禪師在別的地方開悟了；過一段時間他又說：「我的首座在牧牛。」因爲他有神通而看見雲門悟後正在修心了。又過一段時間就說：「我的首座已經開始行腳了。」後來有一天，他又叫大眾內外都要灑掃清潔，還要把內外三門全都打開，叫大眾去外面排班等待首座。結果，那天正好是雲門文偃禪師跛著腳，一拐一拐地行來了，大家也不敢輕忽，把他接進去了。因爲靈樹如敏禪師昨天就講了：「我的首座明天就會來了。」可是雲門文偃卻是這樣感慨地說話，諸位！如果你用他的開示，來看看現代那些大山頭，看那些西藏密宗的喇嘛、活佛們，腳底涼不涼呢？眞的要爲他們涼了腳底板。

爲自己，你不會涼了腳底，你很溫暖，因爲已在正法中。我們今年秋末的兩梯次禪三圓滿結束了。還沒有破參的人，或者雖然有觸證到，但是還沒有深入體驗而沒有被我印證，都可以繼續再努力；只要繼續努力，沒有不被印證的，將來有一天一定可以拿到金剛寶印。有時候因緣很難說，所以只要努力用功，我們同修會到目前爲止，還不曾有人是經過四次禪三的鍛鍊而悟不了的。只要努力用功，一次不成就去兩次，三次不成就去四次，總是遲早可以開悟。最多四次禪三，一定可以拿到金剛寶印（編案：後來有人歷經七次禪三鍛鍊以後才被印證）。但是我們還是會繼續秉持著「重質不重量」的原則來作。雖然有許多人，依古時候的狀況而言，應該是可以被印證的；但是我們已經把標準提高了，因此以後會有一個現象，就是被印證的人將會比較少，我們會把關把得很嚴。

這回最後一個梯次，有許多人是第一次參加禪三，就已經知道密意了。但是知道密意了，並不代表就是開悟；因爲智慧並沒有生起來，知道密意也沒有用。開悟者一定是有智慧生起的，探聽得來而知道密意的人，智慧卻不會生起。所以，我常常說：「**知道密意以後，還得要智慧生起來，然後還要轉依成功了，才能算是開悟者。**」知道密意卻無法通過考驗，表示他的智慧還沒有發起來，更不可能轉依成功；在我們重質不重量的狀況下，我就不可能加以印證。所以我後來發覺到勘驗有些疏漏，第一梯次確實太寬鬆了，所以我們就開始要抓緊，因此第二個梯次，就只有十一位通過考驗。我們以後還是會保持這樣的水準，因爲一家很有信用的工廠出產的貨品，一定要經過再三的篩選檢查，一點點瑕疵都不許有。

這意思是說，體驗才是最重要的；體驗要是不夠，智慧就不容易生出來；那麼即使被印證開悟了，其實也沒什麼作用，只是多了一個「名牌」，叫作「開悟的聖人」。也就只有多了這一個名牌而已，本質並沒有改善。所以希望大家盡量不要去探問密意，因爲這一次先知道密意的同修們，大部分人是鎩羽而歸，沒有幾個人通過。因爲不是自己參出來的，體驗不夠，智慧生不起來，所以勘驗大致上是不容易通過的；除非知道密意以後有個什麼特別的因緣，所以有一念相應的體驗，那智慧才會生出來。反而是有三位本來都不知道密意，結果第二天早上觸證到密意以後，整理得非常快；再怎麼考就是考不倒他們，因爲他們有眞參實修的體驗。這個也提供給大家作一個參考。

我們上一週把〈法界通化分〉事說的部分講完了，接下來還是要回到這一品的品名來作一個說明。法界的通化，是說要以眞如的實證爲前提，是以遍及一切法界的眞如法性的實證而發起了智慧，用這種實相智慧來通化一切有情，證明每一個法界中的有情都遍有此法。換句話說，《金剛經》說的般若修證，必須要有金剛心的實證作爲憑藉，實相般若才能夠生起來；要現觀「此經」金剛心如來藏確實遍於一切法界中，才能算是《金剛經》的實證。實證了金剛心以後，能夠遍照一切法中都是基於此心而生起、存在、滅壞、永續不斷，能夠藉此而證實「三界唯心、萬法唯識」的華嚴聖教眞實不虛；然後從這個眞實智慧中，遍照三界一切有情都是由此心所成就；由此而顯發了智慧，才用這個智慧來通觀十方三世一切有情皆同此心，以此智慧通化三界有情。

在此實證的前提下，即使是鬼道眾生、畜生道眾生，只要他能懂得你的言語開示，也已經具足實證「此經」的因緣，你就可以度化他，無一眾生而不能受度，這叫作法界的通化。也就是說，「此經」這個心法是通於三界一切法界；並且只要有緣證悟，三界一切有情都可以現觀他們自己的這個心，而且遍及三界六道都是相同的，這樣才能稱爲法界的通化。「法界」又名爲眞如，因爲法界其實就是講一切諸法的差別功能；既然諸法各有功能，而這些功能互有差別，所以就稱爲法界；可是遍一切法的功能差別中，也就是遍一切法界之中，都有這個金剛心的眞如性存在，也都是由這個眞如心所出生、所支持；由於都有這個金剛心的眞如性存在，所以法界亦名眞如。

這也有經文爲證，在《大般若波羅蜜多經》卷五七二裡面有這一段經文：

【最勝天王言：「……若法無生，亦則無滅，即是諸佛祕密之教。如是妙理，如來出世、若不出世，性相湛然名曰眞如，亦名法界，亦名實際；隨順因緣而不違逆，是爲正法；其性常住，永無隱滅。」】

最勝天王在　佛前爲大眾論法，他說：「如果有一個法，是從來無生的、一直都存在的，不曾有過出生的時候，是本來就已經在了；這樣的法既然是無生的，無生就不會有滅，所以無生之法也就是不滅，這就是諸佛祕密之教。」假使有智慧，從這幾句話就知道：二乘法是不究竟的。換句話說，《阿含經》中說的緣起性空是不究竟的，因爲緣起性空所說的是有生的蘊處界，都屬於緣生法，藉緣而起；這些藉緣而起的蘊處界等法，都是有生也有滅的法；既是有生也有滅的法，就不是眞實而常住不壞的金剛性，當然不是諸佛祕密之教，因爲諸佛都不是傳授斷滅空法。

等而下之，再來看看藏傳喇嘛教密宗所說的法，他們所弘揚或者所證之法，有哪一個法是本來不生之法？你若實際深入探究以後，將會發覺密宗所證的法，他們的每一個法都是有生之法；不論生起次第所說的明點、脈氣、觀想等等，不論是他們所說圓滿次第的雙身法樂空雙運，所謂的初喜到四喜等淫樂之法，全部都是有生有滅的法——雖然宗喀巴認為淫樂之覺受是不生不滅的法。既然都是有生有滅的法，就不是諸佛的祕密之教，他們怎能稱為密教？所以密宗藏傳喇嘛教的一切法，都只能改稱為世間法祕密之教。如果要講白一點，其實可以說是閨房男女祕密之教，因為不可告人。

正因為他們的法義都是有生有滅的法，從生起次第到圓滿次第，沒有一個法是屬於不生不滅之法；所以他們的法是外道的生滅法，不是佛法中的祕密之教。眞要說起來，倒可以說是違犯世間善良風俗、違犯民法親屬篇、違犯刑法妨害風化的祕密之教；所以藏傳喇嘛教密宗的法義，全都屬於閨房之密，不是佛法之密。既然如來聖教是不生不滅之祕密法，那麼二乘法講的都是緣起法的蘊處界生滅法義，所以緣起性空的教義當然不是諸佛祕密之教，只是方便接引畏懼生死的人而說的方便法。因此緣起性空的法是可以公開宣講的，只是說，聽講以後要如何觀行，是各人自己的祕密，也就只有這個祕密。但是聲聞教的法義及精神，卻是可以公開宣講的，因此就不是諸佛的祕密之教。

最勝天王在 佛陀面前又接著說：「如是妙理，如來出世、若不出世，性相湛然名曰眞如，亦名法界，亦名實際。」所以，只有不生不滅的法，才能說是諸佛所說的妙理。緣起性空的法，講的是蘊處界世間法有生有滅，生滅無常則是無我，無常無我故苦。但有人狡辯說：「緣起性空的法消滅了以後就是涅槃，涅槃就是把一切法永滅無餘；滅盡一切法以後變成空無，而空無的滅相之空，是不會再被滅的，所以是不生。」依照他們這樣講，那麼不生不滅倒成了斷滅空了。如果斷滅空可以說是不生不滅，那麼好極了，有一天你若是見了他，就告訴他說：「你的銀行存款五百萬元，我把你偷偷的轉了來，全都轉到我的帳户去，你的銀行存款五百萬元就滅了！而你這個滅相是不滅的，這就是不生不滅，就是眞如，所以你的五百萬元存款應該還眞實存在。」那他應該接受吧？他一定不可以否認。所以他們那個說法叫作自欺欺人之談，當他們欺人的時候竟不覺得欺人；等他被人家以子之矛攻子之盾的時候，他才覺得被欺了，但他又不能忍受而生氣起來了。這也可以證明他們所謂的緣起性空就是諸佛密教的說法，都是經不起有智慧的菩薩加以考驗的。

所以，只有不生不滅的法才是如來的祕密之教。凡是一切宗派之中，如果他們自稱證得密法，並且說是佛法中的祕密法，那就只有一個法，叫作眞如；除此以外，沒有別的諸佛祕密之教可言。藏傳喇嘛教密宗的密法，都不是佛法中的密法，而是五現涅槃外道中的第一種外道法，只是閨房男女技藝而不是佛法中的般若密意。佛法般若中的密法就是這個不生不滅的法，就是《金剛經》這個金剛心妙法，是可以法界通化的；不論去到什麼法界，諸佛法界、菩薩法界、聲聞法界、緣覺法界，乃至三界中的六凡法界，你用這個法都可以通化。這個法到底是什麼？就是《金剛經》裡講的「此經」，就是第八識如來藏這個法，這個法從來不生不滅，遍一切界；但是密宗的雙身法祕密境界，只是欲界中才有，到不了色界及無色界，也到不了諸佛淨土世界中，當然雙身法不能通化一切有情，一定不是佛法。

那麼如來藏是什麼心？就是第八識，第八識就是阿賴耶識，阿賴耶識就是如來藏，就是將來到達佛地時的無垢識眞如。在《楞伽經》卷七裡面，佛說：「阿梨耶識者，名如來藏，而與無明七識共俱。」已經明說這個阿賴耶識名爲如來藏，與眼、耳、鼻、舌、身、意六識以及意根七個識，同在一起；眾生七識心相應的無明種子，也是附存於這個第八識中。只要你眞的明心了，證得如來藏了，你就可以這樣現前觀察。對於這個阿賴耶識，以前有一些被無明籠罩、利慾薰心的人出來說：「你們同修會證的阿賴耶識是生滅法。」可是當我們只問一句說：「請你證明祂何時生？何時滅？或者不能證明的話，你也可以用理論說明祂何時會出生？何時可以滅？」都講不出來。既然講不出來，那我們提出來說：「不然，你們用聖教來證明也行。請證明祂何時生？何時滅？」這也可以呀！理論上、實證上你證明不了，用聖教來證明也可以呀！又提不出來了。

所以說，《金剛經》裡說的金剛心，是講阿賴耶識，就是如來藏，就是「此經」。但他們竟然把阿賴耶識否定，說阿賴耶識不是如來藏、不是眞如。可是問題來了，明明聖教中說阿賴耶識就是如來藏；又說阿賴耶識顯示的眞如性，你如果能夠現觀，就是證眞如。並且又說眞如是阿賴耶識的眞實性，又說這個眞如就是阿賴耶識運作時顯示出來的心行法相，屬於阿賴耶識的相分。這已經很清楚了，眞如是附屬於阿賴耶識的，而如來藏是阿賴耶識的另一個名字，但是一切外道及不迴心的定性聲聞聖者都不懂，所以這個第八識心體就是諸佛的祕密之教。而這個妙理，你如果證得如來藏時就能通了；證得這個第八識，你就會發覺祂眞是不生亦不滅，那你就是證得諸佛的祕密了。諸佛如來其實都是以這個大事因緣而降生於人間，目的是要顯揚這個不生不滅的眞實法。

「而這個妙理在如來出世的時候，或者如來不出世的時候，祂的體性與法相始終都是湛然的。」湛然，就是純清絕頂，沒有絲毫的染污。就好像水本來是混濁的，用明礬把它攪一攪，當明礬粉在水裡面攪過一、二十圈，等到裡面的水不再流動而停止下來以後，再過一會兒就澄清了。那時澄清的部分都沒有混濁了，那就叫作湛然。而這個金剛心顯示出來，就像是那樣，都不搖動，也都沒有污濁，那就是眞如法性。換句話說，這個金剛心儘管出生了名與色以後，這名色五陰在三界中紛紛擾擾，貪瞋癡不停地運作，可是這個金剛心雖然與名色五陰同在，卻是始終澄清的，是不會也不曾被染污的，仍然繼續是清淨的，就像湛然之水一樣不動其心，這叫作「性相湛然」；因爲祂從不被染污，被染污的是七識心的法種，而七識心運作時，這個金剛心仍然沒有絲毫的染污，所以說「性相湛然名曰眞如」。因爲祂是那樣清淨的眞實存在，並且又始終是如如不動的，祂絕對不會有善心行、惡心行，全都不會有，祂無始以來就離兩邊，所以說祂是眞實而又如如，合名眞如。這個金剛心如來藏，由於眞實而又如如，所以就把祂名爲眞如，所以禪宗祖師常常用眞如兩個字來指稱這個金剛心，因爲《般若經》裡面就說這個不生不滅的法名曰眞如，說不生不滅的法一直都是「性相湛然」的，所以不但把祂名爲眞如，而且又說祂就是「法界」，又說祂就是「實際」，所以經中所談到的法界、實際、本際，其實都是指這個金剛心。

法界，很多人學佛二十年了，還不懂法界究竟是什麼；他們學佛二十年了，每日修行都有功德；到了晚上睡覺前，就在家中佛堂的佛像前說：「佛啊！我今天所修的一切功德都迴向法界。」其實 佛聽了是啼笑皆非的；因爲若是想要哭嘛，這個弟子又懂得迴向；可是若要不哭嘛，他卻又迴向給法界；而法界就是諸法的功能差別，他迴向法界對眾生或自己有什麼利益呢，這樣迴向究竟是要幹什麼呢？又覺得想笑。所以啼與笑都不行，只能一笑置之：「我這個傻弟子，看看哪天給他一個好因緣，讓他遇到了善知識，以後就不會再有這個愚癡的舉動了。」於是他迴向久了，佛陀就安排個因緣，讓他遇見個善知識，終於弄懂：「原來法界就是諸法的功能差別，諸法的功能差別原來是從如來藏來的。」終於通了，以後就不再迴向法界，而開始迴向六法界所有眾生發起善根了。迴向如來藏的諸法功能差別是要幹嘛呢？這是無效的迴向，對自己沒有利益，對眾生也沒有利益呀！後來終於懂了，以後開始迴向六法界眾生了，或者就迴向正法久住，迴向早證菩提，那不就很好了嗎？於是諸佛就很歡喜：「這個傻弟子終於懂得法界了。」所以說法界——諸法的功能差別，其實都是從如來藏來的，因此諸法的功能差別就是如來藏；可是如來藏不需要你迴向，因爲祂諸法的功能差別本來都具足圓滿，只是他沒有正確修行而無法使這些法界全部現起作用罷了。所以只要如法修行就行了，法界何需他來迴向？倒是他自己需要迴向，所以迴向的時候應該說：「迴向我某某某，早證菩提。」證了菩提，就知道法界是什麼了。

「亦名法界，亦名實際」，這個眞如名爲法界，又名爲實際，也就是一切諸法眞實的本際。一切諸法如果離開這個金剛心眞如，就沒有實際了，就變成斷滅空了，因此這個金剛心眞如「亦名實際」。這就是阿含諸經裡面說的無餘涅槃中的「本際」，佛陀有時候會問徒弟們說：「是什麼原因而使得眾生輪迴生死不到本際？」就是提示比丘們要思惟說：「是什麼原因，使眾生們在無邊無際的生死中不斷地奔馳流轉，到不了生死的本際？」也就是說，比丘們應該去探討：生死是從哪裡來的？如果能夠弄清楚生死就是因爲無明，而無明是依附什麼而存在呢？依附於本際，而那個本際就是金剛心如來藏，這樣努力修行而滅除無明了，入無餘涅槃時就回到本際了。所以這個金剛心有許多的名稱：眞如、法界、實際、本際。可是中國禪宗裡又有許多的名稱，最有名的大概稱爲本地風光、本來面目，可是也有稱爲莫邪劍。最常被眞悟禪師拿來教訓無法破參的老參徒弟們的名稱，就是「石上無根樹」、「海底泥牛走」。你們可能比較少聽見這幾句，但是其實祂的名稱還有非常多。

在《楞伽經》裡面 佛又說，這個本際有時候稱爲如來，有時候稱爲毘紐天，有時候稱爲大梵天，有時候稱爲大自在主，說有無量無邊的名稱。這意思就是說，外道說有個造物主是他們所歸依的上帝，這上帝其實就是這個自心如來，因爲能生萬法的就是自心如來，只是他們不懂，誤以爲有一個萬能的有五陰的上帝，可以創造他們的五陰身心。

所以，遇到了一神教徒的時候，你也可以跟他祝福：「願上帝與你同在！」因爲上帝就是自心如來。他如果奇怪說：「你怎麼也這樣講？你是佛教徒呀！怎麼用我們的上帝來祝福我？」你就說：「你的上帝每天都與你同在，你要把祂找出來呀！」他回去想：「奇怪？我這個好朋友是佛教徒呢！怎麼每一次都跟我祝福說我的上帝與我同在，說上帝每天都跟我在一起，看來他是有看見上帝的；可是我看來看去，都沒看見上帝呀！」有一天眞的頂不住好奇心了，就找來問你，你就告訴他：「上帝眞的與你同在，我眞的看見了。」「哎喲！你比我厲害呵！我是基督徒，都看不見上帝；你是佛教徒，怎麼能夠看見上帝了？」你就說：「眞的！上帝與你同在，我這個祝福不是假的。」「那麼請你告訴我，我的上帝在哪裡？」「你的上帝就在這裡呀！」「在哪裡？」「在這裡呀！」「我怎麼沒看到？你告訴我，在哪裡呀？」「在這裡呀！」他永遠不會懂，就責備你：「你故弄玄虛。」那你正好告訴他：「我眞的不是故弄玄虛，我們有三十年的交情，幹嘛要跟你故弄玄虛；你如果想要見上帝，就來我們正覺同修會共修。」「糟了！進入你們正覺同修會得要先歸依，我怎麼能歸依？」你就告訴他：「你不妨試試看嘛！反正人生不過六、七十年，你都已經過了四十幾年，也被騙了很多遍了，對不對？但我這個好朋友從來沒騙過你，你就信我一次，試試看；等你找到你身中的上帝，你就知道你們基督教一神教的上帝在哪裡了。」這也是個方便，但你這個是智慧。等他未來有一天終於找到了，他會發覺：「哎呀！我這個好朋友對我眞好，我眞的找到自己的上帝了。」等到他找到上帝的時候，你就請他回去翻閱他家裡的《聖經》，不管是《舊約》、《新約》都可以；讀過以後，他會發覺：原來《聖經》裡有五陰的上帝還不如我，耶和華眞的不如我的智慧。

所以說這個常住法、金剛心，名稱非常的多；把祂叫作阿拉也得，叫作祖父也得，因爲婆羅門教的上帝名爲祖父，當然也可以這樣叫呀！也可以叫作大梵天，叫祂作什麼都可以；乃至要把祂叫作閻羅王、造物主也可以，不論叫祂什麼都可以；反正一切出生萬物及有情的天神地祇也都是祂，無有一人、無有一個有情不是祂所生，全都不能稍稍離開祂而存在，所以其實祂的名稱有很多。但是這個金剛法，得要有因緣才能夠證得；雖然有很多名，可是如來弘傳的時候隨諸方便而示現說法時，這個常住法在理上的方面都可以爲眾生說明，就只是實證上的內涵不許明說。

所以《大品般若經》六百卷都在說這個法，在說這個不生不滅的東西，始終說祂眞不是東西。你儘管罵祂都沒關係，因爲祂眞的不是東西；所以般若諸經中說祂非佛、非菩薩、非聲聞緣覺、非天、非人、非畜生、非地獄、非修羅、非世界、非佛法，有一大堆的非，因此說祂眞的不是東西。哪一天你找到祂了，你就戳著祂那個沒有鼻子的「鼻子」說：「**你眞的不是東西，害我找那麼多年找不到你，你眞不是東西。**」但祂都不會怎麼樣，祂都如如不動，並且繼續作你最要好的好朋友，因爲祂這個好朋友比拜把子的兄弟還要好；拜把子的兄弟是可以爲兄弟兩肋插刀的；祂雖然不會爲你插刀，可是祂的忠義，祂爲你所作的，比那個拜把子的兄弟還要好。祂不能爲你兩肋插刀，是因爲祂沒有兩肋，不是不願意；但祂其實比所有拜把子的兄弟對你都要好，並且祂不是只有一世這麼好，每一世都是這麼好，永遠不會背叛五陰的你。

「**隨順因緣而不違逆，是爲正法**」，這個法非常的祕密，諸佛如來總是隨順因緣來說；而這個法對你也是隨順因緣，永遠隨順你的因緣，不曾違逆於你。祂絕對不會違逆你，確實如此，永遠隨順你的因緣，這樣才能夠說是正法。只有找到這個不生不滅的，才能說是實證眞正的佛法；否則所謂的正法都只能稱爲表相正法、像似正法；縱使不否定如來藏，不否定這個金剛心，雖然不是像似正法，也只能說是表相正法。如果否定這個金剛心而說佛法，已不是像似正法也不是表相正法，那已經是在破法了，沒有資格說他是表相正法。等你證得「此經」，了知這個金剛心何在，你會發覺最勝天王菩薩所說的，確實完全沒有錯誤，因爲祂是隨順因緣而不違逆的，這個才是正法。

「其性常住，永無隱滅」，祂雖然是不生不滅的法，卻可以不斷地出生一切諸法；而且祂能夠出生一切諸法的這種法性也是常住的，祂所顯示出來的眞實而如如的法性也一樣是常住的。並且這個能夠出生萬法的功能性以及眞如性，都是永遠沒有隱藏而很分明地顯現在你面前。這得要有智慧才能現觀而證實眞的如此，這得要追隨善知識學法以後才能發起智慧而如實觀察；若是還沒有實相般若智慧，就永遠看不見。所以叢林裡面很多人是少小出家，七、八歲就出家當沙彌；後來還知道有這個向上一路的妙法，就努力地學，參到老、到死了，都還是沒有一點點的成績。因爲這個法很奇怪，這個法跟四禪八定不一樣。

四禪八定的修學，若是有實證的人教，只要肯努力去修，多多少少都會有一些證量。可是這個法卻不是這樣，不像四禪八定那個次第禪觀；祂的實證並沒有次第，祂的修道次第是在具足實證以後。因爲這個法是般若的入門，而你想要找到這個法時並沒有次第可說，只是一念相應而突然遇見祂，沒有先後次第；等你找到這個法以後，悟後進修成佛之道時才會有次第。所以要眞實進入大乘之法，必須要先找到這個法；這個法若是找到了，接著就是悟後起修的次第。所以找這個「法」眞的很難，而這個法，諸佛也都不明講；過去無量諸佛如此，現在十方諸佛如此，未來諸位成佛以後仍然如此；連你們也都不會明講，所以祂才被稱爲諸佛祕密之教。

既然是這樣，那麼要怎麼去找到祂？這就是個修學佛菩提道、成佛之道者的大問題。正因爲找祂很難，而祂又是大乘佛法入門的鎖鑰；若沒有證得這個金剛心，你就打不開大乘佛法實相般若之門；想要再往上進修諸地所修的道種智，根本就不可能。所以，有些人否定了第八識如來藏，卻在研究唯識，宣稱他們都懂得唯識，說他們已在進修諸地的境界；其實那不只是自欺欺人，而且還是在大妄語，問題很嚴重呵！可是有多少人知道自己正在大妄語？眞的很少人知道。所以我們得要費盡唇舌詳細說明，但依舊有許多人會不得，因此這個法才會被稱爲諸佛的祕密藏。

這樣子把「理說」講完了，接著進入「宗說」來講，看宗門對這個部分是怎麼說的。因爲這一段《金剛經》中講的是布施的福德，一般情況下說的福德都是指世間福德，但宗門裡面也有講到布施的福德，而這個宗門裡所說的福德是在哪裡出現的？卻是在教門中出現。其實教門裡面有許多宗門，只是太隱覆了，所以很多人不容易瞭解，只能從文字表義上面去理解，往往錯會了還不知道。包括《阿含經》裡面都有大乘法的宗門在其中，因爲那些《阿含經》其實是聲聞羅漢們在世的時候，與菩薩們同時聽 佛所說的大乘經，他們後來把它結集起來；但是他們聽不懂其中的佛菩提道理，只懂得其中與解脫道有關的部分，於是這些聲聞羅漢們結集出來的大乘經典，就變成二乘解脫道的經典了。

可是等你證悟了，你卻能懂得其中的大乘法義道理。而那些結集大乘經的聲聞阿羅漢們自己卻讀不懂；他們只會結集，不懂自己親自所聞的大乘經裡面的意思。以前常常有人說：「在原始佛法的阿含諸經裡面都沒有說過菩薩。」眞的沒有說過菩薩眾嗎？請看我在《阿含正義》怎麼說明、怎麼舉例的，四阿含諸經裡面早就說過有菩薩了，也特別指出三乘部眾了，怎麼可以說大乘佛法是後代的菩薩們發展出來的？所以，由此可以證明那些聲聞人都聽過 佛陀演說般若及唯識諸經，不然《阿含經》裡面哪來的「三乘部眾」的記載？所以其實你只要通了大乘法，二乘法你也可以通；可是通了二乘法卻不能通大乘法，那你要什麼法？當然要大乘法，誰還單要二乘法呢？因為你只要有大乘法的實證，二乘法也就揣在懷裡了，隨時要用就抽一些出來，讓二乘人聞一聞二乘法味是怎麼樣的。並且你懷裡拽出來的這個二乘法，還比他們二乘人講的二乘法還要香；因此我寫出來的《阿含正義》，一定比南洋現代所謂的阿羅漢們講的二乘法還要勝妙。用大乘法來講二乘法可就更妙了，所以有智的人當然要學大乘法。這一段所講的布施之福的經文，我們再來看《賢愚經》裡是怎麼說的，這裡面當然也有宗門密意呵！

【《賢愚經》云：昔有五百賈客，入海採寶，請一五戒優婆塞用作導師。海神取水一掬而問之曰：「掬中水多？海水多耶？」賢者答曰：「掬中水多。

海水雖多，劫欲盡時必有枯竭；若復有人能以一掬水供養三寶，或奉父母，或丐貧窮，給與禽獸，此之功德歷劫不盡。以此言之，知海水少、掬水多。」

海神歡喜，即以珍寶用贈賢者。】

這個前提要講給大家聽，是因爲這條船在海上航行以後，遇到大風浪即將沈船了。後來有人就祈禱諸神等等，然後海神出現了，原來是海神在作怪。海神提出問題來，沒有人能回答，那就應該要覆船、全都要死了。可是大家想到說，這個導師應該很有智慧，於是推他出來。這個優婆塞就出來跟海神對談，海神就掬起水來，問這個優婆塞說：「我手中的水多，還是海水多呢？」因爲他提出的問題是沒有人能回答的，這個優婆塞有智慧，就回答說：「你手掌中的水多，不是海水多。」這很奇怪呵！水是從海水中雙手捧出來的，當然海水多，這優婆塞卻向海神說：「你手中的水多。」然後他就說明：「海水雖然多，當火劫到來也會燒掉；當住劫快要過完了，壞劫到來的時候，海水也必定會枯竭；但是如果有人能夠以一掬清水來供養三寶，或者奉養父母，」當父母口渴的時候，就用一掬清水來奉養父母；「或者用來送給貧窮口渴的乞丐，或者送給口渴的禽獸，用這個功德來受用，歷劫不盡；經過了好幾個劫，這功德還是存在的。因爲這個緣故，所以我知道海水少，你手掌中捧起來的水多。」這個海神很歡喜，因爲他得到利益了，他懂得道理了，當然不可能再造惡業了，懂得修福德了，所以不但沒有將他們翻船，還贈送了許多珍寶給他們。

爲什麼受五戒的佛弟子這樣說呢？因爲他知道在布施的時候，並沒有想說：「你受我布施。」也沒有想說：「我有布施這件事情。」他只是教導海神說：純粹的布施這麼一掬水，不是在有爲法的作意下去布施；這樣無所執著的布施，就只是布施，並沒有所謂受施者，也沒有所謂布施者，也沒有布施這回事，在這樣三輪體空的情況下來布施這麼一掬水，福德就受用不盡了。前面也講過，說 佛布施同樣的物品給須菩提，而須菩提布施同樣的物品給佛，誰的福德大？（眾答：佛的福德大。）佛陀的福德更大。這就是說，你的無爲的證量越高，你布施的福德就越大。

同樣的道理，由於這個緣故，以這麼一掬水奉養老父母，福德就很大了。所以，請諸位要注意呵！明心了以後，回家看見老父母，可別亂動念頭說：「我是開悟的聖者，你們還是凡夫。」千萬別這樣想，這樣想就損了福德，因爲那個福德已變成有而不是「無」。這個福德要成爲「無」，那就無窮無盡了；成爲「有」，一實現就不見了，所以一掬水之福德多至如是。你們如果想要得到這個「福德無」，回家以後抓準了時機，當父母口渴了，趕快弄一杯清淨水來；冬天就用熱水，夏天就用清涼水，奉上去供養父母，並且還要恭恭敬敬的跪呈，父母倒是滿心歡喜說：「我這孩子開悟以後變了個人，越來越孝順呵！」那你如果是出家人，料準了時機，每天就找適當的時間，當堂頭和尚你師父正在口渴時，趕快遞上水去；冬天裡，他也許正在作什麼，正好口渴了，趕快泡一杯熱牛奶或熱茶遞上去，要跪著呈上去。你可別說：「我去正覺講堂學法，如今開悟了；我師父還不肯去學，還沒有悟，是個凡夫。」你別這樣想，一樣要恭敬地這樣作，這樣你就得福無量。既沒有損到你師父的福德，可是你卻得福無量，這不是很好嗎？這樣才是懂得 佛所教導的眞實弟子。

如果悟後回到寺裡面，心想：「我這個師父一直在凡夫位裡面混，也不肯學法，不肯求悟；我早就悟了，我還服侍他，他能承受得起嗎？」這樣想可就不好了。我告訴你：「他承受得起。雖然你開悟了，他還是凡夫；但因爲他剃度了你，他就承受得起。除非他破法、破十重戒。」如果他沒有破法，也沒有破十重戒裡的某一戒，他都承受得起。可是如果破法或者破十重戒了，佛說祂乃至不想看到有這種人在人間行走，這種人從某個地方走過以後，就要有人趕快把他的腳跡給掃掉。如果你現在還沒有悟，那你更要效法；當冬天過堂後三、四個鐘頭，師父肚子大概有點餓了，趕快泡一杯五穀粉一類的健康飲料，弄得香甜可口送到方丈室，跪下來呈上去。每天好好奉侍，增長福德；等哪一天福德夠了，正當跪呈了以後該退出方丈室了，才一轉身就看見了：啊！原來你這傢伙在這裡。一把抓住，你就悟了。這也不錯啦！眞的是這樣。人存善意，必有善法隨之，所以因果昭昭不爽啊！

不但世間法的因果不爽，佛法中也是因果昭昭不爽。你只要每天依著宗門的正知見去作上供的事，不管你師父怎麼樣看待你，你只要每天上供就對了；供到後來，有一天突然會了，功德無量大，眞的知道「福德無」的道理；以後法界一切眾生，你都可以通化了。只要眾生懂得你說的話，只要他聽懂你說的法，而他的因緣也剛好成熟了，有一天他也可以像你一樣悟入，那你不就眞的「法界通化」了嗎？你若眞是能夠通化法界一切眾生，功德眞是不可稱、不可量啊！「法界通化」到底好不好？好！學法當然就是要學這個「法界通化」。可是這一段經文說：福德若是有實，就不是得福德多；如果「福德無」，你所得的福德就很多。

可是「福德無」的這個福，到底在哪裡？你們來正覺學法這麼久了，若還沒有破參，今天供養你一個妙招：回去以後路上買些柳橙帶回家預備著，明天出門上班前、出門營商之前，妳要親手去作，可別命令說：「老公！你幫我弄杯柳橙汁來。」你們男眾也別命令妻子去作，你要親手去作；把果汁弄好了，端到父母面前來，跪了下來說：「阿爸！阿母！今天的柳丁很新鮮呵！請您喝！」

〈離色離相分〉第二十

第一段經文：【「須菩提！於意云何？佛可以具足色身見不？」「不也！世尊！如來不應以具足色身見。何以故？如來說具足色身，即非具足色身，是名具足色身。」】

講記：「須菩提！你的意下如何呢？諸佛可以用具足色身的五蘊而看見嗎？」「不能的！世尊！對於諸如來都不應以具足的色身來見。爲何如此呢？如來說具足的色身，就不是具足的色身，這樣才能說是名具足的色身。」

你看，這一段《金剛經》的公式又出來了，我知道有許多人一讀就懂了。所以來到正覺就是這麼妙，這《金剛經》的公式可以由著你用——只要你已經證得這個公式。就怕你還沒有證，你要是證得了，不論到哪裡去，這個公式都可以用。也許有人不信，我們就用現成的來講好了。現場有好多女人，依照《金剛經》的公式就說：「所謂女人，即非女人，是名女人。」你若是眞的想要懂「女人」，就得要懂這一句。女眾也一樣：「所謂男人，即非男人，是名男人。」真能這樣，才能自稱妳眞的懂得男人，確實如此。當你證得金剛心的時候，這個公式就由著你用，沒有人能推翻你。

這一段經文又從這個金剛心來談金剛心的體性，要讓大家瞭解：這金剛心是離色離相的。祂雖然無色無相，可是祂卻跟諸相在一起，也跟色陰在一起，但祂自己卻是離色離相的。好多人弄不懂《金剛經》，都因爲是依文解義。並且也有好多人在講《金剛經》，或者註解《金剛經》，其實都弄錯了，原因是他們把經中眞義的前提都給廢棄了。廢棄了大前提以後，他們來演說或註解任何經典時都會錯誤；因爲三乘菩提全部都依八識心王來建立，大乘法世出世間法如此，二乘法亦復如此；出世間法如此，世間法亦復如此；你在台灣如此，去大陸也如此，去美國也如此；人類如此，狗也如此，貓、魚等等一切有情，也都是由八識心王共同建立；只是有時候會因爲業報而有一些諸法增減的變化而已，全都不離八識心王。

所以，千萬不要誤以爲動物聽不懂你在說什麼，除非那個動物從來沒有跟人類共住在一起。如果這個動物是跟人常住在一起的，牠聽久了，就會懂得人類的語言。譬如以前鄉下人收割的稻米都放在家裡，老鼠都很猖獗；然後有一天家人商量著晚上要抓老鼠時，那一天就不講「老鼠」二字了，那一天討論這件事時，就把老鼠的名稱改作「尖嘴」，父子倆商量說：「今晚要抓尖嘴，傢伙要準備好呵！」因爲老鼠聽懂人類在說什麼，牠們往往躲在暗處聽人類在講什麼；當人類講了某些話以後就去作了什麼事，牠們聽了也看了，時間久了就漸漸懂得人類的話，只是嘴裡沒有能力講。如果人類說：「晚上要抓老鼠呵！」牠們當晚逃光了，全都走了；你不抓牠們了，過一、二天全都回來了，這個是古時鄉下人的經驗。我們小時候，長輩都是這樣的；所以就告訴小孩子，那一天都不許說老鼠。如果那幾天討論要抓老鼠的事，都用「尖嘴」兩個字來討論，到那天晚上就能抓得到；表面看來眞的很奇怪！其實並不奇怪，因爲老鼠也有八識心王，家鼠聽多了、看多了，自然知道人們講的話是什麼意思。除非這些老鼠是那一晚突然跑進你家，以前不是住在你家，沒聽過你講話，牠就聽不懂你說話的意思，否則牠們都會聽懂。當你講老鼠，也說要抓牠們，牠們就知道那一天晚上要抓牠們，就會暫時離開。如果不用老鼠兩個字來討論，改爲用「尖嘴」二字來討論，牠們就聽不懂是想要抓誰。由此也證明老鼠一樣有八識心王，只是牠們的五陰果報無法像人類一樣講話；所以那些人弄不懂老鼠法界，是因為不知道動物同樣也有八識心王，不知道動物意識心的功能並不比我們差。一條狗，只要跟你常住在同一個家裡，牠就漸漸地會懂你說的話是什麼意思，動物都是如此。

所以意識心是能分別六塵諸法的，不論是否與語言文字相應的意識，都是如此。意識心能分別，自然就會與六塵中的各種境界相相應，不可能不與境界相相應。可是，如來藏這個金剛心從來不與各種境界相相應，因此祂是離相的。可是，那些六識論的大師們否定了如來藏以後，都只能落在意識裡面，逃不出意識的層次，當然不可能離開六塵境界相，都落入有相法中；因此他們註解《金剛經》的時候，一定會用意識的境界來思惟及註解，自然就會錯。可是這個如來藏與我們名色同在，祂卻不歸名色所攝，當然不會落入境界相中，所以 佛陀就說：「**須菩提啊！你的意下如何呢？佛陀可以具足色身來見嗎？**」也就是說，學佛人應該探討一個學法時的重要課題：是應該以看見如來的實際、如來的法身金剛心來當作是見佛呢？還是應當以看見如來的色身來當作見佛呢？所以當 世尊向須菩提提問說：「**如果有人想要見佛的時候，應該以看見佛的色身當作是見佛嗎？**」須菩提回答說：「**不可以這樣**

的！世尊！真實的如來，不應該依具足色身的身相來見。爲什麼呢？因爲如來說具足色身，就不是具足色身，這樣才是具足色身。」

假使從佛法的實證層次來說親見如來的時候，是依色身來說他已經見佛了，那就會產生錯誤。譬如說，你看見我的色身時當作是親見蕭平實的自心如來，就一定看不見蕭平實的自心如來，因爲自心如來並不是這個色身。所以從實證上來說見佛的時候，不應該以佛的色身作爲佛來看。如果是以看見佛的色身當作實證上的見佛，那就會產生偏差。譬如 佛在人間可以示現人類這個色身，也可以在四王天示現另一種色身，乃至忉利天、夜摩天，一直上去到色究竟天中，都可以示現不同的色身。若是由於慈悲，化現了畜生的色身去度某些畜生，化現爲鬼道眾生的色身去度某些鬼道眾生，乃至化現地獄身去度地獄眾生，色身是可以一世又一世示現無量無邊而沒有限制的，當然同時也會有三界六道不同色身的種種差異，那麼究竟要以哪個色身作爲見佛？如果只以這一世人類的色身來見 釋迦佛，那可就不是「具足色身」的所見了。因此，得要以能生世世不同色身的自心眞如而見如來，才能說是眞的「具足色身」。

這是從教理與事相上來說，可是色身的實際是什麼？色身的實際其實就是如來，色身的實際並不是講這個色身，因爲這個色身是無常必壞之法，不可依怙。那到底什麼法才是具足色身？色身的本際又是如何？當然，諸位已經先知道答案了：「我知道了，你蕭老師一定又把它歸結到如來藏。」可是你知道了，我還是要講，因爲事實正是如此。那麼，我就跟諸位作一個說明：色身是哪裡來的？現代人都知道，色身就是藉著父母的因緣而取得那個受精卵，然後藉著媽媽的慈悲心、疼愛心，就從血液裡面得到了四大來長養這個色身，所以最需要感謝的還是媽媽；媽媽最辛苦，大家都這樣看媽媽；所以正常的家庭，子女最喜歡的還是媽媽而不是爸爸，也因爲爸爸有時候脾氣又很大。

可是話說回來，你的色身眞的是媽媽幫你生的嗎？問妳們諸位媽媽好了：「妳們有沒有生了孩子的色身？」我若是去會外問，所有媽媽們一定都直接說：「有呀！我的孩子身體是我生的。」但妳們進來正覺學法以後就不敢這樣講了，因爲已經從聖教中知道眞相並不是如此。眞相是怎麼樣？妳只是提供孩子資源，提供孩子環境而已，製造孩子色身的還是他自己的如來藏；因爲妳很清楚，妳並沒有今天幫肚裡的孩子植髮一根，明天再植一根；也沒有後天幫他造個心臟，一個月後再幫他造一隻右手。妳都沒有呀！妳什麼都沒作，就只是提供血液與住處，由孩子自己生長具足色身。所以其實每一個人的色身，都是自己的如來藏製造的。但是，雖然如此，還是要感謝父母；是因爲若沒有他們的因緣就沒有你，你最尊敬媽媽，則是因爲她提供了一切的物質給你，很辛苦地負擔著你，讓你生長然後痛苦地生下你；媽媽受苦最多，所以對媽媽當然是要最尊敬、最敬愛。因此，那杯柳橙汁端上來的時候，是要先給媽媽，不是要先給阿爸，對不對？

再來看看父母提供的這個因緣，父母提供給你作爲生長而出生色身的四大，又是從哪裡來的？那也不是父母製造的，而是所有的有情如來藏共同製造出來的。宇宙中的四大聚集形成了星球，有了山河大地，那宇宙中的四大從哪裡來？是所有有情的如來藏金剛心共同化現出來的，因此這一些四大的色法，還是從如來藏來；色身從如來藏來，山河大地一切世界也從如來藏來，那你倒是說說看：色法的本際是不是如來藏？當然是「此經」如來藏。所以要懂得什麼才是「具足色身」者，得要先從教理上了知所謂的「具足色身」，必須是要有如來藏才能具足的。每一個人一世的色身並不是所有的色身，如來藏才是具足色身的，這個如來藏就是自心如來。因此，如果要說你「具足色身」而見到如來，必須要是明心的人，才可能是見到如來而且「具足色身」。所以如來所說的具足色身，並不是世間人所知的具足色身；能夠弄清楚背後其實就是這個金剛心，這樣實證這個金剛心而如此現觀了，才能說「具足色身」。

同樣的道理，你們如果想要知道女人，就一定要知道女人就是如來藏。當你知道女人就是如來藏的時候，就是知道女人的本質了；所以這時的女人已不是女人，像這樣現觀所見的女人並不是女人時，才能說那個女人是女人，要這樣來看女人。你們看男人也應該如此，因此：所謂男人，即非男人，是名男人。乃至你可以說：「所謂人，即非人，是名為人。」因為人的本質是如來藏。然後你再轉個方向，側面看一下你身邊椅子前面你養的一條狗，你就可以說：「所謂狗者，即非為狗，是名為狗。」你就通了，因為狗還是這個不是東西的東西。然後，也許哪一天有個天人說：「聽說我過去世的一個眷屬，現在開悟了。」他就趕快下來看你，你看見了他，你就說：「所謂天人，即非天人，是名天人。」因爲你看到那個本際，而這個法是三界六道一切皆通的，十方諸佛淨土也都通，這樣才是「離色離相」。

道理解釋過了，再看經上怎麼說呢？《佛說未曾有正法經》卷五裡面有這麼記載：【「復次大王！一切法與法界非即非離，本性平等無有差別。若了是者，即於諸法無所罣礙，亦無增減。」妙吉祥菩薩說是法時，摩伽陀王悟法性空，生大歡喜，即時獲得無生法忍；發希有心，合掌恭敬白妙吉祥菩薩言：「菩薩大慈、善巧方便，如所說法甚爲希有，微妙深遠昔所未聞。我於今日斷諸疑惑，心得開曉。」妙吉祥菩薩曰：「大王！莫作是言：『疑惑得除。』作是言者，未斷諸相。有相於心，是大疑惑。大王當知，諸法寂滅，無說、無示、無聞、無得，豈有疑惑而可除耶？」王言：「菩薩若如是者，貪瞋癡等一切煩惱應不礙心耶？」菩薩曰：「大王！我先所說虛空本淨，非所染故，其義如是。大王！心本清淨，煩惱性空，二俱無得，何所礙耶？是故不應以罪垢相而生於心。大王當知，過去心不可得，未來心不可得，現在心不可得；乃至一切法亦復如是，於三世中無來、無去、無住、無著，無所入、無所歸，離諸妄想，非知見所及。**離知見法者，佛所說也。**是故智者應如是觀，如是解了。」

是時大王白妙吉祥菩薩言：「如菩薩所說，我今解了心之自性。諸法自性本來清淨，非障所染，亦非有相可得。是故我今於菩薩前得不壞信。」菩薩言：「大王！若如是者，是即解脫，離諸過失。」爾時摩伽陀王聞妙吉祥菩薩宣說妙法，心大歡喜，即從座起，持上妙細氎價直百千，詣妙吉祥菩薩所而奉上之，欲以其氎被菩薩身。是時菩薩於刹那間隱身不現，但聞空中聲曰：「大王！有所見相，非我所受。如我受者，不見自身、不見他身，無能施、無所施，乃至一切法亦復如是，無所見相，離取著心。大王！其所施氎若有能見身者，當可施之。」時有菩薩名曰智幢，其王即時復持其氎而以奉施。彼菩薩曰：「大王！有所見相，非我所受。如我受者不著異生及異生法，不住有學及有學法，不證無學及無學法，不趣緣覺及緣覺法，亦不求諸佛如來解脫涅槃而為果證。如是於一切法無所著相，能施所施二種清淨，無利無得。如是施者而可受之。」是時大王欲以其氎被菩薩身，菩薩即時隱身不現，但聞空中聲曰：「若有能見身者，當可施之。」是時復有菩薩名善寂解脫，……。復有菩薩名最勝作意，……。復有菩薩名曰上意，……。復有菩薩名三昧開華，……。復有菩薩名成就意，……。復有菩薩名三輪清淨，……。復有菩薩名曰法化，……。是時大王以所施氎，奉如是等諸大菩薩；各各隱身，皆不納受。

爾時大王即持其氎，詣於尊者大迦葉所，作如是言：「尊者迦葉！於聲聞中耆年有德，佛所稱讚頭陀第一，願受我此上妙細氎，滿我施心。」迦葉答曰：「大王！有所見相，非我所受。如我受者，不斷貪瞋癡；無所染著，乃至無明有愛而悉不斷，亦不與俱，無見苦、斷集、證滅、修道，不見佛、不聞法、不入眾數，非盡智、無生智可得可證，無施者無受者，無大果無小果，無輪迴可厭，無涅槃可證，諸法清淨、離一切相，如是施者而可受之。」王即持氎欲被其身，迦葉亦復隱身不現，但聞聲曰：「若有能見身者，當可施之。」如是，大王於五百大聲聞所，持氎奉施，亦各不受，隱身不現。

爾時大王即作是念：「今此菩薩、聲聞，皆不受我所施之氎；我今持往後宮，施其夫人及諸眷屬，彼應當受。」作是念已，持氎入宮而欲施之，是時大王不見夫人，復思施彼宮嬪、眷屬，亦復不見；如是漸次觀察所有宮城殿宇，皆悉不現，同彼虛空。是時大王復作是念：「今此上妙細氎，無復所施。」

作是念已，欲持此氎自被於身；其王即時亦自不見其身，但聞空中聲曰：「若有能見身者，當可施之。大王！當自觀身色相，今何所在？如自觀身不見其相，觀他亦然，自他之相俱不可得；若如是見者，即見眞實法。眞實法者離一切見，以離諸見故，即住平等法。」

是時大王聞空中聲已，離有相心、斷疑惑想，如從睡覺而得醒寤，即時宮城殿宇后妃眷屬，見其色相還復如故。即詣菩薩大衆之所，悉得瞻睹菩薩之相、如本無異。是時大王前白妙吉祥菩薩言：「菩薩大衆適當何往？我所不見。」妙吉祥言：「大王！勿生疑惑。今此大衆本相無來，其何所往？大王！於今見此衆不？」王曰：「唯然已見。」菩薩曰：「何所見耶？」答言：「如見眞實法，觀此衆亦然。」又問曰：「即此眞實，亦云何見？」答曰：「眞實法者，離一切相，非眼所觀；不在內、不在外、不在中間，名、相二法不可得故。」』

因爲《金剛經》是般若系的經典，所以跟《大般若經》等等經典都是相通的。妙吉祥菩薩就是 文殊師利菩薩，文殊菩薩說：「一切法與法界非即非離。」爲什麼一切法與法界非即非離呢？是因爲一切法與法的功能差別非即非也非離。譬如意識，意識是一個法，那麼意識的法界是什麼？也就是說，意識的功能差別是什麼？就是作分別、分別諸法。祂的功能差別就是分別，是依著祂所擁有的功能差別來運作才能產生分別。而祂的功能差別是依於五個遍行心所法以及五個別境心所法，而顯示出了祂的功能差別，這就是意識，所以意識法界與意識本身非即非離。換句話說，意識的了別功能與意識非即也非離；因爲意識的功能差別是意識所擁有的，但是意識本身不等於祂的功能差別。

譬如電燈，電燈本身跟電燈的作用非即亦非離；電燈是體，燈體的作用就是燈體的法界。也就是說，電燈能產生作用，它的作用叫作照明；照明是電燈的作用，也就是電燈的法界。電燈這個法的功能差別，爲什麼叫作功能差別？是因爲電燈照明的時候，它就只能是照明，你不能把電燈拿來發聲，它的功能不是用來發聲的；如果它突然發出聲音：「碰！」可就壞掉了，就不能用了。除非你要把它破壞，拿根棍子打它而發出聲響，否則它的功能差別就是照明，照明就是燈的法界；你不能用它來發出聲音，不能想要它發高聲、低聲、樂音、噪音。全都不行！它的功能差別就是在照明上面，界就是功能差別。電燈這個法的照明功能—燈的法界—與電燈非即非離，離開電燈就沒有它的照明功能，但這個電燈不等於燈法界——不等於燈的照明功能。

這樣講，諸位瞭解「**法與法界非即非離**」了，比而推之，當然也會知道其他一切法也是如此，也就是「**一切法與法界非即非離**」。因此就應該瞭解，意識這個法與祂的功能差別非即非離，所以意識與意識的法界非即非離。意識如此，一切諸法莫非如此，因此 文殊菩薩開示說「**一切法與法界非即非離**」。在這段經文中講「**一切法**」的時候是講什麼呢？其實是講如來藏。般若諸經裡面說一切法時，有時是說蘊處界等萬法，但有時往往是講如來藏，因爲一切法都不外於如來藏。除非有特別指出一切法是單指某一個事物時，否則就是指如來藏。這個如來藏與諸法的功能差別非即非離，每一個人有眼識，眼識這個功能差別與如來藏非即非離。每一個人有色身可以運作，色身這個法的功能差別與如來藏也是非即非離。每一個人有覺知心可以了知，也可以用這個覺知心來起愛憎之心，這個覺知心的各種功能差別與如來藏也是非即非離。這就是「**一切法與法界非即非離**」。

「**本性平等無有差別**」，這時以「**一切法**」來代表種種無量無邊的法，因為一切法莫非從如來藏而生、而滅，歸屬於如來藏，而一切法與如來藏的本性是平等而無有差別的。譬如身為淪落畜生道的一條狗，他看見食物口水直流，非常地貪吃；另外有一個修行非常高的聖者，他根本不想要貪著世間法；這樣的一條狗跟聖者在一起的時候，譬如說一個俱解脫阿羅漢跟一條狗在一起時，從世間五蘊相看來，二者是有差別的；可是這一條狗的眞如心，與阿羅漢的眞如心，二者是完全平等而無有差別的。阿羅漢成為俱解脫聖者以後，對世間三界一切法，已經完全沒有絲毫的貪著，那一條狗卻是具足貪著的；可是菩薩證悟以後看到那個阿羅漢跟那一條狗，各自都有清淨底眞如心，而他們二者的眞如心同樣是眞實性與如如性，並沒有絲毫的差別，所以說一切法「**本性平等無有差別**」。你如果將世間所見的一切法都歸攝到諸法來處的如來藏時，你也可以說那條狗的貪與阿羅漢的無貪，平等無有差別；因為同樣都歸於如來藏，所以你也可以這麼說。而二者的世間法五蘊，所顯現出來的清淨性或者狗的染污性，則是可以改變的；但不管怎麼改變，大乘見道者所見，全都歸於如來藏，不見阿羅漢也不見狗，不見阿羅漢的聖潔也不見狗的貪瞋；而二者的如來藏本際完全是平等性的，完全是沒有差別相的。

「若了是者，即於諸法無所罣礙，亦無增減。」如果能夠了達這樣的法性的人，他就能在諸法中無所罣礙，所見諸法也都不會有增減。文殊菩薩說這個法的時候，摩伽陀王悟了，他悟的是一切法的法性都是空；但這個空不是斷滅，而三界一切法的法性全都歸於這個空性。這時他生起了大歡喜，獲得無生法忍；換句話說，他福氣大，剛才進入初地了。所以說，若能夠見到妙覺、等覺菩薩而能親聞開示，那是很大的福報。想見妙覺、等覺菩薩是很不容易的，若沒有什麼大因緣，根本見不到妙覺、等覺菩薩。摩伽陀王獲得無生法忍，所以發起了希有心，就合掌恭敬向 文殊菩薩稟白說：「菩薩！您眞的是大慈心，並且有善巧方便，就像您所說的法這樣，眞是太希有了！您說的這些法是微妙而深遠，這是我以前所不曾聽聞過的。」微，就是說它可以通攝種種微細之法；妙，是說它勝妙而非粗淺。而這個法是很深奧的法，並且可以於諸久遠而不會斷壞。微妙深遠的法是什麼法呢？就是如來藏，只有如來藏才能微妙而深遠。

二乘法無可避免的會迅速地沒落，所以聲聞法才不過幾百年就分裂爲十八個部派。分裂爲十八部以後，大部分人都是凡夫，只有上座部裡才有實證四果的阿羅漢；然後再傳沒有多久，可就全都沒有阿羅漢了，這是二乘法解脫道在人間弘傳演變的歷史事實，最後傳到南洋；北傳的二乘法可就幾乎不見了，只有個俱舍宗是傳到中國的二乘法，後來也是不見了，只剩下《俱舍論》等還在爲有緣人解說二乘法，但二乘法的證果者已經都不存在了。部派佛教的聲聞解脫道向南弘傳，後來傳到錫蘭，傳到緬甸、泰國、寮國，如今又有誰眞的證果了呢？一千五百多年前，覺音論師寫的《清淨道論》，被現代南洋那些所謂的阿羅漢們奉爲最究竟的宗旨。可惜的是，覺音論師自己連我見都沒有斷，連如何斷我見都講不清楚；依他的論而修行的所謂阿羅漢等人，又如何能斷我見呢？證阿羅漢果就更不可能了。

覺音論師的《清淨道論》法義，你看不見如何斷我見、斷三縛結的解說，他說的法義都落在意識心境界裡。爲什麼會這樣呢？是因爲二乘法弘傳的宿命本就如此。因爲他們的法就是要證阿羅漢果，凡是證得阿羅漢果，捨報後就入涅槃去，不再來人間受生了。至於證得三果的人，或者中般涅槃，或者一直往上界受生去，最後也是入涅槃而不再來人間——證三果以後都永遠不來人間。最後只剩下初果與二果人，但是人間的初果與二果人也是越來越少，因爲他們捨報時也會往生欲界天中，等他們再回到人間時，那是多久以後的事了？那麼他們何時才能再回到人間呢？所以人間的聲聞解脫道聖者一定越來越少，那你說，二乘法教的衰微，是不是二乘法的宿命？如果他們有人成爲阿羅漢以後，發願不入涅槃；那他一定會成爲大乘通教的菩薩，將來可就跑不掉了，哪一世遇見了你們，就會被你們度入菩薩道中。

可是大乘法不然，大乘法的菩薩們證悟以後都要常在三界中，要將近三大無量數劫在三界中努力修行才能成就，是要三大無量數劫中自利利他的，大部分時間是不許離開人間的。不但如此，即使成佛以後也不許像阿羅漢一樣入滅，因爲早就被十無盡願所持，永不入無餘涅槃。所以證悟之後，如果修證的成績很好，善能攝眾、善能荷擔如來家業，如來自然不會讓你閒著沒事可作；如果一個星球有兩個這樣的人，就把其中一個弄到別的星球去，利益更多眾生。這樣看來，人間政治場合說：「王不見王。」還眞的有些道理，因爲眾生所需要的這種聖者，其實數量不可能有很多，也不需很多。所以，如果你將來弘法，度得一個弟子是可以住持一個星球的正法，沒有人能夠來將他扳倒，佛陀將不會讓他繼續跟著你，這時或者會把你調到另一個星球去，或者把你這個徒弟調到另一個星球去；因爲末法時期的一般情況下，一個星球中並不需要二位地上菩薩。

所以，得無生法忍就會知道，如來藏這個妙法眞的是微妙深遠，因爲得這個法的人永遠不會入涅槃，所以大乘法將會繼續興盛，直到人類根器很陋劣而使末法到了無法弘傳時。有時候因爲學佛人根器越來越差，有些祖師比較灰心說：「**我不要再來這裡說法。**」他們不想要來這裡，可以去哪裡？他們又去不了色究竟天宮，因爲證悟了，要有無生法忍以及四禪境界，才能上生色究竟天宮；而且證悟大乘人無我的無生忍者，最少得要有初禪不退失的定力，然後憑無生法忍的智慧通達才能獲得初地無生法忍；即使入地了，若沒有第四禪的定力，也還是無法上生色究竟天宮，所以那些祖師們去不了，能去哪裡？只好去諸佛淨土或是兜率天宮的 彌勒菩薩內院去。

可是等他們有了無生法忍，諸佛也就要趕他們離開了，因爲還有許多眾生需要他們，就得去某個星球度眾生了。得了無生法忍的人不會拒絕說：「**我不接受，我還要繼續跟著您學法。**」都不會如此說。如果 佛說應該去哪裡，他就一定會去，沒有第二句話。這種事情是不可以跟諸佛打商量的，所有地上菩薩也都不會向諸佛討商量的。所以說，大乘法因此都不會斷絕，人間總是會有菩薩繼續出世弘法，不像二乘聲聞證果以後個個都會離開人間。除非大乘法的密意盡洩，大乘正法的弘傳才會斷絕，月光菩薩最後五十二年住持正法的時候就是這樣。

所以，大乘法教將會不斷地興盛下去，不必發愁說：「我下一輩子再來，正覺教團還在不在？」如果政治因素而使正覺同修會滅了，以後因緣成熟時，還是會有菩薩以另一種形態來出現，總是會讓正法繼續下去，因為菩薩們都不會離開人間的。所以最後護持 釋迦如來正法的一切世間樂見離車童子，是示現在家相來出家的；他出家了卻還是示現在家相的童子相，這樣護持正法。佛世的 文殊菩薩也是以在家相出家，普賢菩薩也是。極樂世界的 觀世音菩薩、大勢至菩薩，你們也可以端詳一番，他們是長什麼模樣？所以大乘法在這上面就是可以通權達變：你可以現聲聞相，也可以現在家相；所以示現為在家相的人也可以出家，也可以在家，隨順因緣去方便運用，所以大乘法中有很多的方便可以繼續弘傳。假使哪一天變成帝制而非民主制度，偏偏這個皇帝又是信基督教，他主張說：「不許有出家人，所有人都得還俗。」

好！菩薩們就還俗，但是照樣弘揚大乘法。二乘教裡卻一定要有人出家去弘法，二乘法想要久住的困難，也就多了這個問題。所以說大乘法微妙而深遠，想要把它滅了，讓它提早中斷，不可能啦！一定會有菩薩繼續出世弘傳，只要人間的弘法因緣是容許的。所以大乘法不會像南傳佛法那樣快速沒落而無人能夠加以復興；因此只要有菩薩在世，不但大乘法可以繼續住世，連二乘法都會跟著復興，因爲菩薩通達三乘法，不會只傳大乘法。

如果你是今天第一次來聽我講經，也許聽了我這些話以後，可能心中已經生起煩惱了：「這蕭平實講話好狂呵！」我狂嗎？根本不狂。所說的若是如實語，也就不狂。要是不信的話，哪一天你費一番心神，把我的《阿含正義》翻譯成南洋的文字，你去南洋出版了試試看，他們不把這部書籍拿來研究才怪；研究透徹了以後，南洋的二乘法自然就會跟著復興起來，但他們把二乘法復興起來以後，那時我已經轉生到後世去了。當我們把《阿含正義》寫出來，那些很有名氣的阿含專家們，爲什麼不寫論文或書籍出來評論、評論？因爲他們只有接受的分，沒有評論的能力，是他們自己把阿含正法都弄錯了。阿含諸經現前俱在，他們都還會弄錯，還有什麼能力批評我們呢？但這卻不是由聲聞法中的聖者在阿含聖教中斷以後加以復興的，而是由我們正覺的大乘菩薩加以復興的；所以大乘法之微妙深遠，絕不是二乘人之所能知。

因此，摩伽陀王說得很正確，而這種法如果有緣遇到了，你會發覺這是昔所未聞的勝妙法，這個大乘般若眞的值得供養。在我們寫書印出來流通以前，百年來曾有什麼人講過這樣的妙法？但其實古時的菩薩們全都講過了，今天卻變成昔所未聞法，只因當代大師們全都未曾實證。其實我們講出來的聞所未聞的勝妙法，經論俱在，都還可查證出來，並不是已經沒有文字記載了。雖然我寫的時候、我講的時候，不是看見了那些經論來寫、來講的，但是卻完全相符相契而成爲當代大師們的所未聞法。爲什麼會這樣？只是因爲時代的變遷、社會的動盪，使我在這之前的百年之中無法大力弘傳而已。既然時局使我不能弘傳正法，我們就在自家裡翹起二郎腿來，過過清閒的日子。那也可以呀！自己有法樂自娛，有何不可？等到時節清平了，我們就出來弘法，就是要等待時機嘛！就像台南那個「度小月」麵攤，當日子不好過時就度度小月；日子好過了，他們也就開始推廣營業，這也可以呀！

所以，摩伽陀王聽到 文殊菩薩這麼說法，眞的叫作龍心大悅，他就說：

「我於今日斷諸疑惑，心得開曉。」這也是事實，他證得無生法忍也是事實；可是在妙覺等諸位大菩薩面前說話，可眞的不容易呵！因爲上地菩薩對下地菩薩永遠都有毛病可以挑，下地菩薩眞的無可奈何。等覺、妙覺菩薩在 佛陀面前，佛陀照樣都可以挑他們的毛病，只是 佛陀絕對不會挑等覺、妙覺菩薩的毛病，因爲要尊崇等覺與妙覺。等覺、妙覺菩薩是大家都想像不到的證境，大眾全都無法猜測；可是等覺、妙覺菩薩對 釋迦佛陀那麼恭敬，佛陀也不會說他們的過失，全都只有讚歎，這就使大乘三寶相得益彰。所以，寺院壁上常常貼著一句話，倒是很好的：「僧讚僧，佛法興。」這眞的有道理。可是僧讚僧的時候，千萬可別讚到搞雙身法的破戒僧，也別讚到與常見外道合流的謗法僧，那就佛法不興了，因爲將來會使各個寺院次第變成外道法的道場。

摩伽陀王歡喜地說他「斷諸疑惑，心得開曉」以後，妙吉祥菩薩可就有話說了：「大王啊！你不要這樣說：『我的疑惑已經除了。』你如果還是要這樣說，你就是還沒有斷除諸相，因爲你還有聞、還有示，表示你自己的我還在；當你還有我在的時候，才會說自己是斷諸疑惑。」所以禪三時我會先殺掉大家的我見，殺了以後，我問大家：「我見斷了沒？」剛開始大家都不敢吭聲，我又問一遍說：「你們的我見斷了沒有啊？」「我見斷了。」我說：「我見斷了，還有我來答話？」終於發覺上當了！但是當時隨即返觀一下自己：我見有沒有斷了？眞的有。可是在事相上，還是得要有意識來自我檢查才是，否則恐怕不免未證初果而自言已證初果的大妄語業呢！在這段經文中的道理也是同樣的：你有斷了疑惑沒有？有！可是 文殊菩薩還要向他挑毛病，必須繼續挑毛病，才能使摩伽陀王的智慧繼續往上躍升，所以 文殊菩薩就說了這些話。但是這些話若要詳細解釋，時間又不夠了，只好等下一週再會。

《金剛經宗通》〈離色離相分〉的補充資料，上週講到第一段，說到摩伽陀王合掌恭敬，向 文殊師利菩薩稟告讚歎說，菩薩有大慈之心並且有善巧方便，所說的法非常地稀有，並且是微妙而深遠，是他以前所不曾聽聞的。所以，在聽聞 文殊菩薩的開示以後，疑惑已經斷除，證得無生法忍了。接著 妙吉祥菩薩（就是文殊菩薩）告訴他說：「大王！莫作是言：『疑惑得除。』作是言者，未斷諸相。」意思就是說，雖然疑惑是斷了，可是還沒有畢竟轉依，仍然有一部分落在識陰之中，所以當他說「斷諸疑惑，心得開曉」時，其實還是落入意識心當中；因爲這是從意識心裡面、從意識心的立場來說，才會有斷諸疑惑可說。若是從如來藏自身而言，根本就沒有所謂的斷疑惑可說，自然也沒有疑惑可斷；所以如果完全轉依於如來藏的立場來說，就沒有無明可斷，也沒有明可得。所以 文殊菩薩開示說：「大王啊！你不要這樣說：『我的疑惑已經除掉了』，因爲如果這樣子說的人，其實還沒有斷離我相、人相，所以諸相都還是繼續存在著。」

接著 文殊菩薩又說：「如果還有各種相存在心中，不管那個相是人相或我相，這本身就是一個大疑惑。」也就是說，這時仍然是處於意識所住的境界相當中，而意識是有我相、人相的；因爲意識會有智慧相與無明相，還沒有具足轉依金剛法如來藏時，才會依於意識的境界而有疑惑的斷除可說，所以說，有相於心仍是大疑惑。也就是說，他雖然知道了法界諸法的實相，智慧生起了，能夠現觀了，但是還沒有完全轉依；因爲還沒有完全轉依，所以從意識來看這些智慧與世間人的無明時，就有智慧相與無明相，有相就不能說他已經斷諸相。若是完全轉依眞如時，就沒有無明和斷無明這件事了。

接著，妙吉祥菩薩又吩咐說：「大王！你應當知道諸法是寂滅的，沒有言說、沒有表示、沒有見聞、也沒有所得，怎麼可能會有疑惑而可以滅除呢？」這意思就是說，有疑惑可以斷除，是意識心的境界。當你找到了實相心的時候，你轉依於實相心的時候，你從實相心的立場來看一切諸法時，是沒有智慧可證的，也是沒有疑惑可斷的；這時也沒有無明可除，所以特地吩咐說「諸法寂滅」。對二乘人來講，諸法叢鬧而不曾寂滅過；因爲對二乘人來說，諸法都是存在於三界六塵中，都不離六塵中的見聞覺知，所以一向是叢鬧喧囂，不得安止、不是寂滅。所以，他們想要住於寂滅的境界當中，只有一個辦法，就是住入滅盡定中。那是唯一的辦法，因爲即使進入二禪乃至四空定的等至位中都離了五塵，可是畢竟仍然有意識在覺知，仍然會有定境中的法塵；而那個定的境界就是一種法塵，有意識還繼續存在，那就表示不是絕對的寂滅。而他們並不想進入外道的無想定中，所以，他們想要進入寂滅境界中，只有一個辦法，就是進入滅盡定中安住。

但是菩薩跟他們不同，二乘人說諸法很鬧，所以要常常進入滅盡定中安住；菩薩卻說諸法存在的喧鬧之際就已經是寂滅的。爲什麼諸法寂滅呢？因爲諸法是屬於如來藏所有，它只是在寂滅的如來藏的表面上面起起滅滅，看起來好像很熱鬧；可是這個諸法都攝歸如來藏的時候，從如來藏的立場來看，諸法無妨起起滅滅非常的熱鬧，就像小孩子過年、過元宵好熱鬧一般；然而那只是諸法的境界，但這個熱鬧的諸法是依於寂滅性的如來藏的境界而顯現出來的。所以，把這些熱鬧的、叢鬧的諸法攝歸如來藏時，再從如來藏不了知六塵的寂滅境界來看諸法的時候，其實並沒有諸法的存在，因爲如來藏於六塵中的一切法都是離見聞覺知的；既然如來藏離見聞覺知，那麼諸法不管怎麼熱鬧都與祂不相干擾，從來不會干擾到祂；所以從一個究竟轉依如來藏的菩薩來說，熱鬧的諸法也是寂靜的，因爲在如來藏的境界中是不見一切法的，是無一法可見的。

這樣子講，也許還沒找到如來藏的人，會覺得法界實相這個境界眞的沒辦法想像。確實是很難想像，那我們來作一個譬喻好了！可是別把譬喻當作眞的，因爲譬喻畢竟是譬喻。譬如說，假設虛空是眞實有（當然虛空不是眞實有，是依色法的邊際來施設虛空，所以虛空其實是色邊色，但是我們暫且把虛空當作眞實有來看），譬如說，一切的色聲香味觸法，都在虛空中顯現出來，可是虛空沒有見聞覺知，所以虛空是寂靜的；但是沒有虛空，你又不能活動，色聲香味觸法也同樣不能活動。以這樣的譬喻，說虛空就好像如來藏一樣；這樣，諸位就可以在心裡面建立說，有一個東西像虛空，但不是虛空，能出生、能容受一切法。可是別向虛空去找，不要像達賴喇嘛一樣教人往虛空去找，否則就變成虛空外道去了。也就是說，有這麼一個法，猶如虛空一般離見聞覺知，但是祂可以出生、也可以容納你的六塵及見聞覺知；你自己的十八界所攝的六塵不斷地起滅而由覺知心在其中運作，很熱鬧；可是因為自心如來不加以覺知，所以祂就很寂滅。當諸法攝歸到自心如來時，在熱鬧底諸法存在的當下，如來藏自身還是寂滅的；而諸法是屬於如來藏所有，本來就不外於如來藏，是在如來藏中存在，因此菩薩會開示說諸法寂滅。這跟阿羅漢的所見是完全顛倒的，阿羅漢所見的諸法是很喧鬧的，從來不曾是寂滅的，所以入涅槃前才要常常進入滅盡定中，所以入涅槃時才要滅除諸法。

也許有人想：「我剛來正覺講堂才聽幾週，現在聽你講這個，好像跟我所知道的佛法都不一樣。」確實是不一樣，你心裡可以懷疑說：「是不是真的這樣呢？這個大乘經是不是真的就像台灣印順法師講的，是後人創造的？」但是我可以跟你保證：「這不是後人創造的。」因為聲聞的佛教到後來分裂成十八部，這十八部的部派佛教全都是聲聞法；他們都不知道菩薩的所悟，但是當他們在那邊猜測說「這個如來藏如何、如何」的時候，當他們正在猜測 佛講的般若意思到底是什麼的時候，十八個部派正在猜測、紛爭不斷、互相攻訐時，大乘佛法在他們聲聞部派之外仍然繼續弘傳不斷，是與聲聞十八個部派的想像法並行存在的。可是，印順卻把聲聞法部派佛教中的聲聞凡夫僧對本識的諍論，當作是大乘佛教弘傳的歷史與內容，所以才會主張說佛法從古到今已經有所演變。

其實演變的都是聲聞部派佛教的凡夫僧人們，對於大乘佛法的認知不斷調整而有所演變。那十八個部派中的僧人全都是聲聞人，那些聲聞人對大乘法中說的本識的諍論、爭議，全都與大乘菩薩們弘傳的大乘妙法無關。所以大乘佛教在他們十八部派之外仍然繼續在弘傳，不涉入他們的爭議之中，讓他們繼續去討論。就像現在的情況也是一樣，我們現在正覺同修會，把大乘佛法如來藏的妙法繼續在弘傳著，可是外面還是有許多錯將聲聞解脫道當作佛菩提道的人，繼續在爭論眞如與佛性；也許後代有人會把正覺以外的那些人對於眞如佛性的爭論，當作是大乘佛教正法在二十一世紀弘傳時發生的爭論，都不理會正覺同修會這個法脈繼續流傳不斷的史實，拿來主張說：「這就是二十一世紀初，大乘佛教裡的爭論。」那你能不能認同呢？我想你一定不會認同。

因爲事實上，在我們正覺同修會所弘揚的大乘佛法中，對第八識法的弘傳過程中，始終如一，並沒有前後不同的爭論或演變。有爭論的都是那些在弘揚聲聞佛教，把錯誤的解脫道當作佛菩提道的各大山頭的猜測與爭論；但那些人是依止聲聞法而披著大乘法衣，本質是聲聞人；他們對大乘佛法眞如與佛性的爭論，以及閱讀我們的正法書籍以後再發生的說法有所演變的事情，都不能代表正覺同修會大乘佛法的流傳歷史與事實。當各大山頭的說法繼續演變之時，而我們正覺這個法依舊無所爭議地繼續在弘傳著；我們從一開始到現在將近二十年來，始終沒有演變過。（編案：這是二〇〇七年所講的，此書第一輯出版時已經是五年後的二〇一二年了。）

所以，當你證得如來藏的時候，你可以親自證實：妙吉祥菩薩所說的這些法確實是正確的。如果不是這樣的話，如果所證的法跟般若經、文殊菩薩上面所說的法不一樣，爲什麼如今有那麼多人願意被我一騙就是將近二十年呢？爲什麼悟後到現在還繼續跟著我深入在修習呢？至於爲什麼會這樣？顯然是二乘聖人所不能知道的。所以，二乘聖人雖然已經不是凡夫，卻被佛陀歸類在愚人的一類。所以，般若經裡面或者唯識經裡面，常常會說：阿陀那識、阿賴耶識、異熟識，這個法非凡、愚所知。因此 佛陀才會說：這個法太深妙了，所以「我於凡、愚不開演」。如來公開宣示說：我在凡夫以及愚人（愚人就是講二乘聖人）之中，不開示演說這個第八識妙法。那你看，二乘聖人往往成爲俱解脫的阿羅漢、三明六通的阿羅漢，或者慧解脫的阿羅漢了，如果沒有迴心大乘而且證悟金剛心了，佛陀還說他們是愚人呢！所以，如果還沒有辦法現前觀察 佛所說的這些法，那也沒關係，就繼續努力去求證如來藏。將來實證了以後，你就可以回憶一下說：「當年我聽《金剛經宗通》的時候，平實老師講的這一段經文，我眞的能懂嗎？我去把它找出來看看。」那時你以所證的立場來看，來印證法界實相是否眞的如同經文中的此說一般？你將會證明 文殊菩薩說的完全正確，沒有絲毫的錯誤。這是你將來可以一面讀、一面現觀的法界實相的境界。

也就是說，諸法是寂滅的。從如來藏的立場來看諸法，諸法絕對是寂滅的，沒有一個法是喧鬧的。雖然二乘聖人說諸法很喧鬧，因爲每一個法都會跟覺知心相應，讓覺知心無法安止於寂滅中；只要覺知心存在時就會有諸法，既有諸法就是喧鬧的。但菩薩爲什麼不會這樣看、這樣說？因爲菩薩是從寂滅實相的立場來看待諸法，阿羅漢則是從喧鬧的五蘊世間諸法立場來看待諸法，不能跳脫於諸法；所以阿羅漢都只住在現象界裡面，所見五蘊、十二處、六入、十八界等，都是現象界中的法，都是在人間的六塵中；單憑世間智慧就可以找到五陰十八界等法，全都在現象界中出現。但菩薩所悟的是出生這個現象界的如來藏金剛心，祂是屬於諸法的實相，屬於實相法界；所以菩薩從現象界跳脫開來，住於本來寂滅的實相境界中來看待諸法的時候，顯然諸法也是寂滅的。因此，阿羅漢聽到菩薩說「諸法寂滅」，他們無法想像。

確實無法想像，當你親證了法界的實相時，你也無法想像；因爲你根本就不可能用想像的，你也不可能再去想像；因爲你一定會現前觀察而捨離想像，確實是如此，所以我說你悟後也無法想像。既然你已經能夠現觀了，你幹嘛還要想像？你要再怎麼想像祂？所以我說菩薩也無法想像，因爲菩薩是用現觀的，不必再想像了。而阿羅漢無法現觀，當然得要用想像的；可是再怎麼想像也想不出來：諸法明明是喧鬧的，爲什麼菩薩竟然說它們都是寂滅的？這就是大乘法不同於二乘法的所在，由這樣勝妙的法，才能夠函蓋那種很粗淺的二乘法。

妙吉祥菩薩接著說：「無說、無示、無聞、無得。」如來藏這個法界的實相，祂從來不曾講過一句話，是無始劫來就不曾講過一句話；祂不是修定上座了以後一念不生才不講話，而是從無始劫以來祂就不曾講過一句話。這樣子看來，有兩個法可以比較了。第一個法是覺知心，上座了，定力起來了，住入定境中了，所以一念不生，心中沒有說話了，口中當然更沒有說話了；可是下座以後，老爸在那邊叫：「阿狗啊！幫我端一杯茶來。」「好！馬上來。」講話了，對不對？等一下，兒子說：「老爸！我明天要註冊，給我一萬兩千塊錢。」「好！你來拿。」又得要講話了。有時候嘮叨一下：「你得要省著用，老爸賺錢很辛苦欸！」也得要講話了！這就是說，這個覺知心是有時有說，有時無說。那麼「覺知心意識睡著的時候有沒有說話？」這個問題不成立，因爲睡著時是意識不在了、斷滅了，不能說是有說或無說；可是在夢中，又說個不停了。然而另外有一個法，祂叫作如來藏，祂是從無始劫以來就不斷的一世又一世地出生了五陰；祂沒有像五陰一般一世又一世換新，始終都是同一個祂；而且祂從來不說話，這個從來不說話的才是眞實不壞法。

有沒有看過黑道大哥的電影？黑道大哥點個頭、使個眼色就行了，小弟就趕快去執行，大哥都不必講話，如來藏有一點像這樣。不過黑道大哥心地不好，只能偶爾發發善心，大部分時間心地都不太好；但這個如來藏心地好得不得了，從來不幹壞事，幹壞事的都是五陰。可是從另一方面來講，祂又壞得不得了，你把髒東西塞給祂，祂下一輩子就還給你。這輩子如果有人幹了殺人越貨、放火擄掠的勾當，這類惡種子祂也接受了，祂都不會抗議；可是下輩子祂就把這些惡業種子還給那個造業的人，那你說祂到底好不好？有時候還眞的難講。可是如果這個人是造了五戒十善的大善業，捨報了，祂就把這些好業種全都還給這個人，所以就讓他生天去當天人。每一位天人都有五百天女服侍，每個天女又有七個婢女，所以一個忉利天人就這麼偉大。如果當天主，心裡一定覺得太好了，是不是？這都是因爲如來藏把好業種又還給他，其實如來藏只是代爲保管而已，就只是這樣子。所以，你若要說祂壞，眞的不能成立；若是要說祂好，也不能成立，只能夠說祂「非善非惡」。這樣算不算中道？算！

可是這個從來無言說的，祂才是眞正常住者。所以，我們祖師堂目前的常住菩薩人數還很少，將來正覺寺建好以後將會更多。但是如果想要進去當常住，最重要的一個條件，基本的要求是一定要明心。你如果還沒有明心，老是落在有言說的上頭，那怎麼叫常住呢？落入每個晚上都會斷滅的離念靈知心中，怎麼能當常住呢？所以要當我們的常住，一定至少是要明心的人；其他條件就慢慢再來規範，譬如說要能夠合群、心性要好，要能夠任勞任怨等等，以後再來要求。所以，大乘法中什麼叫作常住？那些落在意識境界裡面的人，都沒有資格當常住。他們都只能暫住：白天有所住，晚上離念靈知斷滅後就不住了，變成色身繼續住而離念靈知不能常住。所以晚上眠熟以後，他的色身住在道場裡面，可是他的離念靈知已經不存在了。他們若是眞的想要成爲常住者，就得找到他自己的常住心；把他身中常住的如來藏找出來，那他就可以名符其實地叫作常住。

所以我們祖師堂常住菩薩僧的僧服另外設計，不要與聲聞僧的僧服一樣；將來還會繡上幾個字「正覺寺常住」，讓他們穿了到處去。因爲已經將近二千年沒看見大乘常住菩薩僧了，眞的非常久了！二千年來的菩薩僧大部分是以聲聞相示現的，我現在換一個方式，要回到佛世的模樣來。如果有人不服氣，請他們去跟 文殊、普賢菩薩抗議去，因爲穿著華麗的 妙吉祥與普賢菩薩也都是常住菩薩僧；但其實眞正的常住僧，還是金剛心如來藏。這意思就是說，從來「無說」，從來都沒有言說的心，才是眞實心，才是眞實如來，不是有時有言說、有時無言說的離念靈知；要符合永遠「無說」的境界的心，才是常住法。也只有這個心才是眞的寂滅，因爲祂永遠離見聞覺知，不曾落在六塵裡面。

妙吉祥菩薩又說「無示」。「無示」就是說祂從來不表示意見，也不會跟你示現祂想要幹什麼，祂都不會故意跟你示現。祂從來不表示意見，也就是說祂永遠都隨緣。如果某甲喜歡生天，專門修十善業，祂沒有意見；等某甲死了以後，就把他的善業種子實現，讓他生在欲界天中享福。如果某乙專幹惡業，喜歡的是陰險毒辣地對待眾生，他的如來藏也不會表示討厭；等某乙死了，他的如來藏就把他造的陰險毒辣的業種實現，捨報以後就讓某乙下輩子去當毒蛇。所以常住法如來藏是從來都不會表示任何意見的，某甲幹大善業，某乙幹大惡業，他們兩個人的如來藏都不會表示意見，從來沒有意見，都不會有所表示。

一切有情各自的如來藏都不會想要表現，但意識心有時候很愛現：「我現在開悟了，我現在走路有風了。」雖然身行上面還沒有表現出來，心裡面其實有一些想現。有時候甚至都還沒有開悟，心裡就在想：「我開悟了就算是七住位的賢位菩薩，並且還是聲聞教裡面的初果聖人了。」心裡面已經在打妄想了！都還沒有悟，意識就在打妄想了。可是等到悟了以後卻想：「奇怪？為何什麼境界都沒有，就只是生起知道實相的智慧而已？」結果發覺說：「我這個覺知心悟前就想要現一現，結果我找到的這個祂，竟然從來都沒有想要表現；怪不得我參禪參了十幾年，找了祂這麼久，祂都不會跳出來告訴我說：『老兄啊！我在這裡。』讓我找得那麼辛苦，原來祂眞的不會站出來表示說『我在這裡』。」那如果是意識，意識會了知別人正在找祂；當別人找不到祂的時候，意識心裡就會有痛苦。

譬如《孟子．萬章》講的「知好色則慕少艾」，聽懂不懂？這是講文雅一點，你們就聽不懂了。譯成白話是說：小孩子等到年紀稍微長大了，就開始喜歡親近年輕的異性了。這樣聽懂了沒？這樣懂了呵！「慕少艾」，你們就聽不懂了。譬如說兩個人戀愛，有時候意見有一點不合，另一個人就躲起來，故意逃避而不理會對方；對方每天找不到他，就託人去轉告說心裡有多麼痛苦；那麼這一邊知道對方在痛苦，他也會跟著痛苦。你們如果是媒妁之言而成就的婚姻，就沒那個經驗；但如果是年輕人談戀愛，就是會這樣。話說回來，意識就是會這樣相應；因爲他知道對方的情況時，當他與對方有很緊密的精神上的聯繫時，知道對方痛苦，他就會跟著痛苦。再不然，且不說「慕少艾」，就說父母與子女之間，不也是一樣嗎？如果老媽病了，口裡老是說：「**我要走了，我活得很痛苦，想要自殺，你把刀子給我。**」那女兒會怎麼樣呢？女兒心裡一定每天都擔心著，不太敢離開老媽。

意識就是會這樣互相相應，但如來藏都不會這樣相應，祂從來不會在六塵萬法中有所表示；因爲祂離見聞覺知，怎麼可能會有表示呢？所以儘管五陰說：「**我活膩了，想死。**」因爲欠了一屁股債，這一世是不可能償還的，債權人又每天逼著要還錢。好在現在有個破產法，還可以應付、應付，最多苦一點過生活，不買財產也就沒事。以前沒有破產法的時候，一天到晚是債主逼債；那個時候可慘了，五陰就想：「這一世眞是生不如死，我不如自殺死了也就算了。」既然死勝過生，乾脆死吧！買了老鼠藥、買了農藥來，瓶口塞進嘴裡就喝光了；這時候他的如來藏也都沒有意見，祂不會跟你反對說：「生命可貴啊！」祂都不會。所以你們看，祂有沒有表示呢？從來都不會表示意見。當某甲想要自殺時，菩薩所見是某甲想要捨棄如來藏，但如來藏不會說：「我跟你生活幾十年了，沒有功勞也有苦勞；沒有親情，至少也有共生、共住之情，你怎麼可以突然就要離開我？」祂從來都不會跟某甲表示這個，當某甲想要離開祂，自殺後就離開了，祂也沒有意見。祂就是這樣子，所以祂永遠都沒有表示的。

再來又說「無聞」。當你在找祂，心中吶喊著：「如來藏啊！跑出來啊！告訴我，你在哪裡啊？」祂根本沒聽見，因爲祂是個聾子，眞的是個聾子。不但是聾子，我告訴你呵！祂既眼瞎而且又是個啞巴。可是一般的啞巴，你猛地給他個五爪金龍，他還會哀哀大叫顯示：「你爲什麼打我？」口中講不出話來，就一直嗚嗚叫，表達抗議說「你為什麼打我」，因爲你打了他，他會痛；但他的如來藏根本不痛，祂不痛也不癢，依舊沒有意見。所以不論你怎麼樣叫祂，祂聽不見；不論你怎麼罵祂，祂也聽不見；可是你心裡想要作什麼，祂就是知道，這可厲害了！眞的想不到吧！你罵祂，祂聽不見；可是你想什麼，祂都知道，這才是怪啊！你說：「世間哪有這種東西，不可能嘛！」偏偏就是有！世間沒有，出世間法中就是有。

這個出世間法是在三界中一直存在著，可是祂不歸三界所攝，祂不歸三界所函蓋，你說奇怪吧？奇怪！如果不奇怪的話，阿羅漢早就知道了，還會被佛陀叫作愚人嗎？正因爲這眞實法如此奇怪，阿羅漢都不知道，所以阿羅漢被稱爲愚人。凡夫當然是更不知道了，正因爲祂是這麼奇怪的東西，不論你怎麼罵祂說：「你眞不是東西！」祂也不會回應你，從來都不會動心。而且祂本來就不是東西，所以當你找到祂的時候，你說祂：「你果然不是東西！」祂也不會怎麼樣。菩薩正因爲證到這個不是東西的東西，所以菩薩就有了智慧，不落在現象界裡面，都從法界的實相來說法，所以阿羅漢一聽：「我眞的聽不懂你菩薩到底在說什麼？」所以有眞悟的菩薩住世時，阿羅漢們都會尊敬；因爲他知道這菩薩所說的法與他的解脫道完全沒有衝突，絲毫衝突都沒有，可是阿羅漢卻聽不懂。如果有阿羅漢開口毀謗眞悟的菩薩說：「你亂講，你這個如來藏法義是外道法。」那你就知道他一定不是阿羅漢，鐵定不是初果人，反正他連初果人都不是。因爲初果人一定會觸及到這個問題的探討，知道一定是有此心存在，全都不敢否定。就好像聲聞法中分裂出來的部派佛教那十八個部派，在討論這個本識到底是怎麼回事一樣眾說紛紜，莫衷一是，但都會承認是確實有這麼一個實相心。他們討論的結果總是各執一詞，要如何底定呢？得要到菩薩面前才能底定，因爲菩薩是實證祂的人。文殊菩薩就是這樣實證而現觀的，所以開示說祂「無聞」。

祂既然無見聞覺知，請問諸位：「祂可不可能學到智慧？祂可不可能證到智慧？」因爲離見聞覺知，當然不可能，所以又說「無得」。有智慧可得，那是意識的事情，不是如來藏的事；如來藏住在究竟寂滅的無言說法界實相中，沒有智慧可說。如果有智慧可證，能夠了知智慧；譬如離念靈知，當人家在說法的時候，他認爲自己心中都沒有我相，可是他聽懂佛法而得到一些智慧了，那就是有所得，表示離念靈知就是意識心，不是眞如心。如果從眞實心的境界來看而說有智慧可得，那麼《心經》可就必須要改寫了，要叫作「有智亦有得」，不能再唸成「無智亦無得」了。所以那些應成派中觀、自續派中觀等六識論者，他們對於般若系列的經典，最痛恨的就是《心經》，因爲那裡面的經文義理，對他們而言是無解的迷惑。

他們最恨《心經》，我們就故意要多寫《心經》給大家多多熏習，因此每一個講堂建立時都要請張老師寫《心經》裱貼上去。我們故意要張貼《心經》的經文，因爲《心經》存在時，其中的文字就會表示說，實相般若講的是這個眞實心，不是在講緣起性空，也不是在講意識離念靈知。因爲六百卷《大般若經》濃縮了變成《金剛經》，《金剛經》再濃縮變成《心經》；那麼《心經》究竟在講什麼？當然是講「心」了，不是講緣起性空、性空唯名。那麼《心經》所講的心會不會是意識心？不可能啊！因爲意識心的體性與《心經》所說完全不同，再怎麼套都套不上去。意識心不能夠說「色即是空，空即是色」，意識心一定套不上去；意識心也套不上去那句「無智亦無得」，所以他們最痛恨《心經》的存在。

因此，台灣釋印順的派下法師們，他們最不想註解《心經》；甚至於還有印順派的法師把《心經》亂改一通，說《心經》這裡錯、那裡錯，你們眞的想像不到吧？竟然也有人敢這樣作。所以說，這個眞實心如來藏令人無法想像，因爲連二乘聖人都無法想像了，都在探討個不停，結果也是沒有一個結論；何況他們那些凡夫們，又怎麼可能瞭解《心經》所說的心呢？所以，他們其實心裡面都不喜歡《心經》，偏偏自古以來佛寺裡面課誦，特別是早課時總是要唸《心經》的；所以他們若能逃避早晚課，就逃避。

問題是，這一個從來無所得的心，要找到祂來幹什麼？後來找到了，結果都無所得。證悟的人是不是悟後會這樣想：「**我是不是腦袋壞掉了？**」不是！無所得，是從金剛心如來藏的立場來說無所得，因爲不管行善或造惡，未來世受苦樂報的時候，都不是由祂來領受，而是由祂所出生的五陰去領受，而祂自己從來無所受，所以五陰才得苦得樂，而祂也無得。意識修學諸法而得到解脫慧，祂自己也是無慧可得；意識修學佛菩提而得到了實相般若佛菩提慧，而祂金剛心依舊無所得，祂從來無得。這樣從來無得的心，才是永遠無失的心，所以祂所有的一切種子都不會散失；祂有許多的無漏有爲法種，這些無漏有爲法種永遠都不會散失；因爲不是從外得來、不是從修而得的，都是本有的，只是有沒有發起功能來而已。凡是有得就一定會有失，因爲有得的是因緣法，要藉種種因緣才能得。可是當這個法是自己本來就有的，那顯然不是藉因緣而得；既非藉因緣而得，就沒有因緣散壞而失的問題。可是這個無得的，才是能讓你得諸法的心。這個無得的金剛心，才是能讓你得種種智慧的心；一切有得的法，要依這個無得的法才能獲得，很奇怪吧！

如果死後想要能作主，就要證得這個無作主的金剛心，你才能作主，法界的實相是這樣的呵！如果一天到晚想要作主，那麼在世間處處作主的結果，就是爲個人的私利去努力。在名聞利養上面努力了，也就染污了，自然沒有解脫的智慧光明，到了中陰境界時就要被業力所遷，被業所限制而去受報，自己可就作不了主了。不管在世間的任何時候有多麼強勢、多麼能作主，也不論他的定力有多麼好，宣稱說不打妄想就眞的能夠不打妄想；就算他眞的能如此，可是靜中修定修得很好，一出了定，卻因爲有定力而輕慢諸法，輕慢一切賢聖，造了惡業，毀謗賢聖、毀謗諸法，到命終時他又怎麼作得了主呢？他就算有了四空定也沒用，依舊作不了主的，還是要被業力遷轉而淪墮。

可是如果證得這個不作主的無得心，是無聞、無示、無說的心，那麼對世間諸法漸漸就能看開了，心想：「我行了善，下一輩子就算能夠生在欲界天享福了，那享福的是下一世的五陰，又不是這一世的我，我幹嘛那麼努力去行善求善果呢？」所以從此以後，有善行可行的時候就行了，行了以後從來不去記掛那件善事；遇到惡緣的時候說：「反正五陰也是虛假，我又爭它幹什麼呢？爭來了也是帶不去下一世。可是我如果跟他爭了，又幹下惡業，那惡業種子流注，未來世豈不又是倒楣了！雖然是下輩子的五陰不是我，可是想一想：如果上輩子那個五陰造了惡業，由今天的我來受，我又會怎麼樣痛苦？想一想，終究是苦受。」於是也就與人無爭了。

再從理上來說，苦受受完了，有沒有得？沒有得！樂受受完了，有沒有得？也沒有得；但是在事相上來說，苦就是苦，樂就是樂，五陰裡的離念靈知卻是無法脫離的。所以，面對以往所造的小惡業就趕快懺，懺悔了就過去了，就不必理會它了，從此也不造惡業了。因為造了惡業所得的不正當享受，也是這一世過去就沒了，還是無常。造了惡業去取得那些世間的快樂時，眞實我如來藏也還是沒有所得；有所得的五陰我，正在享受那些搶來的錢財時，這個五陰我又是虛假的，終究還是無所得。既然從理上、從事上看來全都無所得，那就算了！何必一天到晚要作主，要跟人家爭什麼呢？觀察透徹了，自然也就事事隨緣了。

能夠事事隨緣了，就表示已經有法界實相的智慧，轉依有成功，成爲賢聖了；接著性障修除了，就有功德在身了。將來命終，到了中陰身的時候一看：「**原來那最好的投生處，竟然沒有人敢跟我搶；既然沒有人敢跟我搶，那我就去投胎，重新在人間行菩薩道。**」就是這樣子呀！那你死後就可以自己作主了。也許你起了一念憐憫心說：「**這一對父母還是讓某個人去投胎吧！因爲他如果不去這裡投胎，可能他下一世沒有辦法適應；我是隨緣，就讓給他吧。**」於是你就再找第二對父母去投胎，那也可以呀！你那時就可以作主決定呀！這就好像說，你考到台大醫學系最高分（現在也許還是醫學系最熱門吧？）可是你卻說：「**我就讓給別人，我去讀我們家附近的學校就好了。**」也可以呀！可是你若是想要就讀於台灣大學，那也可以呀！你都可以自己作主呀！別人作不了主，別人就只能夠讀某些比較差的學校，他們無法作主去讀比較好的學校，因爲他們被低分數所限制了。

在行菩薩道的無量生死中，想要能夠世世作主，可得要去證得那個都不作主的；只有能夠時時隨緣、處處都不想作主，有這個智慧及轉依的功德，死後才能處處作主。三界法界中就是這樣子，很奇怪呵？然而一點都不奇怪。因爲你能夠時時都不作主，隨緣而任運，這表示你如果沒有般若慧，至少也有解脫慧。當你有這些智慧功德在身時，死後你就可以作主；因爲你的層次是一般中陰有情中的最高階者，誰都要禮讓你。在中陰境界中、在天界中，不是靠力量大、身體魁梧，而是靠福德；由福德來決定，大家都沒有意見。你如果有智慧，加上有禪定，那你更可以作主；因爲你有禪定，你說：「我有三禪功德，我想要生到三禪天去。」誰敢說不可以？沒有人敢說的，因爲你有那個資格。可是你那時卻說：「我去三禪天，沒什麼意思，不如去彌勒內院，我想要留在欲界天中學法。」那也可以呀！你以那麼高的層次，想要到比較低的天界層次去，都可以呀！沒有人敢說不。你如果考到台大的分數，你說：「我來你們中國文化大學就讀，好不好呢？」他們教務主任一定說：「歡迎！歡迎！歡迎！歡迎！」連說三個歡迎。可是你的分數如果只夠就讀文化大學，你竟然去找台灣大學想要就讀，不免要被轟出來。

這意思就是說，你的證德越殊勝，證量越高，表示你在世間越沒有性障，越不會想要作主，你總是隨緣而任運的。這時表示你的層次是很高的，不是低層次的；那麼你想要取本來的高層次受生，或者發願想要到中層次、低層次去受生，全都由著你，所以死後你就可以處處作主、隨願往生。所以那個時候你說：「**我有無相念佛的功夫，那這樣可以去東方琉璃光如來的世界。**」可是你想一想說：「**我還是去極樂世界好了，因爲極樂世界連五逆十惡的人都可以下品往生。**」那你發願要往生去極樂，阿彌陀佛一定不會拒絕你；可是你如果沒有淨念相繼的功夫，卻妄想說：「**我要往生琉璃光如來的世界。**」對不起！不動世界就是不讓你去，因爲那裡規定的就是要有一心不亂念佛的功夫。所以越是隨緣就越沒有性障，心量越大越好，智慧越高，就越不會再想要於世間法中作什麼主；這時你不會想要得什麼或者拒絕什麼，是隨緣而任運的，那麼你到了中陰境界時，你要怎麼作主來決定自己的生處都行。

可是當你反觀自己這個證德證量是從哪裡來的？發覺卻是從證得這個從來不作主的心而來的。正因爲證得這個向來都不作主的，你就有許多智慧出現了，在中陰境界裡就能處處作主，這才是三界法界的實相。以前沒有聽過這個作主的道理吧？關於「作主」這個題目，就只有中台山一直在講要「時時作主，處處作主」。但是喜歡在人間處處作主的人，到了中陰的時候可就作不了主；證量高而事事都不作主，在中陰那個時候就可以處處作主，自己決定生處，所以三界世間的法眞的很奇怪。因此說，金剛心如來藏是無得心，因爲無得也就不用作主了；一定是有所得的心，才會想要處處作主嘛！當你觀察一切法從來都無所得時，就不需要繼續去作主；都是因爲想要有所得，才要處處作主；而這個如來藏正好就是這樣，從來無所得。這樣的一個心，妙吉祥菩薩開示說祂的自性是「無說、無示、無聞、無得」，那你說，祂還有什麼疑惑可除或該除呢？當然祂沒有疑惑可除。正是五陰自己覺知心會有言說、會有表示，也會有見聞覺知，於六塵中會有所得的離念靈知心，才會有疑惑需要斷除，這就是般若的眞義。

可是，看看近代大師們的佛學著作，有哪個人講過這種法？就算有講了，也只能依文解義，無法解釋其中的道理出來，而實際上並沒有哪一位大師曾經這樣講解過。所以，「法」是否眞正、是否眞實，要看你所證的心，是否能完全符合般若諸經的開示。如果能符合，那就是正法，即使那個人示現頭上長角，嘴巴裡還有獠牙的羅刹模樣，他都仍然是菩薩摩訶薩。如果所證之法不能與般若諸經相契合，即使他長得溫文儒雅、慈眉善目，他其實還是魔眷。這就是從聖教量來判定什麼是正法，因爲菩薩示現不是永遠都慈眉善目的，有的菩薩示現的是一臉橫肉的樣子。還有大菩薩，譬如大樹緊那羅王，他示現爲龍王，頭上卻頂著一棵大樹在受苦，你說很奇怪吧！不懂佛道的人就會想：「那還能叫作菩薩？笑死人了！」可是我告訴你，他早就是入地的菩薩摩訶薩呢。所以不能看表相，如果只懂得看表相，就表示他是新學菩薩；那他想要證悟，還早著哩！如果他能夠不看表相，純粹從法義上來認定，也懂得用聖教量來如理作意檢驗，那麼這個人就可以說是久學菩薩，這個人在這一世遲早會開悟的。所以依這樣來看，到底法界的實相中，也就是禪宗講的實際理地中，有沒有疑惑可除呢？結果是沒有，這樣才是正法。

文殊菩薩這樣開示完了，摩伽陀王就說：「菩薩如果是像這樣子，貪瞋癡等一切煩惱應該都不會再來妨礙這個心了吧？」問得好！一定會有人生起這樣的疑心。但他其實是爲別人問的，妙吉祥菩薩就答覆說：「大王！我先所說虛空本淨，」前面所說的虛空本來清淨，其實講的是虛空無爲的如來藏眞如性，「是本來清淨而不是所染污法的緣故，其中的道理就是這樣子。大王！虛空無爲這個心是本來就清淨的，而祂所示現給五陰所有的煩惱，那些煩惱的體性是無常的，所以也是空。而對這個猶如虛空的心來講，這個煩惱與祂從來不相應，」因爲這些煩惱都只會與五陰相應，「所以煩惱的體性本身其實也是空，因此不論是虛空心或五陰心，兩方面其實都無所得。」

從五陰來說，煩惱是無常；煩惱不是常，煩惱是會過去的，煩惱是會被消滅的，只是快與慢而已，所以煩惱是空。對這個實相心來說，煩惱不跟祂相應；煩惱現行的時候不管是多麼強烈，永遠都不跟虛空心如來藏相應，所以對祂來講，煩惱也是空。從兩個方面來看，這些煩惱本來都無所得，有誰得到了煩惱？根本就沒有人得到煩惱。「既然如此，還有什麼可以產生障礙的呢？由於這個緣故，不應該有罪垢之相出生在自己的心中。」所以證得無生法忍以後就轉依無生法忍的智慧境界了，轉依於如來藏的眞實獨住境界之後，就不再有罪垢之染污相存在了。

所以，文殊菩薩接著又吩咐說：「大王！你應該知道，過去的心是不可得，未來的心也是不可得，現在的心也是不可得。」當然，現代大師們都是用意識心來解釋，說過去的意識心已經滅了，所以不可得；現在的意識心剎那剎那生滅，也一直在過去，也沒有一個常住相，因此也不可得；而未來的意識心也是如此，也是剎那剎那生滅，而且也還沒有出現，所以也不可得。他們都是這麼講，從世間相來說，這樣講也對啦！那只能夠說是事相上的說法，是未悟般若的凡夫所說。可是你如果從實相心來看，祂本就沒有過去世；因為無始以前就是祂，中陰也是祂，入胎、住胎也是祂，後來出生了也是祂；現在也是祂，將來老了也是祂，死了以後到下一世去時還是祂；所以祂沒有生也沒有死，有生有死的是被祂所生的我們五陰身心，才會有三世。

我們五陰才有生有死，祂從來沒有生沒有死，所以你要說這個心是過去心嗎？不行！因為祂無始以來一直就是這樣子，沒有改變過；祂既沒有三世可說，你能夠說祂是過去心嗎？當然不行！那你若是要說祂是現在心，那也不行！因為現在心一定是有見聞覺知在了知諸法，可是祂竟然都沒有，一點點的貪瞋癡相都不存在，怎麼能夠說祂是現在心呢？如果說祂是未來心，好像還可通；可是祂到未來世去出生下一世的五陰時，祂有去未來世可說嗎？祂也沒有欸！祂還是祂，祂並不是死了變成另外一個新生的心，所以祂也沒有未來世可說。而祂自己從來都不認知自己有沒有三世，所以在祂心中根本就沒有過去心、現在心、未來心；從祂的境界中，這三心根本都不可得。

「乃至一切諸法也都是如此，所以在三世中，祂從來沒有來、沒有去、沒有住、沒有執著。」這又是一個問題了，當那些大師們都說：「我們只要離念了，了了分明的時候，那就是沒有來去了。」好極了！以後遇到這種大師，你就問一句：「請問大師，你晚上睡不睡覺？」他說：「你問這個幹什麼？」「沒事啦！只是跟你聊一聊，請問大師你晚上睡不睡覺？」「睡呀！」「睡覺的時候，請問你還覺知六塵嗎？」「不覺知，睡著就不覺知了。」「不覺知就是意識斷了，祂已經斷了，明天早上你還會不會醒來？」「會呀！你老是談這些世俗法幹什麼？」「就是要從世俗法來證明你悟的對不對，你就耐心聽一聽嘛！你早上還醒不醒來？」「當然醒來，不然我現在怎麼跟你講話。」「好極了！你會醒來，表示你又來了；那你昨天晚上眠熟後是不是去了？既然你所悟的心是有來有去的，有來有去的心就跟般若講的無來無去，顯然不符合。」所以他們名聲再怎麼大，都比不上那位不識字的土城老人。

土城廣欽老和尚雖然不識字，智慧竟然遠勝過他們。人家都不想經營什麼，不搞名聞與利養。爲什麼他都不經營什麼？連那些僧眾們建議說：我們把承天寺的後面再加蓋一點。他都不想動工。後來眞的拗不過了，因爲大家都說要增建，他就說：「好嘛！要建你們就去建。」他也沒意見。他已經示現得夠坦白了，可惜的是那些人都沒因緣去得他的法，而他就是這樣子示現。會一心想要去經營，以求得大名聲或求得利養，那表示他有問題；了義佛法又不是靠他撐起來的，一個沒悟的人，經營那麼大一片事業是想要幹什麼？那表示說，他們是依於有來有去底心，而無來無去底心卻不會想要這樣造作。說離念靈知心有來有去，是說今天晚上眠熟就去了，明天早上清醒了就是又來了，所以有來有去。可是如來藏今天晚上如去，明天早上如來；因爲今天晚上並沒有去，所以叫作如去；明天早上沒有來，因爲祂眠熟以後依舊本來就在這裡，所以今晨叫作如來。所以晚上睡著以後如去，明天早上醒來時叫如來，一定可以通；而他們大師落入離念靈知心中，就得要叫作有來有去，不能叫作如去如來。

文殊菩薩又說：「無住、無著。」無住、無著，這又是個問題了，你要是悟得眞，能夠通得過這個檢驗，就沒有任何的差錯。如果是六塵中的離念靈知，或者是四禪中的離念靈知，這是最好的離念靈知了！四空定中沒有智慧，我們就不談它；四禪中的離念靈知最好，請問：他在四禪的定境中，有沒有住？還是有嘛！如果他不住於四禪定境中，怎麼能叫作第四禪呢！既然有住，就是有著嘛！所以你教他說：「你不要老是進入四禪等至中，我們編《正覺藏》正忙著，你也來幫幫忙吧！」他可不願意，他就偏偏每天要進去那裡面住幾個鐘頭，才會覺得舒服，這是不是有著？還是有啦！是有著。可是如來藏才不管你這些，你住在四禪中，祂沒意見；你去唱卡拉OK，整天唱個不停，祂也沒意見；你想要去自殺，祂也沒意見；你想要行善生天，祂也沒意見。祂統統沒意見，這才叫作無住亦無著。不管什麼樣的境界，祂都無住。

可是離念靈知絕對有住，不是住於淨就住於染，不住於有就住於空；一向都有所住，有所住就是有所著。若是一向隨緣的心，就沒有執著了；所以不管是善業種子、惡業種子，祂都沒意見，一體收存。大善人每天給自己的如來藏善業種子，祂沒有意見，收存起來；那些十惡不赦者每天給自己的如來藏惡業種子，祂也沒意見，一樣收存起來，所以祂無所著。五陰就好像一個三歲孩兒，每天索求不停；如來藏就好像八十歲的老女僕，疼愛地供給和應付著。正當祂的主人，就是那個三歲小孩兒想要繼續造惡業而下地獄，當他去造地獄業的時候，如來藏這個八十歲老娘也都沒有意見，完全隨緣；像這樣完全隨緣的心，就表示祂無住亦無著。無住亦無著的心，跟離念靈知完全不同；沒有智慧的人就是沒有智慧，明明是有住亦有著，他偏說是無住亦無著。

所以當他們鬧了笑話，還不知道自己鬧了笑話。我相信你們以前常常聽到人家這樣講：「**我是一念不生，了了分明而不分別。**」你們一定常常聽過這樣的佛門笑話。他們自稱一念不生時了了分明而不分別，對於這句「了了分明而不分別」，他們都認為理所當然呀！都不知道他們了了分明時就已經是分別完成了。他們竟然都不知道，在語意學上就通不過考驗了，哪裡還能夠說了了分明而不分別？了了就已經分別完成了，才能叫作了了；所以了了分明的時候其實是已經分別完成，如果你幫他在他的「**一念不生，了了分明**」的下面再加個註腳說：分別完成而不分別。他的國文教授看了，一定給他一個「minus 一百分」——倒扣一百分。給他零分都還不夠，還要倒扣一百分。

所以說這些人眞的很愚癡，已經「住」了還不知道自己住了，已經「著」了還不知道自己著了。就好像一個乞丐，在山上沒有人的地方大呼小喝說：「我是國王，你們所有人都要聽我的。」然而山上其實一個人也沒有，他卻在那邊吆喝妄想自己是國王。所以，般若經其實有很多地方都可以拿來演練，只要不迷信大道場、大名聲的話，這些都可以用。

接著，文殊菩薩又說：「無所入、無所歸。」無所入，什麼境界祂都不進入。色塵境，祂不進入；聲塵境乃至法塵境，祂也都不進入；清淨的境界不進入，污垢的境界也不進入，因爲祂從來「無所入」。三界的境界，分爲七識住跟二種入，但祂既不住也不入。七識住，譬如說，意識所住欲界的境界，意識所住初禪的境界，意識所住二、三禪的境界，意識所住四禪的境界，這樣意識就有四個住處了，還有意識所住四空定的前三個，這樣總共七個，都是意識所住的境界；可是祂金剛心從來不住於這些六塵或定境法塵的境界中，所以祂從來「無所住」。那些號稱開悟的大師們，他們有哪個人所證的心，能夠不住於這七個意識所住境界中？你們儘管去檢查，一個也沒有，根本都沒有。所證的心一定不是住在意識所住的這七種境界中，你才可以說是眞正開悟的人。

但是還有「二入」要檢查，金剛心連這二入也不入；也就是無想定境界，祂也不入；非想非非想定境界，祂也不入。像這樣子離開七識住，也離開二入的心，才是金剛心、常住心。離開七識住與二入的境界以後，還有一個實相心存在，這個心才能稱爲實相，否則就一定是住在意識的境界中，與常見外道並無不同。七種識所住的境界，二種識所入的境界，全都是三界境界，不是出三界法，不是涅槃境界。可是你去檢查看看：現代有哪一個大師的所證，能夠像我們這樣不落入七識住、不落入二入處？一個也沒有。未來會外學佛者如果有，那一定是從我們正覺出去的；再不然，就是從我們正覺出去的人，私下裡偷偷收了徒弟，一定只有這樣。除此以外，沒有會外的大小師父是不讀我的書而能自己悟出來的，一定沒有。所以，你所悟的心一定得是離開二入、七識住，才可以說你悟的這個心是實相，否則都不是實相。那你看，文殊菩薩開示說實相心無所入，而如來藏正好就是這樣的，於六塵萬法都無所入。

妙吉祥菩薩並且開示說「無所歸」。如果所悟的心可以歸在五蘊中，可以歸在十二處、十八界中，那就是有所歸了，有所歸的心就不是實相境界。離念靈知是禪門錯悟者中最有名的落處，是禪門近百年來最有名的所謂的「眞心」；可是他們這個所謂的「眞心」全都要加上個引號（「」），因爲這不是眞正的眞心。他們所謂的離念靈知，你去檢查看看：祂可以歸在五陰的識陰裡面，也可以歸在十八界的意識界裡面，那是有所歸的。祂跟什麼相應呢？可以把祂歸納起來跟六塵相應。既是可以歸在與六塵相應的心中，那也是有所歸。但是，你所證的如來藏無法歸在這裡面，五陰、六入、十二處、十八界，全都歸不進去；當你證得第八識如來藏以後，你無法把祂歸到蘊處界入之中，全都歸不進去。爲什麼歸不進去呢？因爲所有的法都從祂生，怎麼可能把祂歸進所生法去？

如果你在家裡面，找個小女孩，你說：「這是我的二女兒。」你可以把她歸於你而說是「**我的二女兒**」。再找一個比較大的男生，你說：「這是我大兒子。」你可以把他歸於你。但你兒子、女兒能不能把你歸到他們身上去，而說你依附他們而出生？能不能把你歸到你兒子、女兒裡面去？歸不進去，因爲他們是你生的，他們從你而來。所以，出生萬法的心，不能歸於萬法之中，而萬法可以歸於祂。所以，禪宗有一句很有名的禪語：「萬法歸一，一歸何處？」那就是腦袋壞了或不懂禪的人胡亂參問，其實應該問：「萬法歸一，這個一何在？」這樣才是正問。結果他還要問說：「一歸何處？」哪天遇見了我，我就好像神經錯亂一般給他答個「一歸萬法」。等他將來悟了，依舊不可以怪我；因爲我不是在告訴他一歸萬法，他要懂得聽取弦外之音。

這意思是說，無所入、無所歸的心，祂才會是菩薩們開悟時所應親證的眞實心。這樣的心是本來「離諸妄想」，所以祂從來不會生起語言文字上的思惟，所以祂從來沒有妄想；祂是直接去運作的，祂根本就不需要語言文字來溝通；當你需要祂的時候，你不需要用語言文字跟祂溝通；言語這個法道，來到祂那邊是沒辦法用的，所以來到祂的境界中「言語道」已經「斷」了，當然就沒有任何妄想。你悟得祂的時候，你就知道：言語的道、言語的方法，來到祂那裡是行不通的；而祂也根本不需要言語，這才能夠稱爲「言語道斷」。離念靈知能夠「言語道斷」嗎？不行！當離念靈知心一念不生的時候，你在那邊對他讚歎，讚歎久了離念靈知心也會煩惱而說：「拜託！你不要再讚歎了，好不好？」他會請求你不要再讚歎了，那表示什麼？表示離念靈知心跟言語道相應，那就不能真的叫作言語道斷了。

所以，文殊菩薩接著說：「非知見所及。」意思就是說，想要證這個心，得要好好去參禪，不要用思惟的，也不要眼睛瞪得大大地在那邊看：「在哪裡？在哪裡？」如果有人來問，我就說：「在眼前呀！」「我怎麼沒看到？」「只爲太近。」「明明我就看不到呀！」「可我爲什麼看得到？我就是看得到。」所以，這個法不是那一些窮經研論的人所能知道，在那邊作佛學的學術研究，永遠都沒有辦法證悟的。如果要說一句不客氣的話，只有菩薩才有資格來作佛學研究；因爲菩薩有實證，所以那些佛學裡面所講的內涵，菩薩可以有根據而研之究之。研究，就是研之究之，把某一種法深入弄清楚。誰能弄清楚佛法般若？只有實證的菩薩。還沒有實證的人，抱著經典再怎麼樣去研之究之都沒有用，都只能想像。

而祂雖然是不生不滅的法，卻可以不斷地出生一切諸法；而且祂出生一切諸法的法性是常住的，祂所顯示出來的眞實而如如的法性也是常住的。並且祂出生萬法的功能性以及眞如性，也是永遠都沒有隱藏，很分明地顯現在你面前。可是很多人說：「奇怪？經文這麼說，我怎麼看來看去都沒有？我面前哪有？」面前沒有嗎？手伸出來一看，「沒有呀！我看來看去就是手。」我告訴你，你看到手就不對了，已經落入人相了，應該返觀。至於應該返觀到哪裡？那可就是你家的事了。因爲當你伸手，你看到手的時候已經太遠了。所以有人問玄沙禪師說：「人家都是看見了色身就看見心，」說「見色便見心」，「既在鼻孔上，我爲什麼看不見？」玄沙說：「只爲太近。」因爲祂太近了，所以你就看不見了；然而你可別因爲聽了我這句話，你就去弄個放大鏡，一直往內拉近來看，或者用顯微鏡來放大著看。我告訴你，還是一樣看不見，因爲要有慧眼才能看得見。慧眼要怎麼得？要從禪宗的參禪而得。

所以說，如果用學術研究、科學研究的方式可以開悟的話，美國人早就開悟了，還會去相信達賴喇嘛的胡說嗎？日本人也早就悟了，因爲日本人最喜歡作學術研究了，可是他們爲什麼依舊悟不了？那日本人鈴木大拙那麼辛苦參禪一世，都還落入離念靈知中；何況是在那邊好像作學術研究，其實只是作文字訓詁的松本史朗等人，能夠悟得佛法嗎？我才不信！所以說這個金剛心的實相法界，不是一般人的所知所見能夠觸及的。一般人用思惟的方法想要了知，是不可能的事；努力用眼睛去看也沒有辦法，還是看不到；因爲祂無形無相，非三界法，所以不是一般人和二乘聖者知見所及，因此文殊菩薩說「非知見所及」。如果能知能見的心，只用思惟研究便能夠知道金剛心，最瞭解五陰的不迴心阿羅漢們，早就開悟了般若而全都成爲菩薩了，可是爲什麼他們仍然是阿羅漢而不是菩薩？

所以這個法的實證，一定要一步一步去參禪，絕對不可以經由學術研究來瞭解。如果靠學術研究而想要瞭解，都會落入虛妄想之中。落入妄想之中會是什麼結果？就是會毀謗大乘經典而妄說「大乘經典非佛說」，那就會造下一闡提的大惡業。所以，一定是要依著善知識的教導去眞參實究，不要去作經典文字的研究；那些學術研究者在佛法的實證上面沒有前途，只能夠混到世間法上的一些名聞與利養。以前他們眞的可以藉佛學混到名聞與利養，因此以前的佛學學術研究者，普受佛教界尊重；雖然那些大山頭的領頭法師們心中也是不服他們，可是都會給他們好處，巴結他們，跟他們常常來往，讓他們在學術界裡面越來越有地位。

但我們就不這樣，我們從來不去巴結那些佛學學術研究者；雖然我不去巴結他們，但我也不會無緣無故去得罪他們。可是他們如果得罪了我，管保他們沒好處。譬如我們的《鈍鳥與靈龜》如今正在印製中（編案：已於二〇〇七年出版了），為什麼要寫出這本書來？因為有學術界的人亂作批評。他批評別人倒也罷了，沒想到他竟然批評大慧宗杲，我就不接受了（眾笑……）；因為大慧宗杲的看話禪很重要，是中國禪宗的支柱法門；結果他去否定了，他的言外之意是說：大慧宗杲看來是不懂天童宏智的境界。他是這樣想的，也是這樣寫的。可是我要問：「他究竟懂得啥？」他其實全都不懂，才會寫出那樣的文字來妄評大慧宗杲。我本來就知道他的文章與史實不符，可是知道歸知道，沒有文字證據，我也不好下筆，人家會說：「你沒有根據，無的放矢。」好啊！後來他們很主動把《萬續藏》給弄成光碟，那可就太好了！我就能好好利用裡面的資料了，所以把《鈍鳥與靈龜》寫好、印出來，讓他們知道：你們學術研究者來到實證者的眼前，究竟能夠作什麼？

當然，大約兩年前，有人很氣我，說要寫書來破蕭平實。如今兩年過去了，依舊沒有看到片語隻字。如果終於有一本書寫出來的話，我又有機會寫書，可以多講一些深妙法，佛教界可又熱鬧了。他們當然會說是烏煙瘴氣，我卻說是熱鬧；因為我們又可以看哪位親教師有空，把它拿來當資料，又寫一本書來教訓教訓一下專搞學術研究的人，他們之中有一些人眞的需要教訓。他們自以爲佛學研究是多麼崇高，崇高到可以凌駕於佛教中的實證者，但我們要問：「崇高何在？有什麼原因値得自我崇高？」根本就沒有啊！只不過在世間法上博取名位而已。所以，眞正要學佛的人就不要搞學術研究，一定要眞參實證；否則的話，這個《金剛經宗通》且不說他沒有辦法講；就算降格爲《金剛經理通》好了，他們也是講不出來的。因此，一定要遵照般若經所說，凡是自認爲悟了，如果不能通過般若經的考驗，就不要再開口宣稱開悟；因爲那都是大妄語業，死後的果報可不是好玩的。

言歸正傳，妙吉祥（也就是文殊師利）菩薩又說：「離知見法者，佛所說也。是故智者應如是觀，如是解了。」文殊菩薩開示說：「離開能知能見等法的妙法，才是佛所說的眞實法；由於這個緣故，有智慧的人應當這樣觀察，應當這樣瞭解以及了知。」這種法義是只在大乘經中才這樣說的嗎？其實聲聞聖人結集的四大部阿含諸經裡面就已經這麼說過了，說慧解脫阿羅漢「不知不見，如是知見」。那不就是大乘經中所講的教義嗎？可是被二乘人聽聞以後卻結集成爲二乘經了。在《阿含經》裡面還明文記載著：如是知、如是見到涅槃的阿羅漢，不知也不見。笑話！這阿羅漢還活著，知道也見到解脫之道以後，明明有知也有見，佛為什麼竟說他們不知也不見？然後又說：阿羅漢們不知不見，如是知見。這還是阿含部的經中說的，你說奇怪不奇怪？所以那本來就是大乘經，只是被不迴心阿羅漢與三果以下的聖者，結集成為聲聞解脫道的經典了。

那些所謂的阿含專家們不是很多人公推的阿含諸經專家嗎？可是他們對此經文義理竟然完全「不知也不見」，是因為不懂解脫之道，所以才對阿含中的正法經文不知不見；人家阿羅漢的不知不見卻是這樣知與見，所以阿羅漢們都知道入了無餘涅槃是沒有知、沒有見，是沒有見聞覺知的。那些阿含專家們卻妄想著說：入了無餘涅槃以後，還有離念靈知存在。像這樣子，不就跟定境一樣了嗎？請問：定境是哪個心的境界？是意識心的境界呀！八識心王裡面能與定相應的心就是意識。他們還想要把離念靈知離諸語言妄想而住於定中，說那叫作無餘涅槃；那麼他們的無餘涅槃中可就成為有知有見了，卻與阿羅漢們所證的涅槃之中無知也無見大為不同，也違背了「涅槃寂靜」法印，那就是意識的妄想嘛！所以，有智慧的人應當像　妙吉祥菩薩所說的這樣：「所證的法一定是離知離見的無覺觀法，這個離知見法是佛所說的。應當要這樣觀、這樣解了，才是佛菩提道中的智者。」如果不這樣觀、不這樣解了，就是愚者。那你去看，就會發覺：如今海峽兩岸到處都是愚者，只有諸位是智者。

妙吉祥菩薩開示到這裡，這時摩伽陀大王又向 妙吉祥菩薩稟白說：「如同菩薩您所說的，我如今已經瞭解並且了知眞心的自性了。所以諸法的自性是本來清淨的，並不曾被障礙所染污，也不是有相可得的。由於這個緣故，我如今在菩薩前已經得到了不壞信。」你看，這個不壞信多難得。不壞信，在佛門中傳戒的時候都要講：於佛法僧三寶得不壞信，於佛戒得不壞信，稱爲四不壞信。這四種不壞信還眞的不容易得，你看摩伽陀王的無生法忍是入地時才自稱說他得不壞信。眞難啊！所以眞的不容易。妙吉祥菩薩（也就是文殊菩薩）接著就說：「大王啊！如果眞的是這樣，那就是解脫了，已經離開種種的過失了。」你們在禪三悟得如來藏，經過禪三期間整理完了回來聽經，現在就可以現觀 妙吉祥菩薩所說的以上經文了；我今晚打從上座以來講到現在，每一句話你都把它現前比對、現前觀察看看，你可以證實：在這回禪三的所悟都可符合經典所說。

這時候，摩伽陀王聽完 妙吉祥菩薩宣說了妙法，心中大大地生起歡喜，就從座位上站起來，用上妙的細氎價值百千，走到 妙吉祥菩薩面前奉上，想要用那一張上妙細氎披在菩薩的身上供養。諸位也許想：「奇怪！這是什麼東西，會這麼名貴？」舉個例子好了，現在不是有一種稀有動物被保護嗎？在喜馬拉雅山被大力保護的動物，叫作西藏羚羊。牠的毛織成一條大約兩尺寬、六尺長的圍巾時，那麼大一條，全都是用西藏羚羊的很細緻的毛織成的；有經驗的人用什麼方法來檢驗它是不是眞貨呢？他把戒指拿下來，再把那一條圍巾一角穿過戒指，然後可以把整條圍巾從指環中輕易地拉過去，可見是很細緻、很輕、很柔的眞貨。那樣一條藏羚細毛織成的圍巾要賣多少錢？現在可是很貴了。摩伽陀王有一條類似的披巾，可能是更名貴的圍巾，他心裡面生起恭敬心，想用寶貴的圍巾來供養 文殊菩薩，所以想要把它披到菩薩肩上去，這時 文殊菩薩卻隱身不現了；摩伽陀王這時沒看到 文殊菩薩的所在，因爲隱身起來了，這時候空中卻有 文殊菩薩的聲音開示說：「大王！有所見的法相不是我文殊所受的。如同我所受的境界，是不見自身，不見他身，」

既沒看見自身，也沒看見他身，「也沒有能施者，沒有所施者；乃至一切法也都是如此，全部都沒有所見的法相，離開了取著的心。大王！你所布施的披巾，如果有能見身的人，你就可以布施給他。」

因爲，菩薩悟了以後是看如來藏，不是看五蘊。菩薩看見每一個人時，心裡都說是如來藏：「你是如來藏，他是如來藏，全都是如來藏。」只是沒有在口裡講出來而已。你們禪三破參的時候被我印證了，出來時看見一切人都是如來藏，這個時候從如來藏的境界中來看一切人，還有張三、李四嗎？還有男、女嗎？還有人、狗的差別嗎？還有貓與魚的差別嗎？都沒有了，全都是如來藏。而如來藏沒有形色，猶如虛空，你還有什麼所見呢？現在文殊菩薩的隱身不見，就是在告訴摩伽陀王這個道理。文殊菩薩說：「如果有一個人，他是有所見的相、有所受的相，你就可以把你名貴的寶氎布施給他，你不該布施給我。」

這個時候有一位菩薩叫作智幢菩薩，這摩伽陀王就把寶氎拿來要奉施給他，沒想到這位菩薩卻說：「大王啊！有所見相不是我的所受。如同我所受的法，是不執著於凡夫以及凡夫的法；我所受的相，是不住於有學果及有學諸法中；我所受的法是不證無學果及無學諸法，我也不趣向緣覺果與緣覺諸法，我也不求諸佛如來的解脫與涅槃作爲果證。」這就是站在如來藏的立場來看待四聖六凡的果報及諸法。從如來藏的立場來看，沒有任何一法可得，沒有佛可成，也沒有眾生可說；「像我這樣子，於一切法都沒有可以執著的法相中，於能施與所施這二種清淨法中，其實沒有利益也沒有所得。能夠像這樣布施的時候才可以接受。」所以，這時大王想要把他那一張圍巾披上菩薩身上的時候，智幢菩薩又隱身不現了。

也就是說，智幢菩薩知道摩伽陀王剛剛才悟得無生法忍，還沒有從事相上面細細觀行，於是教導摩伽陀王把智幢菩薩的五蘊抽離了如來藏，單看智幢菩薩的如來藏時，他哪裡能夠看見智幢菩薩呢？其實智幢菩薩的色身還是在眼前，但是摩伽陀大王從如來藏的境界來看的時候，卻是看不見菩薩的；因爲菩薩不是以五蘊作爲自我，而是轉依如來藏爲自我；可是如來藏無形無色，你要把圍巾披在祂的什麼地方？若是披到智幢菩薩的五蘊身上，就不是直接而眞實的布施，已經是有爲生滅的假施了。所以古時有一位比丘尼問禪師：「如何是佛？」禪師說：「一絲不掛。」對呀！眞的一絲不掛呀！人家問禪師：「你明明身上穿著僧服，怎麼說一絲不掛？」老禪師說：「我從來沒有穿過衣服，只有五蘊才會穿衣服，如來藏哪曾穿過衣服呢？」所以說是一絲不掛。當然，禪宗裡這個公案中的老禪師，他這一句話另有弦外之音，這裡且不談它。

摩伽陀王這時又沒有辦法布施了，可是智幢菩薩隱身後又說：「如果有能見的人，你可以布施給他。」接著又有一位菩薩叫作善寂解脫，也是這樣子，摩伽陀王也無法布施給善寂菩薩。然後，還有最勝作意菩薩，也是一樣。還有上意菩薩、三昧開華菩薩、成就意菩薩、三輪清淨菩薩、法化菩薩，也全都一樣，全部都隱身而說同樣的話，皆不納受。所以，你如果破參回來了，有人找你說：「我這一件寶衣想要布施給你。」你說：「你不要看我的色身，你看我的如來藏，請你布施給我的如來藏，那麼你要如何布施？」他想一想，果然也是無法布施啦！對不對？眞的無法布施呀！這就是從實際理地來看布施這件事情；然後從這個地方，再回轉到現象界中來說：「沒有關係，無所布施之中就這麼施；心中明知是無所施、無所受、無布施這件事情，三輪體空，我就這樣施，你就這樣受我布施，成就我的大福德。」

最後，摩伽陀王只好把細氈拿到大迦葉那個地方去說：「尊者迦葉！在聲聞法中你不但是耆年，也是有德之人，」說他的年紀最大，因爲他的年紀比佛陀還大；「希望您接受我這個最上妙的圍巾，滿足我布施的心。」大迦葉就說：「大王！有所見相！也不是我所受。如同我所受的，不斷貪瞋癡的；我是無所染著的，乃至無明有愛都不斷，也不跟無明有愛同在一起；我沒有見苦，也沒有斷集，也沒有證滅，也沒有修道；我從來不見佛，不聞法，我也不在眾僧數中；我沒有盡智，也沒有無生智可得可證，沒有布施者，也沒有受者，沒有大果也沒有小果，沒有輪迴可以厭惡，也沒有涅槃可證，諸法清淨，離開一切相，能夠像這樣布施的時候就可以接受。」這意思是告訴我們什麼呢？這位大迦葉，後來迴心大乘法中終於也悟了，所以他才能講出這些實相境界的話來。如果他還沒有悟入，能講出這些實相境界的法嗎？不可能的。所以這個時候摩伽陀王想要把它披到大迦葉身上去，大迦葉又隱身不現了；也就是說，摩伽陀王依大迦葉的教導來看大迦葉時，也看不見大迦葉了，然後依這樣不見的境界而聽到大迦葉的聲音說：「如果有誰是能見五蘊身的話，你就可以布施給他。」結果他於五百大聲聞的所在去奉施時，也全都不受，也都隱身不現，證明那時五百大聲聞都已經迴心大乘而證悟了。當你只看如來藏而不看五蘊的時候，豈不是隱身不現了嗎？

這時候大王就想起來說：「如今這些大菩薩、大聲聞等聖人都不接受我所布施的這條好披巾，我乾脆拿到我的後宮去，布施給我的夫人、我的眷屬們；她們都有五蘊身，應該會接受。」想得也對，退而求其次。於是就回到他的宮中，想要布施；但這個時候大王看不見夫人了，因爲只看見她的如來藏，從如來藏的立場看出去時就沒看見她的人，所以看不見他的夫人。大王心裡又想：「我那些宮嬪眷屬也可以布施。」結果去了以後所看，也都是如來藏，都沒有看見人。這樣一個人又一個人全都觀察之後，連他所有的「宮城殿宇，皆悉不現，同彼虛空」。這表示說，他是轉依了如來藏來看待這一切，於是根本無所見。看見了夫人，夫人也是如來藏，布施給她幹嘛呢？看見了嬪妃也是如來藏，布施給她們幹嘛呢？所以最後都無所見。

這個時候他心裡面想：「如今我這個上妙的圍巾、披肩，沒有辦法再去布施了。」這樣想了以後，就想：「不然就布施給自己好了。」乾脆自己披起來，可是也一樣「自不見其身」，因爲看見自己也是如來藏，也沒有色身可說。這時候有菩薩在空中出聲告訴他說：「如果有誰是可以被你看見色身，你就可以布施給他了。大王啊！你應該自己觀察你自身的色相，如今在哪裡呢？」看來看去，其實他只看到自己的如來藏，沒看到自己的色相了，這空中的聲音接著說：「就如同你這樣觀察自己的色身而不見身相，你觀察別人時也是一樣的，自己或別人的身相都不可得；如果是這樣看見的話，你就是看見眞實法了。眞實法是離一切見的，由於離一切諸見的緣故，就能住於平等法中。」

這不是講得很清楚了嗎？這意思是說，如果你悟了，你所看見若還是色身，如果還是覺知心，那你就是悟錯了。從覺知心、離念靈知的境界中來看時，每一個人的五蘊都是清楚分明的，怎會看不見呢？你所悟的應該是如來藏，所以你看見一切人都是如來藏；從如來藏來看一切人時，就沒有五蘊可見了，不就是隱身不見了嗎？阿貓、阿狗來了，也是如來藏；那些鳥兒、鳥媽飛過來，也都是如來藏；那魚兒、魚姊游過來，也是如來藏，看來看去都是如來藏。然後你從如來藏的立場來看待山河大地，還有山河大地可說嗎？一切都不存在了。這在說明什麼？在說明無餘涅槃中的境界。無餘涅槃中是沒有境界可言的，依那種沒有境界而假名的涅槃境界才是眞實法，所以說要這樣才算是住於平等法中。你們證得如來藏以後，轉依如來藏，把自己依於如來藏的立場來看待一切法時，是否正是這一段經文講的一樣？正好是如此，中規中矩、完全合轍，完全沒有差別；這樣才算是悟得眞實法，這樣才能夠說你已經住於平等法中了。

這時候摩伽陀大王聽到空中的聲音這樣說明了以後，就離開了有相之心了，這時候他已經完全轉依於如來藏來看待一切法。我們幾年來也一直強調說：知道般若的密意並不等於開悟。因爲知道密意時，如果是聽來的，你將無法成功轉依如來藏；無法轉依的時候，就不是眞的開悟了，仍然是凡夫一個。如果生到未來世去呢？依舊是凡夫一個。所以沒有轉依成功的原因是由於打聽來的，沒有斷結、參究的過程而使般若智慧無法生起來，就無法轉依成功，當然就會被監香老師考倒，禪三時一定考不過去。因此還是要告誡大家，一定要自己去參究出來的密意，才能在參究過後如實轉依祂；因爲你已經生起智慧而使自己很篤定：確實是如此。然後就能轉依於祂，以後再來看待大家的五蘊，也以轉依如來藏的立場來看待一切諸法，就沒有一切法可言，就是全部隱身了。如此，正好用這段經文來自我驗證，完全相契合。

這時摩伽陀王才算是真的斷了疑惑之想，就是悟後轉依成功再來看待諸法；疑惑斷了以後，如同從睡夢中警覺過來而得醒寤了。這時轉依如來藏成功而依如來藏的立場看待一切有情及諸法，也能同時以意識覺知心跨足於現象界中來現觀，他住在法界實相界裡面，也同時看見現象界，兩個法界同時並存。當他這樣同時從二個法界來看時，「即時宮城殿宇后妃眷屬，見其色相還復如故」，也就是說，他又看見一切諸法了。這時就從他的宮殿裡面又走出去，來到諸大菩薩所在之處，全部瞻睹了諸菩薩的如來藏與五蘊相，如同本來一樣沒有差別。這個時候摩伽陀王就走向前，向 文殊菩薩稟白說：「菩薩大眾剛才都到哪裡去了？我怎麼都看不見？」妙吉祥菩薩開示說：「大王啊！你不要產生疑惑。如今這些大眾們本相本來就沒有來，你怎麼可以說他們是何所往呢？」意思是說：他們本來都在，只是你剛才都看他們的如來藏，不看他們的五蘊，所以才看不見；但他們本來就在而沒有離開，你怎麼說他們到哪裡去了呢？「大王啊！你如今看見這一些菩薩眾們沒有？」摩伽陀大王說：「確實都已經看見了。」妙吉祥菩薩說：「你有什麼地方看見了呢？」

他答覆說：「這個眞實法是離開一切相的，不是用眼所見的，」這就是用慧眼或法眼所見，但慧眼與法眼還是依附在你的心眼、肉眼而這樣見；就這樣去見，所以還是慧眼、法眼所見，「我觀察這裡的一切大眾也是這樣子見的。」接著妙吉祥菩薩又問：「在這個眞實法的境界之中，」你如果依於這個眞實法，依於如來藏的立場來看的話，「又有什麼可以看見的呢？」摩伽陀大王說：「依於眞實法來看的話，是離一切相的，不是世人的肉眼所看的那個境界，而是慧眼所看的如來藏的境界；這個如來藏的境界，不在內，不在外，也不在中間；因爲名與相這兩個法，在如來藏的自住境界中都不可得的緣故。」

由此經文中的開示，你們已經可以印證自己的所悟到底對不對了吧？意思就是說，你如果是轉依於如來藏，從實相界來看一切法的時候，都沒有一切法可得，所以才說無佛、無法、無眾生。這是依實相界的所見來說，不是依眾生界、不是依現象界來說的。然而沒有智慧的人自以爲悟，就這樣說：「無佛、無法、無眾生，就是說你都不要執著；心裡都不要執著有佛、有法、有眾生，那就是無佛、無法、無眾生。」那根本是住在現象界裡面的所見，去把實相界的道理加以扭曲而解說。現象界裡面明明是有佛、有法、有眾生，可是如果站在實相界來看待的話，確實無佛、無法、無眾生。當你悟了以後，總不能一直住在實相界裡面吧！你又不是悟了就想要入無餘涅槃，你得要繼續利樂眾生呀！那你就要另外伸出一隻腳跨到現象界來，要橫跨實相界與現象界兩條船來看，你一個人得要腳踏兩條船才行。菩薩都是要腳踏兩條船的，聲聞人才會只有腳踏一條聲聞解脫之船——只看現象界的緣生性空。菩薩則要腳踏兩條船，一腳踩在實相界，一腳踩在現象界，就這樣同時看待二個法界中的一切諸法。所以 佛陀說法時無妨告誡我們：「我說大家都應該清淨持戒，你們得要嚴守戒律。」但你不能反過來怪 佛陀說：「您這時怎麼又有我了？您不是說無我嗎？為什麼又說您要告誡我們？那不是又有你我他了嗎？」這就是不懂佛菩提實相法界的愚癡人。

佛陀是一方面住在實相界，另一方面也住在現象界中來為大家說法，所以說悟後不應該完全依於實相界。如果全部轉依於實相界，你可就什麼都看不見了！車子開著、開著，突然轉入實相界而不見一切法，可就會把車子撞入山谷了。這樣不行，菩薩道不是這樣行的。你一方面住在現象界中，而實相界的如來藏與你同在，你就說：「原來我的上帝沒有離開過我，上帝眞慈悲。」這就是一方面看著現象界，路在那邊、山溝在那邊，很清楚分明，都沒有問題；另一方面同時看見實相界，裡面都無一法可得，完全不見，應該如此。所以，所有的證悟菩薩都是腳踏兩條船，這就是眞正的佛法。由此可以知道說，般若實相的智慧絕對不是一念不生的意識現象界的境界；應當住於有見之中，同時有一個無見的，這樣才是眞正的實證佛法。

今天下大雨，到處都溼，空氣也蠻潮溼；但是爲法忘軀，還是得要趕來聽經，這樣才是菩薩。菩薩戒裡面講說：四十里內若是有說法之師在講經說法，是菩薩**所應聞**者，已受戒菩薩都應該前往聽講，無故不去聞法就是犯戒。可是現在問題很大，現在幾乎四十里地內每天都有人在說法，到底要依哪個來聽才好？眞的是大問題。所以，我們可以加上一個前提，說如果有說法之師在四十里地內說法，他是最勝妙的，我就去聽，那就沒問題了，就不會每天都要奔波了。不然的話，週一去某某山，週二到正覺講堂來，週三又要去某某山，接著每一天都一樣有忙不完的法務，哪有時間呢？古時候因爲是農業時代，農忙期間過了，就沒事可作了，每天去聽都無所謂。現在可不是，大部分人是朝九晚五要上班，根本就不可能每天晚上去聽經。而且現代孩子有孩子的權利，兒童福利法規定在那邊；而且家庭裡面各個成員都各有要求，所以時代不同了，這個部分可以稍微留意一下前提：是菩薩所應聽聞者。依此來作判斷，就不必每天跑道場，結果是無法修行了，連生活都會出問題。

回到我們的經文來，我們上週講到：「於有見之中就有一個無見者，依於無見者的境界而說覺知心所見的一切都不見了。」也就是說，在有見之中一定有另一個無見者同時存在，而在有色有相之中也一定有一個無色無相者同時存在，不是把有知有覺有見的心，打坐修行變成不知不覺不見者，也不是把有色有相的去修行變成無色無相的；要這樣修行才是眞正的大乘法。一、二百年來，在大乘佛法地區，好多的大師都主張：「要把有色有相的覺知心，修行變成離色離相的眞如。」但是，佛在《金剛經》這一品〈離色離相分〉講的與他們說的都不一樣，是在有色有相存在的同時，還有另一個無色無相的並行存在，這才是《金剛經》的〈離色離相分〉所說的正理，我們也引述了《佛說未曾有正法經》的經文來解釋過了。所以，如果開悟是悟得五陰的自己，假使悟了以後是要把握自己，那就全部落在五陰我裡面，成爲我見具足的人了！三乘菩提中明明都講無我，爲什麼還有大師教人要把握五陰自己呢？他們倡導要把握五陰自己，如果他們眞的有辦法能教人把握得住，倒也不錯，我想眾生也都樂意接受；可就偏偏都是把握不住自己，還是不斷痛苦地生死輪迴不已。

孩子小時候最喜歡唱的歌是「只要我長大」，等到長大以後就希望永遠年輕力壯，並且最好是三十歲之身而能夠像四、五十歲的人有一些財富累積，但是不要有五十歲的年紀。可是等到有財富的時候，不知不覺間已經四、五十歲了，到五十歲以後就是一年比一年過得更快，明明是把握不住的呀！連這個色身都把握不住了，那麼覺知心也就把握不住自己了；因爲覺知心依色身而有，當色身開始衰老，覺知心就覺得自己不太靈光了。假使又來個老人癡呆症，那更無法把握了，全都是由業力去把握自己了。縱使有人認爲好死不如賴活，不論怎麼痛苦，好歹都要活著；可是不管那些痛苦他多麼願意忍受，還是得要死，所以根本是把握不住自己的。然而就是有一些大師們很愚癡，總教人要把握五陰的自己，偏偏又提不出一套能夠確實把握的辦法來；因爲他們自己也一樣把握不住，一樣也得死呀！所以五陰的自己是會壞的，怎麼能教人把握自己呢？可是好多人號稱說：「我是很有智慧的人，如今我進了佛門，也要學佛門的智慧，我也要學般若。」可是，遇到人家名氣大的時候，他追隨大名聲而去修學所謂的智慧，其實卻是在學愚癡，不是眞的在學智慧，因爲迷信大名聲了。

所以，當我們出來弘法，十幾年來一直說：「五陰自己是虛妄的，我們要用五陰自己作工具，來找到另一個背後的自己，那個背後的自己是跟我們這覺知心的自己同時存在的。」因此我們不作廣告、不求名聲，從來不搞個人崇拜，因爲個人就是五陰我，而五陰我是無常的。但他們大部分人並不接受，反而罵我們說：「那你這樣說，不就是大家都有妄心與眞心兩個心了嗎？」我說：「何止兩個心？而且是八個心。」我只是把那七個妄心合併作一個妄心而方便說法而已，其實每個人的心都有八個，何止兩個？有人聽了就提出異議：「你們說有眞心、妄心，有誰講過？禪宗裡自古沒這回事。」我偏偏就說有，所以我後來就特地舉例寫在《公案拈提》書中。

譬如 克勤大師的師弟，叫作佛眼清遠，同樣得到五祖法演禪師的妙法。他有一次上堂開示就講：「須是不離分別心，識取無分別心；不離見聞，識取無見聞底！不是長連床上閉目合眼喚作無見，須是即見處便有無見。」因爲　佛說：「實際理地無見、無聞。」所有的人聽了禪師開示以後就說：「那我就得要每天打坐，努力修到無見時才算是開悟。」「長連床上」，這個長連床，是說禪宗的禪堂裡面（現在日本曹洞宗寺院裡還有），就是在長長的寮房裡，面對面的兩排長長的床鋪，中間留著一個走道；修禪時大家都在自己床上靠著走道放上蒲團，大家一起在那邊面向走道而打坐。那是古時候中國禪宗最早叢林的禪堂樣子，大家睡在一起；咱們閩南語叫作「總鋪」，一個很長的床鋪，上面鋪著榻榻米（厚草蓆睡墊），這叫作長連床，同時也是常住們參禪時的禪床。佛眼禪師開示說：「這個無見，不是在長連床上閉目合眼靜坐而坐到看不見了，叫作佛法中的無見。」佛法說的離見聞覺知，不是靜坐到無見時誤認爲開悟；「而是在有見的當下，就有個無見的心。」佛眼清遠禪師就是這麼開示的。所以你無妨目前分明了了而見，同時有一個不見的心，這樣實證了才是眞正的證得實相般若妙法。那不就是告訴我們說：不見一切法的眞心跟能見諸法的妄心是同時存在的嗎？我在《公案拈提》中拈出這個公案來說以後，那些落入離念靈知心中的大師們終於閉嘴了，不再針對我說的眞心妄心並存的說法提出抗議了。

以前他們都說：「人只有一個心，哪來兩個心？」不但小法師們如此抗議，大法師們也是這樣的開示：「人類就只有一個心，哪來眞心與妄心兩個心？」如果人類眞的只有一個心，請問是哪個心？那就變成他們所知的離念靈知或是放下煩惱的覺知心，就只是這個妄心了。如果有一天，哪個大法師找上門來問我說：「明明人只有一個心，你怎麼說有兩個心？」我就告訴他：「你講得很好，只有一個心，因爲唯識門中說：『一心說，唯通八識。』是說如果一個人主張只有一個心的時候，這個一心只能夠說是八識心王和合爲一，是說阿賴耶識。所以你的『一心說』也對，但是你卻誤會了佛法中說的『一心說』。所以我說的一心是八識心王，你的一心是只有妄心七轉識。」那麼我這樣一說，前來質疑的大師可就滿臉都是豆花了！那時他要答腔也不是，不答腔也不是，該怎麼辦？只能杵在當場了。

因爲他不答腔，就失了大法師、大禪師的顏面了；可是若還想要繼續答腔，又不知該從何答起。所以般若實相的親證，這一、二百年來，他們都不知道是要經由悟得第八識來親證；他們總以爲只要般若諸經的經文能夠讀得懂，就算是親證般若了。由於他們總是這樣想，所以才會認為釋印順也是有親證般若的人。沒想到，結果被我證明他的說法全都錯了！因為釋印順認為所有人都只有六個識。但他沒想到的是，這六識全部都是識陰所攝；既是識陰所攝的，顯然都是生滅法，那麼將來死後入了涅槃時滅盡這六識而永不再出生這六識了，不就變成斷滅了嗎？以前有好多人評論他的法義錯誤，卻都沒有說到他的痛處；我一出來就專門講他的痛處，每一件被我舉出來辨正法義的書中文字，全都是他的痛處，讓他一句話也答不得。

所以，不懂般若的人硬要出來說法，後來就是會出問題；以前也有人對我的說法提出質疑：「宗門裡沒有這回事，你講什麼眞心、妄心？我們這個覺知心修到一念不生時都不起分別，都不去分別人我，那就是開悟了，還有什麼眞心如來藏可以找？」那只能怪他們見少識寡、少聞無慧。人家是見多識廣，聽了我的法、讀了我的書以後就信受了，因為經中也是這麼說的。他們都不知道古時候禪宗祖師早就講過了：有見的當下就有另一個無見的，有聞的當下就有另一個無聞的。所以禪宗的開悟不是要把妄心自己變成眞心，妄心自己不論怎麼變，變來變去，把七十二變都變盡了，依舊是孫猴子意識，永遠當不了唐三藏眞如心。

唐三藏，你看《西遊記》描寫的唐三藏不是「如愚如魯」嗎？如愚如魯，看來就是笨笨的；妖精來了也不知道，不懂得要逃避，還是猶如以往一般直心行去。你們各人的唐三藏全都是這樣呀！妖精來了，他也不知道妖精；都是由你覺知心意識這個孫猴子在分別：「這個是妖精，要趕快逃！」唐三藏可是不分別的，一心只是要利樂一切有情而已，唐三藏就代表第八識。孫猴子最會分別，他就是理性的意識；他一看就知道這又是什麼妖怪，一棒就打過去了。豬八戒就是五俱意識，最執著了，什麼都愛；不管什麼樣的五欲他都愛，吃的、女人、一切五欲全都愛。可是有個沙悟淨專門放哨，有事情需要探查，他就先去了，跑到最前面挑著色聲香味觸，到處去探查有沒有什麼大變動等奇怪底事；當理性的意識或不理性的意識分別完成了，沙悟淨就負責執行，他代表意根，不善分別而只負責執行，並且把行李與唐三藏抓得緊緊的。豬八戒就是意識的貪心所等，就是不理性而貪著五塵的五俱意識。然後還有一條龍馬讓你們騎，有沒有？這條龍馬，有兩個眼睛，一個鼻子，長得人模人樣的，全都坐在這個講堂裡聽經。這就是《西遊記》的意旨。

可惜的是，小說裡寫得不夠深刻，因爲他還沒有悟，只是從字面上去瞭解八識心王究竟如何，就這樣去寫出《西遊記》來，其實他不太懂八識心王。不過我們懂了，卻可以把它套上去，非常好用。但問題是，這個唐三藏如來藏究竟在哪裡？這才是眞正的關鍵所在；所以我們接著再來看看宗門裡又是怎麼說的，幫大家試著把自己身中那個唐三藏給找出來。祂是很清淨的，有大功德，所以《西遊記》裡說，那些妖精都想吃唐三藏的肉；只要吃了他的肉，那就可以怎麼樣呢？（有人回答：長生不老。）你看！厲害吧！如果你眞的能夠咬到你的唐三藏的肉，你也可以長生不老；可惜的是祂無肉可咬，正因爲沒有肉可以讓你咬，所以你永遠無法長生不老；所以那些妖精們想方設法要吃唐三藏的肉，最後總是吃不到。那個寓意是什麼？是說唐三藏是沒有肉可以給你們吃的。假使你能找到他的肉，表示你已經獲得唐三藏如來藏的不生不死功德，那你一定可以長生不老。問題是，將來世界爆炸毀壞了，留下你一個人活在太空中，那你要怎麼活？所以誰都別想吃到唐三藏如來藏的肉，那是絕對不可能的，所以《西遊記》裡確實有一些寓言。《金剛經》這段經文的理說講完了，言歸正傳，現在就來看看宗門裡怎麼說：

《列祖提綱錄》卷二〇：【朝宗 忍禪師。因祈福并薦夫，請上堂：「一者祈福，二者薦亡；一椎兩當，舉世無雙。既兩當，因甚卻無雙？下不厭地獄，上不欣天堂；當陽突出露堂堂，鷓鴣啼處百花香。」喝一喝，遂舉《金剛經》云：「若見諸相非相，即見如來。」師云：「大小世尊，抱橋柱洗澡；曹山則不然：『若見諸相非相即見諸相。』須知要見如來則易，要見諸相則難。若人道得不難不易句，一生參學事畢。」卓拄杖下座。】

這個忍禪師，有一天，因爲有人祈福而且要超薦她過世的丈夫，就請忍禪師上堂說法，想要藉此演說無上大法的功德，迴向給亡夫。忍禪師上了堂，就藉事明宗而開示說：「我今天上堂的原因，一者是有人祈福，二者也同時是薦亡。」這就像《地藏菩薩本願經》講的，生者爲亡者薦福作功德時，生者得七分之六，亡者只得七分之一；所以薦亡的時候，其實另一方面也是祈福。因此忍禪師接著說，這個薦亡的事情是「一椎兩當，舉世無雙。」椎，就是木椎，就好像我們現代梵唄時用鐘鼓，打鼓時不是有個木棍嗎？那個木棍就叫作椎；又或者說古時候打雲板時，也是用一根木棍來打，那個木棍也叫作椎。現在打雲板時已演變成爲木槌了，以前是只有一根木棍，叫作椎。

禪師去幫人家超薦，是很妥當、很簡易而且很快速的；當他上了堂，把雲板或者打鼓用的木椎高高拿起來，只這麼一椎就放下來，說個幾句話，就超薦完畢了，法事就辦完了。眞悟的禪師都是這樣，而且這是至高無上的超薦法會；可惜到現在，當代大師們已經都不懂了。

以前我剛出來弘法時，那時候還在中山北路地下室，是租來的地下室。那時我們正覺同修會剛成立，不久之後我們的郭理事長亡故。亡故時遺體就放在台大醫院的太平間裡面，那時都有人幫他助唸佛號，因爲他那時同時也是法鼓山護法會的副會長。我去看他的遺體時，順便作了一個小小的開示；因爲那時助唸的人很多，而他生前是已經開悟了，所以我當時不是開示給他聽的，而開示給那些助唸的人聽。當我開示完了，我就故意像密宗上師一樣打一個手印，但他們那些助唸者都不曉得我在幹什麼，還眞的以爲我是在打手印。那時我隨便發明一個手印就打了一下，聽說那些從法鼓山來助唸的人回去就開始傳說：「那個姓蕭的神經病，又在那裡起乩了。」你看，禪宗妙法傳到末法時代的今天，眞的是佛法可殤呀！當時，法鼓山算是全球最聞名的禪宗道場了，結果那些徒弟們一個一個都不懂得那個叫作機鋒，以爲我眞是像乩童在起乩。你看，眞的佛法可殤！也應該說，宗門可殤啊！

話說回來，古時禪師超薦亡者就是這樣子，上來講幾句話，木椎拿起來一敲，就下座了。忍禪師開示中所講的就是這個道理：「一椎兩當，舉世無雙。」是說木椎拿起來這麼一敲，既已經祈福完畢，同時也是薦亡完畢，二椿法事全都辦完了，眞的叫作「一椎兩當」。不但如此，他還說這樣子所說的法是無上法，所以才叫作「舉世無雙」。接著，他就回過頭來問大眾：「既然是兩當，爲什麼卻又說是無雙？」既然說是「兩當」，明明已是一雙，怎麼又叫作「無雙」呢？他想要反問大眾，想當然爾，當時大眾都是不會的，所以他接著又說這個眞實心：「下不厭地獄，上不欣天堂。」三界中層次最低下的就是地獄，可是祂在地獄中也不討厭地獄。然後，如果生天堂享樂了，世間人最高興了，生天堂當神去了，生了天堂享樂的時候，這個眞實心根本就沒有一點欣喜愛樂，所以「上不欣天堂」。

可是這樣講完，總是要給人家一個入處，總不能只往旁裡說去就算數了；他收得人家的大筆銀子，得要給人家一個入處，所以說：「當陽突出露堂堂。」當，就是面對的意思；當陽，是正對著大太陽底下；忍禪師說，這時一樣是很分明地顯露出來。是在大太陽底下分明顯露出來，不是在黑暗的無月夜中顯示不分明。「但是在大太陽底下一樣的顯露分明，並且祂非常地突出，因此是很分明地顯露出來。」可是究竟應該哪裡去找呢？忍禪師接著開示說：「鷓鴣啼處百花香。」鷓鴣，是類似斑鳩的一種鳥，可能大陸那邊才有，台灣可能沒有。我們小時候，台灣的藥房裡常常賣一味藥，叫作鷓鴣菜；這其實不是菜，而是專門給小孩子吃的藥。很多人不曉得爲什麼要加個菜字而成爲「鷓鴣菜」，就好像中將湯，有的人不知道那是什麼，因爲曾經聽說過有人誤以爲是餐桌上的菜湯，上了餐廳就說：「我要喝中將湯。」於是就鬧了笑話。鷓鴣菜，現在年輕人可能都不知道了，也許也都沒有人在賣了。那是以前小孩子，大概一歲以內都常常會餵食那個藥；其實是從一種藥用植物製成的，那種植物就叫作鷓鴣菜；如果小孩子睡不安穩，可能是因爲肚裡長蛔蟲，肚子痛就哭個不停，不肯好好睡覺，就用這個藥給他吃，以前西藥房裡都有賣。以前還沒有電視機時，那時候只有廣播電台，當時廣播電台廣告費賺得最多的，就是鷓鴣菜。鷓鴣其實本來只是一種鳥。

忍禪師說：「當陽突出露堂堂。」顯然是很分明的，但是你要往哪裡找呢？忍禪師就指示說：當鷓鴣一整群聚在一起正在高啼的時候，那個地方眞的是百花香啊！就是叫人家要往那裡去找。禪師爲人說法時一向都是這樣，每一句話裡面都是有正有偏；究竟你是要取偏中去，還是要看取正中來，全都由著每個人自己去取，他可不跟你明講。忍禪師就這麼提示完了，接著大喝一聲，眞的好像瘋子呵！眞的啊！一般學佛人若沒有禪法知見時，就會說：「禪師爲什麼這樣粗魯，講就講，大喝幹什麼？我們又沒有在打瞌睡。」一般學佛人大約都是這樣想，只懂得撿文字語言，卻不曉得「鷓鴣啼處百花香」，其實就是忍禪師那一喝。他們都不曉得，就以爲禪師精神狀況有問題，於是各人心中胡思亂想。那就表示說，那種人說是在修學禪宗，每天在努力盤腿打坐，每年也都去打幾次禪七，可是眞要講到禪的時候，其實都還遠著呢！我們其實可以給那種教禪的禪師們一個響叮噹的名號，就叫他們作「遠遠禪師」，因爲他們想要實證禪宗的禪，確實遠之又遠。自己都不懂禪，還要亂教一氣，使得座下的徒弟們也就跟著亂學一通，然後大家互相呼嚨呼嚨說：「我們都在學禪、修禪，我們是修學佛門裡可以開悟的最高的一宗。」可卻不曉得高在何處？

言歸正傳，忍禪師就這麼一喝，然後就拿《金剛經》的語句來說：「如果看見了諸相非相，就看見如來了。」所以有一天世尊正在路上走著，突然拿了根棍子往地上畫一個圓圈說，這裡可以建造一間清淨的佛剎。釋提桓因聽了也不答腔，直接去路旁摘了一根草來，往那個圈圈裡面一插說：「稟告世尊！清淨佛剎已經建好了。」其實天竺與中國禪宗祖師的機鋒，全都是從世尊那裡學來的，只是再把它發揮演繹出來而已。可是有很多人讀《金剛經》時，都把這句經文給弄錯了，他們說：「看見了諸相非相，是說看見一切相都是緣起性空，那就是證得般若，就是看見如來了，所以如來就是緣起性空的異名。」那麼如來豈不是斷滅空了嗎？那只要有斷見外道來人間弘法就夠了，何必　釋迦如來辛苦來人間投胎？祂住在兜率天上教導那些菩薩們不是很愉快嗎？要不然，就成佛以後去色究竟天宮教導諸地菩薩，不也是很愉快嗎？何必來到人間度人這麼辛苦？中午快到時又得要去托鉢，若不去托鉢，肚子又得挨餓，而且是每天只吃一餐，幹嘛要這麼辛苦？古時候又沒有車子可以搭，從菩提迦耶的菩提樹下走到鹿野苑，兩百多公里，以前路不好時，坐遊覽車還得要坐六個鐘頭；祂老人家可眞辛苦，全都用走路的呵！

人天至尊來人間這麼辛苦，究竟是幹嘛呢？如果佛法就是緣起性空的斷滅空，根本不需要祂老人家來人間辛苦八十幾年，因爲斷見外道早就講過了：一切都是緣起性空，死了就一了百了，全部斷滅。佛法如果也是如此，那又何必祂老人家來這裡這麼辛苦？所以我說他們都誤會佛法大意了。

只因爲般若諸經中的密意不可以明講，所以整部般若經都是把墨水到處塗，塗得烏漆墨黑，只有把中間留一個圓圓的空缺出來，說那叫作月亮。其實並沒有畫出眞正的月亮，只畫了一大片的烏雲，全都是烘雲托月，都只是指月之指；聰明人就順著指頭所指的方向望去，可就找到月亮了；愚癡人就把指頭當作月亮，認爲經中說的文字語言就是般若。很多人都看不見月亮，老是問：「在哪裡？在哪裡？都沒有啊！我只看見天上有一圈白白的。」竟不知道那就是叫月亮，整部般若經就是這樣子烘雲托月式的說法。所以，「若見諸相非相」，不是他們所理解的那樣；而是說，如果你看見了很多很多法相裡面的那個沒有相的，才是「若見諸相非相」，那時就是看見了如來。是在說這個無相的心，不是說諸相的緣起性空。

忍禪師把這經文舉出來說了以後，又說：「大小世尊，抱橋柱洗澡。」

禪師們都很狂。「大小」是有點輕蔑底味道：「什麼世尊？抱著橋柱洗澡。」所以「大小」二字帶有輕蔑的意味。若究其實，忍禪師也並不是輕視的意思；其實是說：這幾句經文中還有別的意思，你們都不知道，所以他接著說「抱橋柱洗澡」。有能力的人洗澡就洗澡，不用抱橋柱；沒有能力的人不抱著橋柱，一下子就被沖走了，所以他說這些法似乎有一點輕視的味道。其實他在說的是什麼？說的是 世尊同樣也是那個自心如來。他講的是這個意思，所以最尊貴的還是那個自心如來，不是以五蘊示現出來的那位 世尊。

接著他又說：「曹山則不然：」當時可能是因為他住在曹山，於是說：「如果是我曹山，我就不這麼說，我反而這樣子說：『如果看見了諸相非相的時候，可就看見諸相了。』」這不是剛好與 世尊所說顛倒嗎？那他講的是不是要叫你看見諸相？那又值得端詳了。這裡面是有密意的，於是他就解釋說：「應當要知道，想要看見如來，並不困難；但是若想要見諸相，那就困難了。如果有人能夠講得出『也不難、也不易』的句子，我說他這一生已經參學事畢了。」然後把拄杖往地上這麼一卓，他就下座了。禪師就是這樣薦亡與祈福的。你想，忍禪師開示這一些話，這麼講一遍需要多久時間？可不是我解釋的這麼久。照這些文字講一遍，等他講完了，那些供養金就心安理得而收走了；因爲他已經祈福完畢，超薦底法事也圓滿了。可是，想要請眞悟底禪師來祈福、超薦，確實是不容易的；等閒人還請不動，因爲眞悟禪師根本不把那些供養金看在眼裡的。

那麼，「**也不難、也不易**」，諸位還記得這一句嗎？以前我曾講過，那龐蘊居士，不是有一天說「**難！難！難！**」連下三個難，他不是就說「**十碩油麻樹上攤**」嗎？十碩的油麻，可不只是十斗的油麻；十斗才只有一碩，十碩那麼多的榨油用的芝麻，你想那到底有幾顆？要把那些芝麻一顆顆都攤在樹葉上不許掉下來，參禪想要開悟就像這麼難。他這些話，一點都不誇張。你們想想看，台灣、大陸，南傳、北傳，有誰悟到如來藏？全都沒有啊！就獨一個廣老；廣老之前，在大陸還是咱家；但是我沒有出來弘法，因爲戰亂時代沒法子弘法，所以我只度幾個徒弟而已；我那一世捨壽了，生到台灣來，還被胎昧所遮而沒有立即出世弘法；後來就是廣老住持正法，然而廣老在台灣走了，我又上來弘揚。其他以外就沒有誰曾證得如來藏此經了，都沒有誰是開悟的。以前那些自稱開悟的，什麼袁煥仙、南懷瑾、現代八大修行人，全都是錯悟的人；所以開悟眞的很難，就像十碩油麻要攤到樹上去一樣的難。可是他老婆聽了，反過來說：「易！易！易！」連下三個容易，她又說，就好像我們每天早上醒過來，要下床的時候腳踏到地上一樣地簡單：「如下眠床腳踏地。」一般人聽了一定會說：「好奇怪！他們這一家人講話這麼奇怪；一個人說很難，連下三個難；另一個人又說很容易，連下三個易，那到底是難還是易？」別擔心，他們的女兒靈照，在旁邊又續了二句：「也不難、也不易，百草頭上祖師意。」這位忍禪師說，如果你能夠講得出靈照「也不難、也不易」這二句話的道理，眞的一生參學事畢。但是這個「也不難、也不易」，其實跟龐公的連下三個難一樣，也跟龐婆連下三個易一樣。也許有人想：「那你蕭平實到底在講什麼？難就難，易就易，不難不易就是不難不易，怎麼會三個都一樣？」可是如果三個不是都一樣，爲什麼三個人全都認同對方的說法？所以從眞悟者看來，那也都只是立場的問題：從什麼樣的立場來說。如果從眾生的立場來說，那就是「十碩油麻樹上攤」，眞的很難；如果從已經證悟者的立場來看，那就「如下眠床腳踏地」，眞的很容易；如果是弘法的人來看，從自身、從眾生的綜合來看，其實眞是「也不難、也不易」，說難也不難，說易也不易。想要會得的人要從何處下手呢？百草頭上就有祖師意。

當這個忍禪師講完了，他把拄杖往地上一卓，也就下座了。這樣子說法薦亡，不用像我們以前三時繫念要搞一天半，那有多辛苦呵！三時繫念只是爲那些還沒有悟的鬼道眾生與各人家裡的祖先辦的。可是爲利根的人就不必這樣，就好像忍禪師這樣，幾句話交代了，嘴裡喝一喝，拄杖一卓，就開示完了，並且是無上法，這樣薦亡功德最大。那麼，這裡大家就得要端詳看看：到底禪師這樣子裝神弄鬼，目的何在？一個證悟的人不會是跟大家開玩笑的，那一定是有很深妙的意旨在裡面，絕對不會是裝瘋賣傻。這個部分，你們如果現在沒注意到，那沒關係，講經完了，回家以後，你的唐三藏會咐囑你說：「已經勞累了，該睡覺了。」祂會叫你睡覺，你又何妨上床就作作夢去；又何妨作夢作累了，讓如來護念你？要聽話呵！回去眞的要照我講的去作，當如來告訴你說：「累了，該睡覺了。」你就上床去睡覺，就讓祂來護念你。

第二段經文：【「須菩提！於意云何？如來可以具足諸相見不？」「不也！世尊！如來不應以具足諸相見。何以故？如來說諸相具足，即非具足，是名諸相具足。」】

講記：「須菩提啊！你的意下如何呢？眞實如來可以具足諸相而看見嗎？」「不可以這樣見的！世尊！眞實如來不應該以具足諸相而看見。這是什麼緣故呢？當如來說諸相具足的時候，就不是在說諸相具足，這樣才可以說是諸相具足。」

〈離色離相分〉第二段，前一段 佛是說：「如來說具足色身，即非具足色身，是名具足色身。」我們前面也講過了，說能使一切有情具足色身的自心如來，祂無色亦無相；色身是祂所生，而祂自己不曾有色身；祂生了色身以後，讓我們覺知心、意根去貪愛，祂本身則是沒有色身的，因爲眞實如來自己無形亦無色。可是，如果要說有哪個法是具足色身的，那個法一定是沒有具足色身的，祂才是能夠具足色身的。這麼講完以後 佛接著說：「須菩提啊！你的意下如何呢？如來可以用具足諸相來見祂嗎？」須菩提答覆說：「不是這樣的！世尊！如來不應該用具足諸相來見。爲什麼呢？因爲如來剛剛有說諸相具足，就不是諸相具足，才能叫作諸相具足。」這到底在講什麼？如果有人說我要去見佛，結果他所要見的佛卻只是示現在人間的 釋迦如來的五蘊，那他其實不是真的要見佛，不是要見真的如來。若是真的見佛，是要呈現出自己的如來；要以這個見佛的見，來見 釋迦佛的自心如來，這樣才是真的見佛。實證般若的人若是見佛時，都應當如此見；不應該把五蘊身的那尊佛當作是佛，否則就不是真的見佛。

所以，禪宗祖師相見也是這樣見。當大禪師上堂正在說法，別處山頭的大禪師來了，他可不管大禪師正在法座上說法，他一進來提起座墊來，搖晃搖晃給大禪師看，就當場問：「有沒有？有沒有？」然後往地面一丟，他就走了。過一會兒，那個來訪的禪師進來了，這法座上的大禪師竟然不說法了，立刻下了法座走上前去，把來訪的大禪師胸前衣襟一把抓過來逼問：「快說啊！快說啊！」然後，那個來訪的大禪師就把他的手撥開，自顧自上了大禪師的法座坐上去；結果竟然主客易位了，客人倒是坐上法座了。住持的大禪師一看這客人坐上他的法座了，他就直接回方丈室去了。這來訪的大禪師於是就跟著上方丈室去，就要茶喝了。

這公案裡二位大禪師到底在搞什麼鬼？現代的淺學者就會說他們二人是有精神病。但我告訴你：這就是家裡人相見。一般人不懂，就說：「這兩個人是瘋子。」問題來了，這兩個瘋子座下，爲什麼有那麼多有智慧的法師在說法？爲什麼那麼多士大夫跟著修學而不肯離去？顯然他們都不是瘋子，並且絕對是很有智慧。但問題是：爲什麼家裡人相見是這樣見的？因爲他們是以如來見如來，而不是以禪師見禪師。禪師見禪師，是進了方丈室以後的事情；在此之前，先得要如來見如來。如果不是先以如來見如來，住持禪寺的大禪師一進了方丈室，就會把門關上，不讓對方進方丈室說話。正因爲已經如來見如來了，家裡人相見了，所以住持的大禪師進了方丈室，他的方丈室的門就不會關，正要開著等待來訪的大禪師共喝無生茶，要談無生話。到那時，二人全都進了方丈室，就不只是手呈了，還得要口說一番再深入互相驗證了。

這就是禪宗自古以來的門風：入門須辨主，當面分緇素。你如果找到了你的如來，你就可以看得見我平實有主或無主，自然分辨的出來。能夠找到了自心如來就是有主，不再是依草附木精靈。凡是沒有找到如來藏的，禪門裡面都要罵他是依草附木精靈，那就是無主了。所以說進了門就要分辨「你有主無主，我有主無主」，互相分辨——入門須辨主。然後，當面就要弄清楚，你是出家還是在家？你如果悟不了或悟錯了，那你就是在家人；縱使你已經當上大禪師，幾十年前就剃髮出家了，身上也點了不少戒疤，但我還是要把你當成在家人——只是個穿著黑衣的在家人。可是你如果悟了，不管你穿什麼衣服，你都等於是穿黑衣，你都是出家人。這並不是傳到中國以後才這樣，而是更早在天竺時就已經是這樣，所以達摩大師才會說：「**如果沒有看見眞如心的成佛之性，說得十二部經教，盡是魔說，不是佛家弟子。**」糟糕了！我今天講了這些話，如果傳到四大山頭去，又要挨罵了，因爲我等於在指責他們是在家人。可是你們別爲我擔心啦！因爲他們確實是在家人，何曾出家過？他們只是蓋了一個很大的家，把人家的兒女給騙過去說要出家，卻又當作他的家人，就只是這樣而已呀！

所以「**見如來**」不能用諸相來見，即使報身佛，具足三十二大人相，八十種隨形好，那也不是眞實如來。眞實如來沒有相，因爲祂沒有相，所以才能夠「無不相」——什麼相祂都能有，祂可以出生有情的種種身相、心相。

假使有人專門造作地獄業，那他就是喜歡地獄，他的如來就會在他捨報轉去下輩子時，把他變成地獄相的有情。有女人喜歡修集福德，下輩子就去當天女；因爲她覺得天上的仙女好美，她很喜歡，所以持五戒而且修十善業，她的如來在下輩子就幫她變出個天女相。有情在三界六道中變來變去，什麼都可以變，都是由各自的如來變成的；從最微細的病毒、細菌，到最廣大的色究竟天宮的天人身高一萬六千由旬，都可以變，什麼相都可以變，所以說自心如來無相無不相；祂自己雖然無相，但沒有任何相的自心如來才能夠具足諸相。

凡是有相的就屬於三界法，就不可能具足諸相。即使是三十二大人相的報身佛，祂能夠具有其他的種種相嗎？不行！如果三十二大人相的報身佛，是肩膀上再長出一頭獅子來，這邊再長出一條蛇，所有三界中的相都弄到身上來，你想那像什麼？法界中不可能有這種事，因爲有相的法絕對不是能生諸相的眞實法，就不可能具足諸相。但是無相的自心如來，無量劫來不曉得已經變化出多少相了；所以無相的才可以具足諸相，因此說具足諸相的法，祂不具足諸相，這樣才能叫作具足諸相。也就是說，具足諸相的是自心如來，可是自心如來本身無相而不具足諸相，這樣的自心如來才能夠說祂具足諸相。

所以般若經就好像是畫水墨的國畫一般，當畫家只想要畫出天空中的一輪明月時，他就在白紙上面塗了一大堆又一大堆的黑雲，中間留下這麼一點點小小的、白白的空間，就這麼一個圓框，藉著旁邊的烏雲影像烘托出來，你看了就知道說：「啊！原來你畫的月亮在這裡。」若是不知道這意思的愚人就說：「沒有明月啊！這裡還有一個圓形的空白處，可見他還沒有畫完。」反而怪畫家給漏畫了，禪門中的一切錯悟者都是這樣啊！所以般若實相妙義的難懂就在這裡，因爲不可以明說；若是公開明說，佛教正法的弘揚前景就會提前壞滅。因爲眾生沒有經過參禪的體究過程，導致智慧無法生起時就無法信受，終究還會懷疑而退轉了。懷疑而退轉了，結果就會謗法；當一大群人共同謗法時，佛教正法就跟著無人信受而無法弘傳下去，正法在人間就跟著斷滅了。所以整部般若經就像是山水畫一般，把想要顯示的明月旁邊不斷地塗黑、塗黑、塗黑，也就是把錯誤的知見不斷地遮蓋，如同山水畫中剩下最後一個圈圈空白出來，看懂的人就說：「啊！原來明月在這裡。」看不懂的人就說：「哎呀！你看，他眞的不太會畫畫，這個地方竟然沒有畫到而空白著。」愚人就這樣子。這第二段經文的文字表面意思，我們講解過了，現在來看理說的補充資料，看 彌勒菩薩如何頌這一段經文：

【彌勒菩薩頌：

八十隨形好，相分三十二；應物萬般形，理中非一異。

人法兩俱遣，色心齊一棄；所以證菩提，實由諸相離。】

彌勒菩薩也眞夠老婆了！而他也不得不老婆呀！因爲他未來成佛時，需要很多實證的菩薩來幫忙，所以他必須要有老婆心，要多度一些人開悟，將來成佛時才能有很多人可以幫忙。且不說將來第二、三轉法輪菩薩會的般若法會跟方廣法會，單說最初的聲聞三會就好，龍華樹下聲聞三會，第一會度多少人得阿羅漢？九十六億；第二會度多少人得阿羅漢？九十四億；第三會度多少人得阿羅漢？九十二億。那你想，光度這些聲聞人成阿羅漢，就得要度兩百八十幾億人，當然，古天竺所說的億，數量比中文說的億少了許多，因爲他們是以一千個萬而稱爲一億，所以九十六億人就是九億六千萬人；那麼龍華三會度的聲聞阿羅漢，總共就會有二十八億二千萬人。可是你們想想，這樣多人，需要多少人來幫忙接引呢？諸位想一想，我們辦個禪三，只是五十個人打三，就要二十幾個人來服侍；龍華三會說法雖然不同於我們打禪三，但也是要有很多人來作事，所以需要用到很多人。既然將來 彌勒菩薩成佛時要用很多人，那麼手頭就要寬鬆一點、多度一些人證悟；所以他才要這麼辛苦，一下子那樣示現，一下子這樣示現，忙個沒完沒了。

你們看 彌勒菩薩的說法，他這首頌裡面講得很白呵：「**諸佛有八十種隨形好，而大人相的法相又分成三十二種；**」那是誰變現的？都是自心如來變現的；所以接著說這個如來「**應物萬般形**」，完全是隨緣而應：那個有情造作什麼業，死後就隨他的業緣去感應而變生各種不同的物質色身。下輩子該當毒蛇的就去當毒蛇，要當蟒蛇的去當蟒蛇；該當什麼樣的眾生，他的自心如來就為他變生出什麼樣的眾生色身，所以說是「**應物萬般形**」。萬，只是對於很多數量的表示，其實不只萬般；光是螞蟻就有多少種類？光是狗又有多少種類？且不說旁生，就說人好了，地球上就是黃種人、白種人、黑種人（紅種人其實也是黃種人，可是現在不談這件事），光說我們現在講堂這些人，三個講堂加起來，算一算門外的鞋子大概有一千雙，就是一千人，現在請你注意看看你的前後左右，有沒有兩個人長得一模一樣？確實沒有。光是人，在我們這一千人之中已經各個不同，如其相貌，豈不就是已經千般形了？那你如果到馬路上去看，那何止萬般形？人之一類已是如此，如果加上旁生等五趣有情，當然更是萬般形，眞的太多了。可是如果要談到實際理地，其實並沒有萬，因爲同樣都是「此經」如來藏，同是一種自心如來空性；但也沒有一可說，因爲各人都各有自己底如來藏，不是共有同一個如來藏；而且每一有情的色身、五陰與各自的如來，都不能說是無關的，但也不能說五陰就是自心如來；這樣綜合看起來時，可就沒有一與異可說了，所以說「**理中非一異**」。

從實際理地來說，你可以說我們每一個人的如來藏都一樣，所以不異。可是事實上有都一樣嗎？如果都一樣的話，爲什麼有些有情的如來藏是託付在細菌身上，有些有情的如來藏是託付在人身之中，有些有情的如來藏是託付在天人身中。回來人間，光是說人類好了，爲什麼有人如來藏中的種子清淨，有的人種子不清淨？有的人種子顯示出來就是很聰明，有的人種子流注出來時看起來好像癡癡呆呆地，爲什麼會有這樣的不同？所以眞的不能夠單說是一。既不能說是一，那就是異嗎？也不行，因爲每一個人的如來藏都同樣是唯我獨尊，都同樣是圓滿具足各類的種子，都同樣具足成佛之性；也都同樣是眞實而如如的法性，同樣都不會改變，那又怎麼能夠說是異？所以從實相境界來說一也不行，說異也不行，彌勒菩薩就說「理中非一異」。

實相般若的親證，難就難在這裡；所以把那些大師們給恨死了，因此他們各個都否定如來藏：「我既然證不到，乾脆把祂否定就行了。」如果不先否定如來藏的存在，當人家來問說：「師父啊！請問您有沒有證得如來藏？」他們要怎麼答呢？不能答了，乾脆就說：「沒有如來藏可證，如來藏的說法只是一個假名施設。」那麼，有沒有實證如來藏的事，跟他有沒有開悟的事情就無關了。所以他們眞的很聰明，懂得直接否定第八識如來藏。可是這個聰明就是有一個缺點：人間不可以再出生一個蕭平實。只要出生了蕭平實，他們的聰明就變笨了！因爲不論從實際理地、從聖教來看，他們那些說法都是千瘡百孔，無一個好處所。而蕭平實未來世世都會出現在這個世界中，讓他們這種說法出紕漏。

所以說，想要親證如來藏而明心開悟，眞的很難啦！這眞的讓他們恨得不得了：「為什麼這個如來藏這麼會躲？」所以，洞山禪師才會講：「每一個人的如來藏都是『如愚如魯』，」他又外加四個字：「潛行密用。」那些大師們氣歸氣，否定歸否定；可是咱們正覺同修會弘法久了，書籍流通也多了，大家都會拿去比對 佛說的經、大菩薩們造的論，結果都發覺：正覺的每一個說法都對，那麼顯然如來藏的存在是不可否認的。好了！既不可否認又沒有證得，那麼大師們該怎麼辦？當佛教界很多老參們知道佛法的實證就是要親證如來藏時，現在佛門就開始流行說要修證如來藏，說要修學如來藏的妙法。如今這種說法開始流行了，如果他們不教如來藏妙法，久而久之就漸漸沒有人願意來學了，那他們該怎麼辦？那也可以改變呀！有的大道場就說：「我們這裡也在教人家修證如來藏。」於是信徒就留下來繼續跟著學，等到最後跟著修學了好幾年以後，終於才知道他們所教的如來藏其實還是意識，但是已經被大道場欺騙好幾年時光了。因為那個大道場名氣好大，信徒們想要見大師一面都很難，總是要先好好地供養，所以幾百萬元、幾千萬元、幾億元供養上去，終於被視為一家人而獲得引導及印證，結果卻發覺還是被騙了，原來他們說的如來藏還是離念靈知意識境界，你說他們心裡面嘔不嘔？

當然很嘔！可也沒辦法呀！誰教他們照子不夠亮？只能怪自己，眞的沒辦法怪誰呀！所以理上這個非一與非異，這道理眞的難死人了！可是等到你找到自己的如來了，你卻說：「本來就如此呀！這有什麼好難的？」因爲不管你怎麼樣觀察、怎麼樣體驗，祂始終就是非一非異，這時終於眞的弄懂了。可是一般學人讀懂的時候終歸是理上、意義上的懂，距離實證可還有一段距離。

彌勒菩薩接著還繼續說明證如來藏的境界相：「人法兩俱遣，」是說如來藏自己的境界中無人亦無法，意識就轉依如來藏這個境界而住，於是獲得人我與法我的解脫。從如來藏的立場來看，沒有人也沒有法可說，因爲祂離見聞覺知，卻又潛行密用；祂一直都偷偷地隱藏在你身中，所以老趙州說祂叫作「販私鹽漢」；老趙州形容得好，說祂是偷賣私鹽的販子。古時候的鹽，只有政府才可以賣，全都是官鹽。以前武俠小說裡寫的漕幫，那個幫派是專門在運鹽的，那眞的很好賺。如果有人偷偷地賣鹽，被抓到了往往是要殺頭的。因爲鹽稅，在古時候是重稅，也是國家很重要的收入來源，賣私鹽是很重的罪，當然得要偷偷地進出。可是我告訴你，你身中也有個賣私鹽底漢子，每天在你六根門頭也是偷偷地進出，就只是你不知道，你始終沒有抓到祂。

但你抓不到祂，不代表祂不存在；因爲祂是潛行密用的，祂偷偷地在你六根門頭出入，在你的六根城門下每天進進出出地，你卻都不知道祂，都找不到祂。因爲抓不到祂，所以你這個刑警隊長該辭職——不能說是眞實義菩薩，也就是不能自稱開悟。等到你抓到祂了，你就進來正覺同修會當永遠的刑警隊長，把祂看得死死的，讓祂脫不得手。祂雖然潛行密用，可是祂無人亦無法；因爲祂從來離見聞覺知，不斷地在你身上潛行密用。但因爲祂離見聞覺知，因此祂心中無所謂人我、法我，也無所謂世間法、出世間法，所以彌勒菩薩說祂「**人法兩俱遣**」。

接著又說：「**色心齊一棄；**」對祂來講，沒有覺知心可說，也沒有色身可說。祂就只管隨緣而應，但祂都不了知說：「**這是我的色身，這是我所擁有的覺知心。**」祂從來都不這樣想，所以「**色心齊一棄**」。接著說：「**所以證菩提，實由諸相離。**」開悟的人之所以能夠證得菩提，其實都是由於離開諸相；找不到如來的人都是因爲離不開蘊處界諸相，總是認五陰假我爲眞實法，所以找不到這個如來。如果想要證得這個如來，第一步要作的就是把五蘊、十二處、十八界的自己全面否定，要先遠離蘊處界諸相。如果老是要把覺知心的自己牢牢地把握住，想要時時刻刻都能覺能知而清清楚楚，或者想要時時都明明白白，也想要處處作主，那就是蘊處界等自己全都死不掉，那一定會落在六塵中的諸相裡面，證悟自心如來就沒希望了。

凡是蘊處界的自己存在時，一定都會有諸相。才一醒來就有色塵相，才一醒來就有聲塵相，才一醒來就有味覺相，所以得要去刷牙。如果醒來，嘴巴都是香香的，還要刷呀？沒有人要刷牙了。因為一醒來就覺得嘴裡臭嘛！就是有味塵相，當然要刷牙，這不就是味塵相了嗎？當這覺知心一出現，六塵中的六相全都有了。有一天兒子懶，不願意換衣服，媽媽就說：「你這套衣服該洗了，換下來洗。」兒子說：「我沒時間了，我穿這一套就去上學了。」原來這時已經有清潔相跟污穢相了。只要人存在，沒有死掉五陰我，無量相就都存在；路上所看見的也都是相，六塵中的每一塵裡都有好多好多的相。去到學校一看：「老師！您今天打扮得好漂亮！」又有美醜相了！你看，只是人類的五陰存在時，就有無量相了。

那麼修行人有沒有相？還是有呀！你看，我們不斷地寫書告訴大家說：「離念靈知意識心，全都是藉根、塵為緣才出生的；如果所依的根壞了，或是所依的塵沒有了，離念靈知就不存在了，就會壞掉了。」可是大師們到現在還是死不放手，還是把離念靈知自己把握得緊緊地，還公開教人要把握自己。有許多有名的大道場、小道場都如此，都說要把握自己、要作自己；正因爲要作自己、要把握自己，於是就有無量相，所以全都是諸相不離。問題就出在這裡：因爲諸相都不離，所以就難證菩提。如果能夠離開諸相，也就是說，五蘊相、六入相、十二處相、十八界相，全都否定了，全都遠離了，然後學般若及參禪，才有希望證得自心如來。一旦證得自心如來了，那就是親證佛菩提了，般若智慧就開始一分又一分地出現了。

你們看，彌勒菩薩眞老婆，怕人家不知道要怎麼悟，特地告訴大家，要先把自己給死掉，死掉了蘊處界等自我以後才能夠活轉法身慧命。所以，禪宗祖師常常會罵那一些不能離諸相的徒弟們說：「別人是死了活不過來，你是根本就不曾死。」也就是說，人家是死了自我，斷盡我見以後還找不到如來藏，所以悟不了；這個徒弟則是連自己都還沒有死，我見根本就沒有斷。人家是我見斷了，可是還找不到自心如來，所以法身慧命還沒有活過來，說是死了以後還不曾活過來。可是這一個徒弟更糟糕，根本就沒有死過，我見具足存在，他怎麼有可能找到如來？因此他找來找去，永遠都是在那個五陰我裡面作文章。所以 彌勒菩薩才會苦口婆心地說：菩薩們之所以能夠證得菩提，都是由於諸相已經遠離了。只有斷我見的人才能找到如來，不然就找不到如來；找來找去始終都是在五陰十八界中找，那怎麼找得到如來？彌勒菩薩從理上說過了，我們再來看看中國禪宗這個宗門裡又怎麼說如來：

《景德傳燈錄》卷四：【嵩嶽破竈墮和尚，不稱名氏，言行叵測，隱居嵩嶽。山塢有廟甚靈，殿中唯安一竈，遠近祭祠不輟，烹殺物命甚多。師一日領侍僧入廟，以杖敲竈三下云：「咄！此竈只是泥瓦合成，聖從何來？靈從何起？恁麼烹宰物命！」又打三下，竈乃傾破、墮落(安國師後來因此號之爲破竈墮)，須臾，有一人青衣峨冠，忽然設拜師前。師曰：「是什麼人？」云：「我本此廟竈神，久受業報。今日蒙師說無生法，得脫此處，生在天中。特來致謝。」師曰：「是汝本有之性，非吾彊言。」神再禮而沒。少選，侍僧等問師云：「某等諸人久在和尚左右，未蒙師苦口直爲某等；竈神得什麼徑旨？便得生天？」師曰：「我只向伊道：『是泥瓦合成。』別也無道理爲伊。」侍僧等，立而無言；師曰：「會麼？」主事云：「不會。」師曰：「本有之性，爲什麼不會？」侍僧等乃禮拜，師曰：「墮也！墮也！破也！破也！」後有義豐禪師，舉白安國師。國師歎曰：「此子會盡物我一如，可謂如朗月處空，無不見者。難遘伊語脈。」豐禪師乃低頭叉手而問云：「未審什麼人遘他語脈？」國師曰：「不知者。」】

這個故事讀起來是蠻精彩的樣子呵！精彩歸精彩，還得要知道禪師什麼處是為人處。這是《景德傳燈錄》卷四裡面的記載。嵩嶽，就是嵩山；有一位破竈墮和尚，大家都不稱呼他的名號，因為也都忘記他叫什麼名號了。而他說的話以及他的行為，世間人無法測量；因為都不懂他說的是什麼意思，也不懂他在幹什麼。他隱居在嵩山，這座嵩山有一個凹陷的地方，就是小山溝、小山谷之中，在那個谷中有一間廟非常地靈感；就像我們台灣的土地公廟門首上方都有個木扁，上面刻著四個大字「有求必應」。這山谷中的廟神很靈感，可是這個廟中沒有神像，就只有一個土竈。「竈」是古語，現在台灣、閩南的話語中還是有人在說「竈腳」、「竈下」，就是這個竈字。那個神廟的大殿裡面只有一個土竈，連神像都沒有。不論遠方或近處的人，每天都有人來這邊祭祀；他們祭祀的時候，並不是把三牲五禮煮好了帶來祭拜，而是要帶生鮮的來；帶來以後就在這座土竈的鍋裡面放下去煮，這樣就是拜他、供養他。所以廟裡面也沒有神像，就只有一個土竈；供養時也不是燒金紙、燒冥紙，只是用雞、鴨……等生肉來土竈的鍋裡面煮，煮熟了就冒出氣味來，就是供養了，然後就許願。許願完了，才把煮熟的眾生肉帶回家，這樣廟神就是受供養了。由於很靈感的緣故，所以這口竈裡每天烹殺的物命非常多。

有一日，破竈墮禪師聽到了（在此事發生之前他當然不叫作破竈墮禪師），就領著服侍他的幾個僧人來到這座廟裡，走進廟裡面去，他就拿著手杖，在那個土竈上面輕輕的敲三下說：「咄！（咄是罵他的意思）**這個竈只是泥瓦合成的，有什麼聖可說？聖是從哪裡來？有什麼靈可說？若是眞有靈感的話，這靈又是從哪裡起來的？竟敢這樣子烹殺物命。**」罵完了，又輕輕的打三下，那個竈突然間就破了，一破了就開始崩落。這個公案後來傳到安國師那裡去，安國師就說他是破竈墮禪師，大家就叫他破竈墮禪師了。

這個土竈已經破了、墮了，過了一會兒就有一個人身著華麗的青衣，並且還有高冠，這表示他是欲界天人；這個天人忽然在禪師的面前出現，並且禮拜禪師；這個破竈墮禪師就問他說：「你是什麼人？」那個青衣天人答覆說：「我本是這個廟裡的竈神，在很長的一段時間以來都是因爲受業報，無法生到善處，所以寄託於這個土竈。今天承蒙師父您爲我演說無生之法，所以我才能夠脫離這個地方，如今生在天上，所以我特地再來向您致謝。」破竈墮禪師就說：「這個靈、這個聖，是你本來就有的自性，並不是我說了以後才有。」這當然也是一種客套話，卻也是事實；禪師講完話了，這個青衣人又一次跟他禮拜，然後就消失了。

過了一會兒，這破竈墮禪師的侍者等人當然要提出來問了。因爲他們想：「我們當禪師的徒弟，服侍他那麼多年，也沒聽過他講過什麼妙法；今天來了這裡，他不過這麼敲三下，講幾句話，再敲三下，那竈神可就悟了，那我們當然得要問嘛！不然我們服侍禪師這麼多年又是幹嘛？」於是他們就問：「我們這幾個人很久以來，一直都在和尚您身邊，都沒有承蒙師父您像今天這樣苦口直言來爲我們；那個竈神到底是得到了什麼很直接的道理，他就可以生天了呢？」破竈墮禪師回答說：「我只向他說『本是泥瓦合成』，再也沒有別的什麼道理特地爲他。」當然要這樣講，要不然的話，今天這些侍僧們各個都想要開悟，他不就全都要幫忙了嗎？手頭可不能放這麼鬆。

而且說句老實話，古來那些禪師們並不像我，我這裡是明心以後還有見性，見性以後還有牢關，牢關以後還有別相智，還有往地上去學的妙法。禪師們大部分就是一招一式闖天下的，大多是只有明心的證量；禪師們的想法是：「**這些徒弟們，如果那麼簡單給他們開悟了，那還得了？想想我當年不也是十幾年、二十幾年才從我師父那裡悟得的嗎？你們今天這麼一問就想要悟了？**」當然沒那麼簡單，所以古時禪師們可都沒那麼容易放手的。破竈墮禪師只是二句話就答完了，這些服侍他的幾個僧人們，站在那邊就開始思索。可是眞的無法思索，因爲這個法不是用思惟所能得到的，因此久久都思索不出來，沒想到破竈墮禪師卻反而問他們說：「**會麼？**」這侍僧等幾個裡面主事的僧人就回答說：「**不會。**」破竈墮禪師又反問：「**這是你們本有的自性，爲什麼不會？**」這些侍僧幾個人聽了，也實在沒辦法，只好禮拜禪師，看禪師會不會幫忙他們，於是先禮拜了再講。反正禮多人不怪，先禮拜了再說。結果沒想到，他們禮拜的時候，破竈墮禪師竟然說：「**墮也！墮也！破也！破也！**」說他們各人的土竈已經破了、墮了！那麼到底他們各人的土竈破在哪裡？墮在哪裡？這就是你們要端詳的了。因爲只要知道五陰之竈破在何處、墮在何處，法身慧命就很容易活轉過來了。

眞的是破了、墮了，這不單是我講的，也不單破竈墮禪師這麼講，我們會裡所有已經明心的人也都會這麼講，都是一樣的說法。你不論問到誰，他們都會跟你說：「眞的破了，眞的墮了。」結果這幾個侍僧還是沒個下文，那表示說，他們還是不曉得破竈墮禪師意在何處，所以才會記載說他「言行叵測」。一般人說居心叵測，我告訴你，禪師還眞的是居心叵測、不懷好意。禪師最喜歡殺人，所以眾生看了禪師都怕，不敢上門去。禪師殺人怎麼殺呢？一進門來，一棒就打過去了；還沒有開口就先打，打了再講。所以我好羨慕禪師，眞的輕鬆，不必像我這麼辛苦。如果我不必上座來說法當法師，不必傳戒當律師，不必寫論當論師，只要當禪師，日子最好過了！去到高高的山頂上建個茅棚，就只要寫上斗大的一個字「禪」就夠了；不論誰進來請法，就先問：「這個字是什麼字？」「禪。」我就找個孫子來問一問：「這是什麼字？」「禪。」我就好回覆了，我就說：「你看，這五、六歲的孩子也知道那叫作禪，你號稱開悟，你也知道那叫作禪，那你跟我這五、六歲的孫子有什麼差別？」話剛講完，一棒就把他打出去。禪師忒好當，像這樣當禪師，眞是一生寫意，眞的很寫意嘛！所以禪師的居心，你很難去測量他；除非你已經是家裡人了，否則你測量不了的。如果打出去以後，他不服，明天又來問：「爲什麼不是禪？那不然，你告訴我，那個字是什麼？」我卻依舊告訴他：「禪！」禪師就這麼好當，因爲法界中確實是如此。

可是那侍僧幾個人，竟沒有一個悟入。後來有一位義豐禪師聽到這件當代的公案，就去向安國師稟白，安國師聽了就說：「這一位眞是大禪師，他把物我一如的道理都給體會盡了，他的智慧高超，眞的就像很明朗的天氣裡的明月處在虛空中一樣，沒有一個人看不見。」也就是說，他沒有一個法是看不見的，他的智慧是很高的，「像這樣會盡物我一如的人，想要接著他的話語而跟他對話是很困難的。」也就是說，想要瞭解他說話的意思，是非常困難的。這個義豐禪師沒想到安國師也不告訴他那件公案中底道理，只這樣稱讚破竈墮禪師，所以他只好低頭叉手就問：「未審什麼人遘他語脈？」問說：「不知道是什麼人才能夠接得上他那些話，來繼續與他談論諸法呢？」國師便告訴他說：「不知道的人。」你想，奇怪不奇怪？應該是很有智慧的人，才能「遘他語脈」，才能懂他是什麼意思來接他的話，沒想到這安國師竟然說是「不知道的人」才能接續他的話。

如果是大禪師座下的徒弟不懂禪，心想：「那好極了！我去路上抓一個不知道的人來，就可以跟他對談了。」到底能不能談？能談也不能談，不能談也能談，要看是怎麼談。從證悟者來看，路上每一個不知道什麼叫禪的人，來見大禪師時全都是能談的；另一方面說，從路上把人抓來了，每一個人跟破竈墮禪師談話時卻同時都是不能談的。佛法就是這樣，要懂這個道理，才是眞悟，才是眞懂法界的實相。開悟明心了，你只能夠認同我的話；還沒有明心的人也只能認同，因爲無從反駁；遍大地所有人，根本不知道要從哪裡反駁起，所以我到了同修會外面去時，只好稱孤道寡。孤與寡是天下最可憐的人，因爲沒有一個知音；所以寡人都需要一個弄臣？談一談自己心裡面底事。譬如乾隆，他就是需要和珅；爲什麼他需要和珅？因爲他想要私下亂搞一場，必須要有個弄臣才行；他總不能去跟正直的右相談，只能跟巧佞的左相談，問題就出在這裡。而我這些知心底話，也就只能與諸位談了，談的卻是法界實相中永遠不近狎暱的本來自性清淨涅槃。

所以，知與不知二俱難會，明明你就是需要知道裡面的道理，才要來禪宗裡學禪，結果禪師卻告訴你說：「不知者。」那最大的問題，就是誤會了禪師的意思，然後就說：「凡是有知，那就不對了，所以我每天都要打坐，一定要進入無知裡面去，這樣才能夠悟。」當他終於有一天坐到離見聞覺知了，其實是瞌睡了，坐著睡熟了，還自以爲是坐到離見聞覺知了。其實，眞要坐到離見聞覺知，沒那麼容易；因爲那是二禪等至的境界，也只是離五塵的覺知，或者極深的未到地定境界；那至少也得要先能解脫於欲界繫縛，然而普天下能有幾個人？目前我還沒看到一個。後來終於坐到自以爲是沒有見聞覺知了，就去跟師父報告：「師父啊！我現在眞的有悟了，因爲我已經離見聞覺知了。」師父卻說：「你如今正在講的時候已經不是開悟了，因爲你如今在講話的時候已經有見聞覺知了。」原來他們是這樣認作開悟了，所以才會有一句話從很有名、很有名的大師口中說出來：「當一個人說他已經開悟的時候，就已經不是悟了，開悟的人是不說他已經開悟的。」他的意思就是說，當你離開了一念不生的境界時，正在爲人講開悟的時候，你就已經不是住在開悟境界中了，於是成爲有時開悟、有時離悟的不如理狀況。眞是宗門可殤！中國禪宗已經演變到如此地步了。

般若實相智慧中固然說有所知時就不離色、不離相，可也不是打坐到不見色、不聞聲而稱爲開悟；而是說見色聞聲的當下，就有一個本來已經離色聲等相的心；參禪就是要找到那個心，就不管你這個覺知心當下有沒有離色、有沒有離相，仍然還是開悟者而有智慧爲人說法。不會說有時候打坐入定了成爲開悟，下了座時與諸相相應就不是開悟；宗門裡的開悟中，從來沒有這回事；眞悟了就是永遠開悟的人，沒有說下了座就離開悟境，上了座就回到開悟境界。天下假使眞的有這種開悟的事，那才叫作奇怪呢！那就是生滅變異的悟，而眞正的悟永遠都不會有這種生滅變異的。

如果想要找到自己底如來，一定先得要離色與離相；但是離色與離相，並不是打坐去進入那個離色離相的境界；而是先要把色與相中的所有法全部否定，然後以不離色、不離相的覺知心自己，去尋找一個本來就沒有色與相的心。竈神就是因爲會得這樣的意旨，所以意識覺知心不離色也不離相，只是否定自己而找到了離色也離相的此經如來藏；當他悟得此經而離了色、離了相，自然就會知道那個破竈只是泥瓦合成，眞正的聖或靈，其實都是自己的如來藏。換句話說，這個竈神自己的五陰本來就是四大合成，他懂了，所以能夠離開色與相；離了色與相，剩下的就是如來；當他找到了如來，於是就知道一切相都從如來而生，於是又無妨具足了諸相。

所以，在這裡，我為他寫了一首偈：「離色離相分，三世諸佛身；若人欲了知，觀佛具足相。」這樣已經把找到如來的方法告訴你了！不過，我這首偈說的，其實仍然沒有 彌勒菩薩那首偈講得那麼明白，只是奉獻給諸位參酌看看。可是具足諸相之中，你應當要如何觀？我這個偈裡面是說：「若人欲了知，觀佛具足相。」你若是想要知道眞實如來，要從如來的具足相裡面去觀。但是這個具足相應當要怎麼觀？也就是說，如果要找到自心如來，不可外於五蘊色心二法而找。不能像盧勝彥那樣，說虛空就是如來，有時候又說能量就是如來，那到底什麼是如來？他有時候說是虛空，如果虛空就是如來，那麼大家都不必求開悟了；因為虛空都在大家身邊，大家都知道虛空在哪裡。並且，他講起來也很有道理：虛空遍滿十方界。還眞的遍滿十方界、遍滿一切處，因為你到極樂世界去，也不離虛空；回來娑婆時也不離虛空，再度往生到東方不動世界去，也一樣不離虛空，所以虛空遍一切世界，而且虛空都不會斷滅。好像對呵：虛空是如來。

可是，如果真是這樣，那他為什麼又要說能量就是佛呢？請問：虛空有沒有能量？虛空如果有能量的話，可就好極了！今天油價一直漲，咱們全都不必管它油價怎麼漲了，只要從虛空中不斷吸取能量就好了，還怕沒有能源可用嗎？也可以像練氣功的人那樣每天練氣，吸取日精月華；吸呀！吸呀！到底練了氣功以後，吸到了什麼東西？什麼也沒有！如果能夠吸到能量的話，應該氣功練得最好的人都不用吃飯了，那些氣功師應該都要進入辟穀狀態了，實則不然。可見能量不是如來，虛空也不是如來。那到底應該要怎麼找到如來？這就是說，不能往虛空去找，也不能離開五陰色心去找，一定要往自己色身存在、覺知心存在的狀況下去找。離色、心二法，無有如來藏的真如性可證；因為如來藏的真如性，是在你的色、心二法同時並存的當下才有辦法親證的；你如果要找報身佛的如來，當然不可以離開祂的三十二大人相而尋找；那你如果要找應身佛的如來，當然不可以離開祂的五蘊而找；所以才說，要從具足相中來觀，才能觀到諸佛的如來在哪裡。請問諸位：這個具足相當中，應該要如何觀？難道你們家中堂上二老沒有具足相嗎？

〈所說非說分〉第二十一

【「須菩提！汝勿謂如來作是念：『我當有所說法。』莫作是念。何以故？若人言如來有所說法，即爲謗佛，不能解我所說故。須菩提！說法者無法可說，是名說法。」

講記：「須菩提啊！你不要說如來在心裡作出這樣的想法：『我應當對眾生有所說法。』你不要作出這樣的想法。這是什麼緣故呢？如果有人說如來對眾生有所說法，這就是在毀謗佛陀，因爲他不能理解我所說的《金剛經》眞義的緣故。須菩提啊！眞正演說這個妙法的人是沒有法可說的，這樣子說法才是我所謂的眞正說法。」

這一品是「所說非說」，這已經很清楚地告訴我們了：「我釋迦牟尼所說的這些語言文字，並不是我所說的眞義。」換句話說，這《金剛經》假使拿來依文解義，可都是錯誤的；因爲所說的語言文字表義，全都不是佛陀所說的眞實義。換句話說，那一張山水國畫上畫了很多水墨，那些水墨都不是畫師所要表現的；只有那些水墨所烘托出來的中間圓圓的那一圈空白所表示的明月，才是那個畫師所要顯示的。也就是說，在《金剛經》裡面所有的語言文字的表相，那些字面上的意思，全都不是 佛所要表達給我們知道的內涵，我們學佛應該要知道 世尊的言外之意。如果把字面所說的意思當作就是佛陀所說的眞正意思，那就是誤會了《金剛經》的眞實義。這意思就是說，實際上整整一部《金剛經》中的語言文字，全都是烘雲托月的行爲；是用許多的水墨把大部分地方都給塗黑了，來顯示、來烘托出明月的所在，那才是 佛陀所要顯示給我們的內涵，而 佛陀並沒有畫明月，只是塗黑其他的地方——否定蘊處界等諸相。

換句話說，整部《金剛經》所說的語言文字，都是那個指向月亮的手指，仍然不是明月。所以《金剛經》只是指月的指頭，你若是想要親眼看見月亮，不能只看指頭；而是看到了指頭以後，要順著指頭所指的方向去看月亮。如果是把《金剛經》中的文字表義當作是佛法般若實相，那就是禪宗祖師常常在罵的愚人：抱著指頭當月亮。現在就是要看諸位有沒有慧眼，去瞧一瞧那麼多的大師們註解《金剛經》、講解《金剛經》時，他們自己究竟有沒有找到月亮了呢？或者都是誤把指頭當作月亮？那就是諸位要去觀察的。

諸位如果是從《金剛經宗通》的第一天開始聽，我相信諸位都會發覺，我們講《金剛經》跟人家講的都不一樣。如果我們講的跟那些大法師講的一樣，我想諸位應該也不必來聽我講經，因爲不但浪費時間，也浪費了車票錢。既然全都一樣，那別人註解的那一些《金剛經》，你們家裡都有，自己讀過就懂了，又何必每週都跑這一趟正覺講堂來幹什麼呢？而且每週二都來，眞辛苦欸！所以眞的需要弄懂「所說非說」的眞義，才能夠知道原來所說的語言文字全都只是指頭，你就知道要順著指頭的方向去看、去找明月，不能老是抱著指頭當月亮，否則就落在「所說」裡面了。

《金剛經》中 世尊親自告訴你說：「所說非說。」換句話說，世尊爲大眾點出了一個重點：所說的語言文字並不是我所說的內容，我所說的不是語言文字上所表示的那個意思。也就是說，佛陀彈琴時雖然彈的是有弦的琴，這個弦就是指《金剛經》裡面的文字；當琴彈出來時當然一樣有叮叮咚咚的妙音，所以《金剛經》中有語言文字聲音，可是 世尊的這些語言文字裡，另外還有弦外之音；諸位要怎麼樣去聽出那個弦外之音，才是最重要的事。

所以這一品就是要大家瞭解：佛說的《金剛經》中的所有語言文字，並不是佛所要表示的意思；而是裡面隱藏著一個祕密的意思，但這個祕密的意思不能讓悟緣還沒有成熟的人知道，所以要講很多的語言文字來暗中顯示出祂所要教導給我們的內涵，因此在這一品中要爲大眾點出這個道理來，才叫作〈所說非說分〉。

這是第二十一品了，佛說：「須菩提啊！你不要說我釋迦如來這樣想：『我應當有所說法。』不要起這樣的念頭。爲什麼呢？如果有人說我釋迦牟尼有所說法，那就是謗佛，不能理解我所說法的緣故。須菩提啊！眞實說法的人其實沒有法可說，這才是我所說的『說法』。」

這意思其實很少人眞的懂，那一些不懂的人自以爲懂，就寫信來罵我：「《金剛經》說：『說法者無法可說。』你講那麼多，而且還要批評別人，已經違背《金剛經》聖教。」有個人叫作爲地比丘，不是寫了信來教訓我嗎？所以我乾脆把他寫在《楞伽經詳解》最後一輯裡面，讓大家瞧一瞧。果然這一印出去，寫信來罵我的人就少了；但是卻改在網站上面匿名而罵，不敢再寫信來了；因爲他們恐怕哪天會被我寫在書裡面去，就會名留千古。我本來想：「你既然名爲爲地比丘，意思是說你如大地一樣，那你就要學大地。大地，人家踏著不會喊痛；人家建築的時候，把地挖了都不會喊痛；它離見聞覺知，如如不動，你要像這樣。」但是我想，他還是聽不懂的，所以我才會跟他說：「既然你認爲『佛沒有說法』，請問《金剛經》是不是佛說？」這一下子，他不知道該怎麼答了；因爲我說：「明明《金剛經》是佛說，你如果說《金剛經》不是佛說，你就是謗佛；可是你如果說《金剛經》是佛說，依照佛的開示，那你也是謗佛。請你說說看：是不是佛說？」這下死定了！可是如果有人問到我，我就說：「《金剛經》不是佛說。」「明明《金剛經》是佛說，你怎麼說不是佛說？那是什麼道理？」啪！就給他五爪金龍：「誰告訴你：《金剛經》不是佛說？」這麼一句話問他就得了。如果他再罵，沒關係，等他罵完，吩咐他一下：「今天這件公案，你得要記住，以後遇到個明眼人時你再講給他聽。」轉身就走了，還理他幹嘛！所以，到底是佛說、非佛說？你如果悟了，隨你說，怎麼說都對；你如果沒有悟，怎麼說都錯，兩頭都不許說。這就是說，不要把如來所說的語言文字當作是眞實說，要依其中的密意來理解；示現五蘊身的 佛陀說了許多法，卻不是明白說出眞實法；

沒有五蘊身的眞實如來，卻總是以無言之方法爲大眾說個不停；那麼眞實佛法究竟是誰說的呢？這才是想要實證般若的凡、愚菩薩們應該要瞭解的。

在這一段文字看來沒什麼深意，顯然很淺白；這些字，哪一個字你不認識？只要小學畢業了，每一個字都唸得出來，這有什麼難的？表面上看來是如此。然而問題是，要講解這一段的時候，到底這部經是佛說、非佛說，你要怎麼講？顯然兩邊都有問題。然後，就有聰明人就這麼說：「這意思是告訴你，你什麼都要放下，你既不要執著《金剛經》是佛講的，也不要說《金剛經》不是佛講的；一切都放下，把兩邊都放下，你不要理它就對了。」有沒有人這樣講？有呀！相信諸位之中有很多人聽過。可是問題來了，如果眞是這樣，佛爲什麼要這樣說？佛乾脆就說：「什麼都放下，不要管我釋迦牟尼佛講什麼。」這樣講就好了，爲什麼要講這麼複雜？這顯然是有密意在裡頭的。這就是《楞伽經》裡面講的：沒有智慧的人，在那邊咬文字穀。把那些經典中的一個一個文字，當作是一粒一粒的稻穀來咬；不懂得把稻穀去皮炊熟了再來吃。

所以，有時候禪宗公案裡面記載，就像臨濟義玄初悟時悟得不很眞，那時剛出世弘法時還有一點疑，因爲眞妄不分，所以出世弘法後被許多禪師們拈提；於是他就回去看望黃檗和尚。黃檗和尚正在讀經，他竟然狂妄地說：「我還以爲是誰呢？原來是正在點著一顆顆黑豆的老和尚。」經典中的文字，遠遠看去不是好像一顆一顆的黑豆一樣嗎？他意思是要顯示說：「眞的悟了，又何必讀經。」卻沒想到他悟後出來弘法還要被當代大禪師們拈提。當代好多老禪師們拈提他，他出道時還以爲他眞的悟得不錯呢。這就是單用公案勘驗而沒有入室口說手呈的過失，我最早期度人也是只用公案勘驗，也是曾經出現黃檗勘驗臨濟的這種過失，才會有後來某些退轉的問題出現。但是單靠對經中文字的理解就自以爲悟，卻會出現更大也更多的問題，所以落在文字上面就會錯悟。

因此《楞伽經》裡面 佛說：「就好像愚癡人，從穀倉裡面拿到了稻穀，拿來就塞進嘴裡，不知道舂過以後還要炊過才能吃。」穀子從穀倉裡面拿了出來以後，要先去舂過；古時候是用石臼與木杵來舂，把穀皮給去掉。如此舂完了就能吃嗎？還不行，還得要送到飯鍋裡面炊過。古人不叫煮飯，叫作炊飯。我們小時候都是炊飯，不像現在都用煮的。大家庭的伙房大鍋上面放個竹籠、炊籠，然後一塊白布鋪上去，鋪好了，白布外面的四個角還要弄上四個竹筒，讓鍋裡的蒸氣可以上透到米的上面來，然後把洗好的米放進白布上面，籠蓋再蓋上去。竹籠下面的大鍋裡都是水，只要把水燒開了，就這樣蒸米，所以古人叫作炊飯；因此我們小時候都沒有人說「煮飯」，都說「炊飯」。所以穀子舂好了還不能吃，還得炊過。《楞伽經》講的正是這個意思：如同有個愚人，不知稻穀要先拿來舂，舂好了還要炊過才能吃，而他竟然拿了穀子直接吃；就好像現代不懂佛法的人拿了《金剛經》的語言文字穀，當作就是 佛說的了義法，就這樣吃進肚子裡面去了，不懂得要先舂、炊。

《大般涅槃經》裡面 佛又說，如同愚人養育剛出生的孩子，這孩子剛出生才兩、三天，就弄熟酥或醍醐給他喝了，結果當然喝到都快死掉了。那小孩子剛出生，胃腸還不行，得要先給他吃些薄糖水或者薄蜜水，得要淡淡的，一天以後再讓他吃母奶；漸漸的長大了，等過幾個月以後，才開始餵一點很稀很稀的粥，再長大了才能開始餵他吃飯、吃醍醐；要這樣一步一步來，不可以一開始就給他喝醍醐。那愚癡人一開始三天五天就給他喝醍醐，那不喝死他了嗎？但世間就有這種愚癡人，佛就說吃文字穀的人就是這種愚癡人，把　佛所說的語言文字當作就是佛法。《金剛經》這一段目的也在點醒那些人，不要把　佛所說的這些語言文字表面的意思當作就是佛法。

可是回頭從《金剛經》中這段經文的表面意思來看，到底　佛世尊是有所說法，還是沒有說法呢？佛陀提出這個問題來，如今問題已經擺在這裡，不能不解決呀！所以如果說　佛有所說法，其實等你悟了以後，你去看看　佛陀有沒有說法？都是祂的五蘊之身在說法，眞實如來本身沒有說法。只有自心如來才是眞正的佛，可是這個自心如來雖然沒有說過一言一語的佛法（祂曾經什麼時候弄出聲音來開口跟你講話？祂從來都沒有講過話，何況爲你說法？都是如來的五蘊爲大家講個不停），可是你如果因此而說　佛陀眞的沒有說法，明明　佛陀的五蘊爲大家講了一大堆妙法，整整四十九年說法三藏十二部，眞的不算少，對一般人而言，簡直就是浩瀚無邊，那明明又有說法；可是這裡　世尊自己卻又告訴大家說眞實如來不說法，究竟意在何處？

禪師特別奇怪！眞實如來明明不說法，眞悟底禪師卻說：「**誰告訴你眞實如來沒有說法？祂是不說而說，熾然常說，無時無刻不在說法。**」這到底又是怎麼回事呢？你們都得要弄清楚這件事情的眞相，這就是你們來正覺學法之目的。來到正覺就是要弄清楚這一點：「明明經中說如來沒有說法，可是眞悟禪師們卻是個個都說眞實如來熾然常說，無有不說時，究竟是怎麼回事？」眞實如來眞的熾然常說，但祂說法底時候，其實都不曾說到一個字，眞的無所說；可是，爲什麼禪宗祖師悟了以後卻反過來說：「眞實如來常常說、熾然說、無止盡說、不間斷說。」爲什麼又一反經中的說法，而說祂恆時說法、很熱烈地一直在說法，沒有一時一刻間斷過，不間斷的說？爲什麼又會變成這樣？而這樣主張的禪師們卻都是眞悟者，這顯然是有文章的。佛陀聖教要求我們：不許說如來有所說法，也不許說如來無所說法。我們若是想要眞正進入大乘道裡面，就得要弄清楚：到底 佛陀說這些話的意思是什麼？祂的言外之意在哪裡？所以我就提供補充資料來與大眾打些子葛藤：

《大方等大集經》卷十三：**【爾時衆中有一天子名曰勝意，語不可說菩薩言：「善男子！若一切法不可說者，眾生云何而得言說？」不可說言：「善男子！汝寧知響有言說不？」勝意言：「善男子！響者皆從因緣而有。」「善男子！是響之因，爲定在內、爲定在外？」天子言：「善男子！如是因者不定在內、不定在外。」「天子！一切眾生強作二想而有所說，諸法定性、實不可**

說。」天子言：「善男子！若不可說，云何如來宣說八萬四千法聚，令諸聲聞受持讀誦？」「天子！如來世尊實無所說，無所說者即是如來。」】

這部《大方等大集經》裡面，有一位天子名爲勝意，他向不可說菩薩這麼說：「善男子啊！如果一切法都不可說，眾生要怎麼樣才能夠有言說呢？」這就要問問諸位了，你想不想當經中的這位不可說菩薩？經中這位菩薩叫作不可說菩薩，當你眞的開悟了，你就可以當不可說菩薩，你就變成經中人了，以後人家說：「你這個人，名不見經傳，竟然敢誇口說你悟了。」你就告訴他：「誰說我名不見經傳？在經裡面不是有一位不可說菩薩嗎？那就是咱家。」他就問你：「你爲什麼叫作不可說菩薩？你憑什麼說你是不可說菩薩？」你就說：「不可說！不可說！」你已經把理由告訴他了，已經把佛法密意告訴他了，然而問題是：他一定聽不懂。確實啊！你已經告訴他：爲什麼是不可說菩薩。可是他會聽懂嗎？保證他百分之百不懂，他一定會反問你：「你根本就沒有證據，才會這樣講，只是籠罩我。」你就告訴他：「證據是有，只是你聽不懂啦！」「那不然，你把證據拿出來。」你依舊告訴他：「不可說！不可說！」然後他只好罵你：「神經病！」你卻要讚歎他：「罵得好啊！」當然，對方一定還是滿頭霧水，因爲他一定不懂你爲什麼讚歎他。所以，不可說菩薩的名分，不能說你一定當不起，你也可以當得起的；正因爲你也可以當得起，自認爲有機會來當不可說菩薩，因此你才要來正覺學法。否則你幹嘛要來正覺呢？因爲大家都知道來正覺學法很辛苦，都要像拼命一般才能學有所成的，所以要有大心。

接著，當他向不可說菩薩提出這樣的質問時，不可說菩薩就說：「善男子啊！你知不知道聲響有言說還是沒有言說呢？」勝意天子說：「善男子啊！這個聲響都是從因緣而有。」他講的沒錯，都是從緣而有，哪個聲音不必從緣而有？世間沒有一個聲音可以離諸眾緣而有，所以有時候　佛開示說獨掌不響，說手掌若要發出聲響，就得要兩個手掌對拍。可是也許有人想到說：「那風吹來吹去，它自己就有聲音了。」眞的它自己就有聲音嗎？如果沒有樹、沒有障礙物，風會有聲音嗎？根本不可能有聲音的。也許有人說：「我一隻手，如果揮快一點也會有聲音。」也會有呀！問題是，你這一單手，你如果不是快的緣、不是有空氣的緣，你能有聲音嗎？也不行呀！所以一切的聲響都是從緣而有。勝意天子這麼講，好像也有道理呵！然而不可說菩薩爲什麼要說起這個聲響呢？是因爲言說從聲響來；那又爲什麼要講到聲響與言說的關係呢？因爲這包含在一切法裡面。一切法指的是什麼？是如來藏。般若經如是，方等諸經也如是。

不可說菩薩就告訴他：「善男子啊！你知不知道這個聲響產生的原因？到底是一定在內、還是一定在外？」關於響聲是在內或是在外，這裡就不講它了，等以後讀到《楞嚴經講記》（編案：共十五輯）時，你們就懂了，現在不必重複解說。勝意天子就說：「善男子啊！像這樣的因不一定在內、也不一定在外。」他講的好像也有道理，但是到底對與不對呢？不可說菩薩就說：「天子啊！」這一回不叫他善男子了，改稱天子了：「天子啊！一切眾生都是堅持的執著說，一切的法都是兩邊的，有或無、常或斷、垢或淨、來或去，都是強作二想，然後才有所說。」想想看，世間人所說的法，有哪一件事情不是同時落在兩邊的？都是同時落在兩邊的，永遠不能離開具有兩邊的世間相；正因爲如此，所以 佛陀出來講一個東西，這個不是東西的東西竟然始終沒有落在兩邊，是打從無始劫前就不在兩邊的，所以不垢也不淨、不生也不滅、不常也不斷、不來也不去、不一也不異。

但是世尊宣示的這些中道法義眞的太深妙了，世間人若是沒有證得此經如來藏，都是不懂的，所以就把一些自以爲悟的人，特別是應成派中觀、自續派中觀那些六識論者，給弄得迷迷糊糊，永遠都弄不懂，乾脆就說：「**那些大乘經典都是後人寫的，全都是後人編造的，不是佛講的。**」因爲他們會提出一個看來好像很有道理的理由，他們說：「**世間哪有不生又不滅的法？世間所有的法都是有生的，有生就有滅，全都是緣起性空，哪來的不生不滅？**」然後又說：「**什麼不垢不淨？不淨就一定是垢，不垢就一定是淨，哪有一個東西不垢也不淨的？所以大乘經非佛說。**」也許有人讀過這樣的說法（是誰說的就不必談他），他曾經這麼講過。但是如果落在世間法中，當然是有垢或有淨，不垢就一定是淨，不淨就一定是垢，這是世間法的常態。如果所悟的是世間的法，譬如放下煩惱、離念靈知，那麼不垢時就一定淨，不淨時就一定垢，那就落入兩邊中的一邊了，當然就不是佛法了。佛法既然不是世間法，那當然跟世間法不一樣。

不論是誰，都不可以要求佛法跟世間法一樣；如果有個人要求女人要跟男人一樣，請問：這樣的女人還能叫作女人嗎？如果有個愚癡人要求男人得要跟女人完全一樣，那男人還能叫作男人嗎？既然分爲男人、女人，當然是不一樣，只有愚癡人才會要求男人要跟女人一樣，所以只有愚癡人才會要求出世間的佛法要跟世間法一樣。世間法中不垢就一定淨，但是了義佛法中不是這樣的，祂是不垢亦不淨。所以，如果有人在世間法裡面要求：「你要放下一切煩惱，心要保持清淨，要永遠清淨。」那究竟是世間法還是佛法？（有人答：世間法。）對嘛！因爲它跟佛法的不垢不淨不同。你要的是不垢不淨的出世間法，那才是佛法。如果他告訴妳：「一切煩惱都要放下，什麼都不要管，天塌下來也不要管。如果美國寄來了獎學金跟某某大學的入學證，妳也放下它，妳也都不管它，什麼都不管了，就是親證佛法了。媽媽死了，也不必去奔喪，妳也不管；老爸死了，也不必奔喪，妳也放下不管。自己的錢被倒帳了，妳也不管它；妳什麼都不管，都能放下了，就是開悟。」大師說這樣算是眞的清淨了，因爲連父母親情都可以不管，都可以放下了、清淨了，還有什麼放不下的？這樣的覺知心當然是清淨心了！然而那個清淨心是不是符合佛法所說的不垢亦不淨？顯然不符，因爲落在「淨」的一邊。

這種現代公案是誰講的？有沒有人讀過？（有人答：有。）是南部那個誰呢？（有人答：□□山。）所以我說，那叫作世間法，他落在淨與垢裡面；還說那個美麗的小姐胡亂放下一切就叫作開悟了，他還跟她印證叫作開悟了。可是佛法講的是不垢不淨，他講的卻是淨，要離垢，那顯然就是「非佛法」——不是佛法。所以世間人都作二想，那位大師顯然就是標準的世間人。既然作二想而有所說，就不能稱他爲善男子了，不可說菩薩正是因此而改稱對方爲「天子」，不再把勝意天子稱爲「善男子」了。所以將來你們遇到那位大法師時，可不能稱他爲善男子，遇到他說的那位美麗的小姐，你們不可以稱她爲善女人，因爲她沒資格當善女人，她師父也沒資格當善男子。不可說菩薩這時就直接稱他爲天子，不再稱他爲善男子了。

不可說菩薩又說：「**諸法的定性、其實不可說。**」一切諸法只有一個決定性，叫作如來藏性。其實一切法都是從如來藏出生，都由如來藏運作，沒有一法能離開如來藏。如來藏有時候把你生爲天人，有時候把你生爲地獄的有情，有時候又把你生爲一個人；這樣無量劫來把你變來變去，結果這一世你來到正覺同修會，那麼你說，祂有定性嗎？祂這樣子不斷地把你變來變去。可是當祂把你變來變去時，造因的卻不是祂，而是你自己；因爲你過去世的五陰行善、學般若、熏習正見，所以今世成爲一個人，並且能夠進到正覺裡面來；過去世的你如果都是修學一貫道羅祖講的那些盜法得來的假佛法，那你今天可就進不了正覺，瞭解了嗎？所以進正覺學法，這因緣眞的不容易啊！但是在這不容易之中，都是誰在變現的呢？都是祂如來藏在幫你變現；你往世如果積集了好多好多的正法淨業種子，祂這一世就把你變到正覺裡面來。然而這一世若是把法弄錯了，不但亂講法，而且座下徒弟幾百個人、幾千個人，他把冬瓜印亂蓋，未來世如來藏又會把他怎麼變呢？有這麼一個道場呵！他已經蓋很多冬瓜印出去了！最近幾年好像不太幫人家蓋印了，因爲讀了我的書以後，心中懷疑自己悟錯了，對於亂蓋冬瓜印的因果有些怕了，不知道下輩子會變成怎麼樣。但是你已經可以知道，下一世他的如來藏又會幫他變生出一個跟這一世五陰完全不同的有情出來了。

那你說，如來藏到底有沒有定性？祂沒有定性，祂會變來變去。祂所變的有情世世不同，有時候色身大到不得了，有時候又小到眼睛看不見，所以說如來藏變生的諸法，若要說是有決定性，其實都是不可這樣說的。生到欲界天去，要什麼就有什麼，又長得很莊嚴，又沒有人間好多的疾病，結果享受完了又回到人間來，所有的善業福德都在欲界天中享受完了，下來人間時沒有福德作依憑了，只剩下一些小惡業種子，如來藏可能就把他變成一條狗，也可能變成一隻貓，那就不一定了。這些法相，都不是固定不變的，當然要說諸法是沒有定性的。可是在這個諸法不定當中，此經如來藏卻有一個決定不變的法性；而這個決定不變的，祂是眞實而不可說的；因爲不管你怎麼說，你說出來的終究只是語言文字，沒有辦法在說出來時眞的給人家看見你的聲響中所說的眞實法如來藏，因爲那些言語與音聲終究不是如來藏。

有人也許想：「那可不可能用畫的？」也眞的畫不出來，因爲不管你怎麼畫，你畫出來的終究只是一張畫。可是有時候禪師卻說可以說、可以畫，很奇怪呵！對呀！禪師就是這樣，所以這個東西眞不是東西。當你眞正開悟了以後，人家罵你：「你這個人眞不是東西！」你就爽爽快快直接承認了說：「我眞的不是東西。」對方又說：「你這個人好奇怪，我罵你，你還不生氣，還承認你眞的不是東西，你是什麼道理？」你就說：「剛才這件公案你要記得呵！以後遇到眞正開眼的人，你就講給他聽。」有一天他終於找到一個開眼人，因爲他很想弄清楚，到處去找，後來找到正覺來，聽說某甲師兄被蕭平實印證了，就來問了：「爲什麼那個某某人告訴我說，眞的不是東西？」那時某甲會怎麼樣回答？某甲會答覆他說：「你這個人眞不是東西！」直接指著問者的鼻子罵，罵完就走了，也不管他了。爲什麼是這樣？因爲祂眞的是「實而不可說」，正因爲如此而名爲不可說菩薩。凡是可以說出來的全都是語言文字，語言文字只是從聲響中演化出來的生滅法，怎麼可能是眞實法呢？

這個天子聽了不可說菩薩的開示，心中還是有疑問。你們從他下面這一句話，就知道他有沒有悟了，他就問說：「善男子啊！如果眞的是不可說，爲什麼如來宣說了八萬四千的法聚呢？」因爲八萬四千法都不是簡單的一句話、半句話就講完了，都是講了一大堆又一大堆。一定是成爲一堆話以後才成爲一個法完整的聚合，所以叫作法聚。「爲什麼如來講了八萬四千個法聚，教那一些聲聞人要受持要讀誦？」沒想到不可說菩薩卻告訴他說：「天子啊！如來世尊眞實，而且沒有說；祂沒有所說，沒有所說的才是眞實如來。」有所說的都不是眞正的如來，所以眞實如來不是兩千五百多年前那位　釋迦牟尼佛，那位　釋迦牟尼佛只是祂的眞實如來所示現的五蘊，隨應我們的因緣而示現在人間，所以 佛在《金剛經》中講的如來，不是講那個五蘊的如來，而是在講各人都有的眞實如來，因此不可說菩薩說：「無所說者即是如來。」

以後遇到那一些大師們，當他正在開示大眾應該要怎麼開悟的時候，你就問他：「師父！您現在是不是在說法？」他不曉得你這句話是個圈套，他想：「你這個不見經傳的無名小子，也敢當眾質疑我？」他一定會罵你：「我現在說法，你沒有在聽嗎？」然後你就告訴他：「師父啊！經裡面說『無所說者即是如來』，你現在正在說法、正在說話，請問：你現在是有所說或是無所說？你正在說法的這個心是不是眞實如來？」這一下呢？糟了！他只能口似扁擔，只能閉起嘴來就像一根扁擔一樣，再也開不了口了。他眞的沒想到被你這小子一句話把他給問倒了，可就不知道該怎麼答了。如果哪一天哪個大法師被問倒了，來問我，我也很簡單應對他，我只是看著他，我什麼都不講；我也不作事，我跟他來個默然良久；那時咱們就學一學 維摩詰菩薩，跟他來個杜口，看他會不會？如果還不會，那也簡單，我就側著頭端詳端詳，默然看著他；我用的叫作一字禪，剛才前面是「顧」，現在則是「鑑」。他若還是不會，我再給他一個字：「咦！」因爲無所說的才是如來，有所說的就不對了。可是我跟你保證，他一定會這麼說：「啊！我會了，我會了，不講話就是了，不打妄想就是了。」請問：這樣的大法師堪度不堪度呢？這樣的大法師度得來能作得了什麼？沒辦法作佛門棟梁啦！

這意思就是說：眞實如來不說法也不說話，眞實如來從來沒有講過話，有五蘊的如來才會說法整整四十九年。也許有人會在心裡面開始抗議：「你這蕭平實亂講，明明你印證的人都告訴我，眞實如來一直在說法，祂講個不停。祖師也說眞實如來熾然說、常常說、不斷說。爲什麼你平實竟然這麼講？爲什麼人家說是，你卻說不是？」我就說：「他們說的也是啊！我說的也是啊！他說的就是我說的，我說的就是他說的，等無差別。」明明是完全不同的，我竟說是等無差別。然而等你找到了如來藏，你會發覺原來兩個說法都對；可是當你還沒有找到如來藏時，若是也學人家這麼說，可就全都錯了。

所以大乘佛法實相般若眞的唯證乃知，沒道理可說，講道理也講不清啦！只能用來親證之後自我印證。因此才會讓那些六識論者恨死了，乾脆把大乘佛法推翻掉：「成佛之道就是解脫道，阿羅漢道就是佛道，阿羅漢就是佛，大乘非佛說。」因爲他們很生氣：「大乘經講什麼眞心常住，講什麼八識論，然後又說佛無所說，又不許人說佛陀無所說，講什麼嘛？」於是他們就把大乘經的妙義否決掉，否決以後就沒有人可以質問他說：「師父！你有沒有證第八識？你有沒有悟得實相般若？」這就不能再問他啦！每當有人問起來，他就說：「八識論是錯誤的，大乘經非佛說，你們不要相信那一些僞經、僞論。」這樣他就可以推卸弘法者應負的弘傳自心如來正法的責任了。可是以前都沒有人出面破斥他們，現在是活該他們倒楣，出了個正覺同修會，寫出了那麼多書出來，證明說：你若是沒有第八識，還不可能有第六意識。不但據現量依理而說，還依聖教量與比量而說，他們又無可反駁，所以現在各個大師都是悶悶不樂。於是問題來了，當他們悶悶不樂的時候，每天晚上睡不安生，可是他們的自心如來照樣在運作，不停地護念著他們，全都不受影響，繼續在爲他們熾然說法，而他們卻都不會，其奈他何。

所以大乘法眞的不容易證，也眞的不容易講；眞的很難，想要開悟並不是那麼簡單的事。如果不是我們常常放水，同修會裡今天能有三百多個人開悟？不可能啦！如果要依照嚴格的標準，大家都不放水，所有親教師也都不放水，我告訴你：現在能有幾十個人開悟就算不錯了，哪有那麼容易開悟的事？所以，會外的佛教道場裡，既無證悟的大師，更不可能有人放水幫忙開悟；那些大師們根本自己就悟不了，乾脆把開悟時應該親證的第八識推翻掉，就可以自稱也是開悟的人了，這不是最簡單的方法嗎？

不過這個最簡單的方法，其實是鋸箭法；因爲我見毒素的箭射在身體上，已經射入他們的骨頭裡去了。眞學佛的人，不論如何困難，還是要想辦法把它拔掉。但他們沒有能力拔掉，乾脆就把身體外的箭桿鋸掉，說這樣問題就解決了，就讓我見毒素的箭頭繼續留在身體裡面。聰明人就不是這樣子：「**我沒有把它拔掉以前，一定要想辦法尋求天下所有名醫，我得要努力設法把它拔掉。**」諸位就是很有智慧，因爲現在天下名醫就在正覺，能夠幫你把我見、常見、斷見等邪見拔掉。這些邪見絕對不是正見，這些邪見要想辦法拔掉，不能只將身體外的箭桿鋸掉就算了；因爲鋸掉了以後只是斷了色身爲我的邪見，識陰爲我的邪見都還具足存在，因此身體裡面的毒素和箭頭會繼續作用，導致身體爛了就得死，現在他們的法身慧命不是都死掉了嗎？

一定要探究 佛在《金剛經》裡面講的眞實理到底是什麼？這一個沒有定說的法，爲什麼卻有一個定性？這個法性，從文字語言表面看來，似乎 佛也不定說，有時說那樣，有時說這樣，只有實證者才知道其實都是定說，所說內容其實前後一致而無改變；但是還沒有實證的人聽不懂、讀不懂，所以達賴喇嘛在陳履安的眾生出版社發行的書中，才會指控說 佛陀前後說法不一致、有矛盾。這陳履安也是不明眞理，把這種落在文字上公開謗佛的書，幫著達賴這個外道凡夫發行出去了，到現在都還沒有銷毀。他們以爲：佛說法有時候說這樣、有時候說那樣，所以前後矛盾。其實 佛講的都是同一個，只是運用的語言文字有時候不一樣，只是解說自性的面向不一樣而已，內容的本質並沒有差別。所以，想要實證佛法的人，還是眞的要弄清楚：哪個是眞正無所說的。而這個無所說的，禪宗祖師爲什麼說祂常常說、熾然說、不斷說，卻不會有眞悟禪師出面否定？這當然都是有道理的。從文字言語表面看來，祖師說的跟佛經說的好像不一樣；經上明明說祂「無所說」，祖師卻說祂每天都「熾然說」；所以「法無定法」，眞要是親證了，要怎麼說都可以，因爲只是從不同的層面來說而有不同罷了，內涵還是一樣的。但是證須定證——所證不能夠有絲毫的差異，有一點點不同就不對了。

所以你們在書上會讀得到一些說法，網路上常常也有人這樣講，每年都會有人在網路上這樣講：「佛法八萬四千法門，我們爲什麼一定要修你的如來藏法？」每年網路上都會看到有人這樣講。有一次，我被人誣告到法院去，法官或檢察官有時候也會這樣跟我講：「八萬四千法門，爲什麼你一定要求人家學你那個法？」我回答說：「有八萬四千法門，這說法並沒有錯，但是八萬四千法門所證的都是同一個法。所以我的和解條件中要求她來學法，目的只是在利益她，不是刁難她。我要求她來修學我傳的法義，是要幫她消滅破法重罪，我是在救她。因爲修學八萬四千法門而開悟時所證的都是同一個東西，所以我會要求她要學我的法。」我主張的大意就是如此。所以這種說法是每年都有的，她們證不到，就跟徒眾們說：「八萬四千法門都可以學，你不一定要學蕭平實的如來藏法。」原來如來藏妙法是蕭平實的？（大眾笑…）她的意思好像說如來藏妙義不是 佛陀講的。我說：「八萬四千法門都是佛所講的，我只有講一個無相念佛、看話頭；我沒有講自己的八萬四千法門，我所講的如來藏妙法是證悟之標的，而不是八萬四千法門之一。」

所以眞正的度眾生確實很麻煩，若是只有引入佛門歸依三寶的度眾生，就容易多了。那些大法師們故意這樣籠罩人：「如來藏法只是一個法門，還

有八萬三千九百九十九個法門也可以學。」他們就這樣迷惑眾生，眾生聽了，因爲沒有正見，都不知道如來藏是八萬四千法門實修後所證之標的，誤將所證標的當作是八萬四千法門之一，他們就會想：「好！**那我就繼續跟著師父學他的法，何必要學你們正覺的如來藏法門？**」問題是：如來藏不是八萬四千法門中的一個法門，而是八萬四千法門實修以後所證的同一個標的。

所以說，法的如實理解一定要靠正知正見；如果沒有人把正知正見講出來，被凡夫大師們誤導以後，大眾一定不免誤會。這一誤會，若是想要開悟實相般若，就只有等到太陽從西方出來了。你別說沒有可能呵！因爲科學證據上曾經說太陽本來是從西邊出來的，後來遇到一顆大行星來碰撞以後，地球才變成向東轉，才變成太陽從東邊升上來的。那意思是什麼？是說大部分的人都滅絕了，然後要從原始時代再重新演進；當人類演進到後來智慧成熟了，才會再有佛來示現在人間。但是我說，縱使有一天，太陽眞的改從西邊升上來了，八萬四千法門的所有法門的實證，同樣還是第八識如來藏，不可能會改變的；因爲法界的實相唯有一種，而法界的實相是眞實而常住不變的，所以不會有改變的一天；當八萬四千法門的實修者親證時，同樣都只是第八識如來藏，也就是「此經」，直到五億七千六百萬年後 彌勒菩薩來人間成佛時，也還是一樣的。然而人間 釋迦世尊的正法滅絕，卻是因為九千多年後大家都沒有經由八萬四千法門的實修，就可以從書籍、網路上知道生命的實相第八識的所在；因為沒有經過實修的過程及體驗，眞正解脫、眞正實相的智慧都無法生起，所知的都只是知識、學識而不是實證的智慧，所以大家都不信受，於是正法的弘傳就宣告滅絕，不然怎麼會叫作末法時代正法滅絕呢？這都有可能，但我希望不要這樣。

接著我們再來談談看，宗門裡對這段經文裡的「所說非說」又是怎麼說的。《法演禪師語錄》，這是我師公的開示語錄，他的見性非常棒；但我也是輾轉聽聞而知的，是聽聞 克勤大師所講的，因為 克勤大師的見性也是由他所傳的。在《法演禪師語錄》卷上裡，有這麼一段記載：

【上堂舉：藥山問石頭：「三乘十二分教，某甲粗知。承聞南方直指人心、見性成佛，某實未明，乞師指示。」石頭云：「恁麼也不得，不恁麼也不得，恁麼、不恁麼總不得。」山僧在衆曰，聞兄弟商量道：「即心即佛亦不得，不即心即佛亦不得。」若恁麼說話，敢稱禪客？何故？殊不知石頭老人文武兼

備，韜略雙全。若是四面見處，也要諸人共知：只見波濤涌，不見海龍宮。】

先來談這一段，五祖法演禪師有一天上堂舉出一個公案，那個公案是這樣的；藥山惟儼禪師問石頭希遷禪師：「三乘十二分教，我某甲大概讀過了，大約知道什麼意思了。可是承蒙一些證悟者有說過，說南方的禪師們是直指人心而且是見性成佛，我實在是還不明白，乞求師父您開示。」這是藥山惟儼禪師證悟前的事，他行腳去參訪石頭希遷禪師說：「演說三乘法的阿含聲聞緣覺之道以及大乘法等十二分教、十二部經，我已經大略讀過了，大概知道裡面講的是什麼。我聽聞過大師們說：南方的禪師們都是直指人心，一來了就直接指出眞實心，又指導人家可以看見佛性，見了佛性就稱爲成佛了。但我實在是不明白，請求師父您開示。」石頭就開示說：「這樣也不行，不這樣也不行，這樣、不這樣都不行。」諸位！石頭希遷禪師到底開示了佛法密意在哪裡？眞的很奇怪呵？

如果是台北某個大禪師的徒弟聽了，也許就會這樣說：「這石頭希遷一定是精神有問題。」因爲我就曾經被他們這樣罵過，說我叫作瘋子，有一次還罵我是道教的乩童起乩。所以我說他們眞的可憐，一位弘揚中國禪宗的禪法二、三十年的大法師，他的徒弟們竟然連最基本的機鋒都不懂；如果親自聽見石頭希遷禪師這樣開示，我想他們一定也會罵石頭禪師是「瘋子」，除非石頭希遷把招牌拿出來：「咱家就是石頭希遷禪師。」那些罵他的人們就只好嚇到倒退三步。所以我不喜歡在書上印上我的照片，我就是這樣。因為如果印上去了，大家知道我的相貌以後，當我出門遇到學佛人時，會讓人家害怕，那就不好啦！我們一定要作無畏布施，如果把我的相片印在書上，不論走到哪裡，特別是偶爾不得不去人家道場去參觀建築設施時，人家遠遠看見了就會向徒眾說：「大門趕快關起來，不要讓他進來！」還以為我是去踢館呢！其實我沒有那麼惡心啦！從來不想去任何道場踢館，《公案拈提》書中說的晚年前去參訪，也只是寫公案的說法，永遠都不可能實現的。話說回來，現代的大禪師座下的弟子們全都沒有正知正見，所以即使是石頭希遷來到今天，如果不能證明他眞是石頭希遷，人家也會罵他。當他這麼開示：「恁麼也不得，不恁麼也不得，恁麼、不恁麼總不得。」當他說「不論怎麼樣都不得、總不得」時，大眾一定要罵他：「神經病！」

然而他這麼開示，藥山惟儼卻是在他座下開悟的。把這個公案舉出來以後，五祖法演就開示說：「山僧我還沒有接任住持的時候，以前還在大眾之中共事的時候，曾聽聞過那些師兄弟們針對這個公案而這樣商量說：『即心即佛也不行，不即心即佛也不行。』如果是像這樣說話，還敢自稱為禪客嗎？」五祖法演修忍辱行，他怎麼修的？你們大概都想不到。他的師父白雲守端紹承自楊岐方會，代代節儉自持，成為門風；但白雲守端有時耳朵軟，五祖法演卻又認為清者自清，不想辯解。那時他掌管磨坊，把收成的麥磨成麵粉。麥子收割來了，如果要吃，得要經過舂穀，然後把這些收存的麥子，計算寺裡僧眾需要多少石，多出來的要拿去賣；所以往往舂好了就拿去賣，因為叢林中一日不作、一日不食。因為他掌管磨坊，由於師兄弟們要爭住持之位，就跟師父白雲守端進讒言說：「法演在磨坊裡面每日喝酒作樂，還跟村莊中的女人來來往往。」這話後來當然也會傳到五祖法演耳裡，他卻不去辯解。有一天，白雲守端責備他，他也不辯解，第二天他乾脆真的去買了酒來喝；其實都只是作個模樣，就是故意把酒瓶子吊在那邊；白雲禪師沒找他去說話，他又故意買了肉回來煮熟了，也把它吊在那邊；然後又故意買一些化粧用的白粉回來，看到村莊有婦女來，就特地為她們擦一擦、抹一抹，故意這樣子作。後來白雲守端不斷地聽到報告，實在受不了了，把五祖法演叫來罵了一番以後指示：「你現在下去，立刻把磨坊所有的帳目、銀錢都弄清楚，把這個職事卸下去給別人。」五祖法演隨即答應說：「遵命！等我把銀錢存糧都計算好了，把帳簿弄清楚了，立刻呈上來。」過幾天弄清楚了以後，呈上來：「我法演在磨坊的時日有多久，春麥供僧之餘換錢，總共入庫三十萬錢。」白雲守端嚇了一跳：「這麼多錢！原來是冤枉了他。」如果眞的喝酒、買肉、跟女人嬉戲，不務正事，怎有可能入庫這麼多錢？才知道原來是有人故意冤枉他。你看，他就這樣修忍辱行，眞相大白了，後來五祖法演就這樣被白雲守端任命爲首座了。

他講這段開示的意思，說的是他還沒有擔任住持，還跟那些師兄弟們同住而仍在大眾之中。他就把以前錯悟的師兄弟所說，舉出來說明：「這些兄弟們這樣說，這樣還能夠稱爲禪客嗎？」然後他就說明像這樣子講禪的人爲什麼是不懂禪的人，因爲他們根本就不知道石頭老人文武兼備、韜略雙全。也就是說，石頭希遷禪師悟得深，智慧夠，不論人家跟他來文的也行，來武的也行，他全都行。如果要說謀略，也就是籌謀策畫門裡人相見時該怎麼樣進攻、怎麼樣防守，他的謀略也行；若是要策畫各種機鋒的適當時機，他這個韜略上面也行。所以石頭希遷禪師的這些話，不是法演禪師那些師兄弟說的那種表面上的意思，大家都誤會了。

石頭希遷眞的是文武兼備、韜略雙全呵！譬如馬祖禪師有個弟子鄧隱峰告假要去行腳，馬祖就問：「你要去哪裡？」這徒弟說：「我要去石頭山參訪。」他的師父馬祖就交代說：「石頭路滑，你這一去可要小心呵！」隱峰自以爲很行，就輕易回答說：「沒有關係！我有拄杖隨身，不怕他石頭禪師的山路滑。」他一去到那邊，剛開始就是使機鋒，沒想到石頭希遷沒有給他機鋒，只是向他哭道：「蒼天！蒼天！」石頭禪師究竟在哭個什麼？這隱峰禪師不懂，只好回來晉謁馬祖禪師。馬祖就告訴他：「我告訴你，你下回再去，石頭禪師如果跟你說『蒼天』，你就這樣『噓！』。」於是他就自信滿滿又去石頭山了，他一進法堂去，還是以家裡人相見的方式使機鋒，等著石頭禪師說「蒼天」，然後想要對石頭禪師大噓特噓，沒想到石頭卻直接就跟他大聲地：「噓！」他沒想到這一招被石頭禪師佔了機先，因此又不曉得該怎麼辦了。因爲他想要用的這一招又被石頭先用掉了，沒辦法，只好又回來向馬祖禪師報告，馬祖禪師就跟他講：「我不是早跟你說了嗎：『石頭路滑。』你偏不信。」所以石頭老人眞的文武兼備、韜略雙全，像石頭老人這樣的技倆，若不是老趙州，還眞應付不了呢！不過，我們會裡面近年訓練出來的都有能力應付了，這也不是難事。

五祖法演禪師解釋了他的師兄弟錯會之處，接著就說了：「若是四面見處，也要諸人共知。」也就是說，他當時剛出道，在四面山住持正法接引禪人；他的意思是說：我四面禪師也曾四方雲遊下來，每一位眞悟禪師和我四面山所見的落處，也是想要讓你們每一人都能夠知道。然後他怎麼指示？他說：「只見波濤涌，不見海龍宮。」如此說了，到底他指示在哪裡？看來他其實比石頭禪師還要吝嗇，眞的是如此。五祖法演在白雲守端座下開悟不容易，克勤圜悟在五祖法演座下也是一樣困難，他們都不輕意放手的。既然如此，大慧宗杲去見 克勤圜悟的時候，克勤大師也是一樣都不隨便放手。就只有大慧宗杲這個糊塗蛋悟後放手放得多，也正因爲他手頭寬鬆，才會有臨濟一脈正法繼續千年沒有斷絕。到底他是糊塗還是不糊塗？可就難說啦！大家可以自己核計、核計看看。

五祖法演說：「我也要你們大家都知道。」結果他就只是開示：「只見波濤涌，不見海龍宮。」五祖禪師到底意在何處？這個弦外之音，要能聽得懂。所以在正覺同修會以外想要開悟，都是很困難的；可是在正覺同修會裡面共修，每次都來上課，不管你是進階班、禪淨班，就算你在進階班每一次上課都打瞌睡，睡上三、四十年也是能悟；因爲學的是正知見及眞功夫，往往一不小心，你就開悟了，所以祖師說：「寧在大廟睡覺，不在小廟辦道。」由此可以見得能悟的才是大廟，所以現在最大的廟就在這裡。你說：「哪有？我看來看去只是一個大樓，也沒有看見個廟。」廟在哪裡？廟在你身上，你不要到處去看啦！那麼五祖法演禪師這兩句開示，跟你身上這個廟又有什麼關聯？且請大眾留心看。

下面還有一個公案；有一天，五祖法演又上堂開示說：「三世諸佛遙望頂禮，六代祖師開口不得。四面今日且權爲指使，且道是箇什麼？一二三四五，雷門誇布鼓；謾說李將軍，藍田射石虎。」

五祖法演因爲住到四面山弘法了，因此在這裡還是自稱四面。他說：「三世諸佛遠遠見了就頂禮，可是傳到東土來，從初祖達摩到第六代惠能大師，卻都是開口不得。」這是什麼道理啊？三世諸佛遠遠見著了就頂禮，這好奇怪呵？有一天　佛陀在路上走著走著，到了個地方，看見一堆土就禮拜，阿難尊者問說：「爲什麼禮拜這一堆土？」佛說：「諸佛都埋身於此。」到底埋在哪裡？那一堆土裡面眞的埋了諸佛嗎？諸佛到底埋身在哪裡？這公案跟四面山法演禪師說的意思是一樣的，所以「三世諸佛遙望頂禮」這八個字，本身就是一個公案。每一尊佛都會有一次隨便找個小土堆就拜，弟子們問，祂們就會說：「諸佛都埋身在這裡。」也許你會來跟我說：「那一堆土堆在哪裡？拜託告訴我，我也去拜一拜。」我告訴你：「那一堆土堆就在你家裡。」你喚什麼作土堆？

四面山的法演禪師然後又說：「六代祖師開口不得。」對呀！眞的開口不得呀！因爲都不許明說。既不許明說，要怎麼開口？既不能開口，那該怎麼度人呢？只好裝神弄鬼了。所以爲了幫助大家，我才要每週坐在這裡裝神弄鬼。這裝神弄鬼，平常可就不裝了；因爲這是特別的課，既然說的是此經的宗通，等於是開了這個特別的課；而這種課是在禪三晚上普說時才會有的，所以這部《金剛經》的宗通，包括緊接著講的《實相經》的宗通講完了，就成為絕響，以後再也不會有宗通的講經了。從理上來說，六代祖師也都同是一樣的如來藏，你要教如來藏如何開口？祂又無口，怎能開口告訴你？然而五祖法演這句「六代祖師開口不得」，還是有賓中主的好意為人，只是難會。話說回來，既然開口不得，所以只好來個烘雲托月；就這樣一代一代講下來，結果標榜不立文字的中國禪宗，在諸宗部裡頭卻是留下文字最多的一派；因為一代又一代，代有傳人。

可是你要是看看其他宗派，有哪一個宗派能夠寫下那麼多文字的？確實沒有；因為依文解義而能夠寫出來的，前代祖師都寫過了，都寫完了，後代就別寫了。像天台宗祖師一直寫，寫到第三代或第四代，那智顗法師乾脆全部寫了，後代還能寫什麼？因為同樣是依文解義的內容，後代想要再寫出來的，前代都已經寫了，結果後代就沒什麼好寫的了。因為那些教門上的東西，總不能同樣再抄一遍吧！人家寫過的，再抄出來就沒有賣點了。禪宗祖師可就不一樣了，祖師們各個神通廣大，各有各的招術；其實總共就只有一招，但這一招變化出來就有無量招。中國禪宗祖師們的這一招叫作什麼招？我權且說它叫作太極招，咱們才有資格叫作太極門，別人都沒有資格叫作太極門；因爲名實不符，都是騙人的。但因爲我們這個太極可以生兩儀，兩儀生四象，然後演變就成爲八卦、六十四卦，可以不斷地變；若要細分細變，六十四卦再混合下去再變生出來，又很難算得清楚究竟是幾卦了。但不論有幾卦，全都從這個太極而來，眞正的太極就是第八識如來藏。可是外面那個太極門，他們根本不懂太極，所以說他們眞的沒有太極。我說太極就是如來藏，這個如來藏才能出生兩儀及無量法。所以就憑這一招，禪宗祖師可以變出無量招；如果要把我們禪三的那些招數記錄下來，那可不曉得到底有幾招，因爲實在太多而難以數得清了。

接著四面山的法演禪師又故示好心說：「我四面禪師今日就權且出來爲你們指使，那到底是個什麼東西會這麼玄妙呢？」到底是什麼東西呢？大眾當然都想要知道，他就講了：「這個東西要會也不難，我今天就告訴你們吧！這個東西就是『一二三四五，雷門誇布鼓』。」有一個人，他有個布鼓，敲擊出來的鼓聲，你們聽過沒有？沒聽過？我也沒聽過。可是法演禪師知道大家都沒聽過布鼓的聲音，爲什麼他卻說這樣可以開悟？因爲過去世聽過了。請問你，你若是用布去做成鼓，人家是用牛皮做的，那麼布鼓能敲得出鼓聲嗎？如果人家來問：「如何是佛法大意？」他就拿那個布鼓敲起來，那布鼓的聲音是什麼無生之聲？你可別說沒聽見布鼓的聲音，那可是比雷公家裡百鍊精鋼製成的鋼鼓鐵杵敲出來的聲音更大呢！他眞的老婆，換了我，我會拿牛皮鼓來敲：咚！咚！咚！我會這樣敲，他卻是敲布鼓。可是這個無生之聲才是老婆，我如果拿了皮鼓來敲，其實已不如他老婆了。

從另一方面來說，如果有人用布鼓敲擊，其實發不出鼓聲來的，但是他竟然來到雷公門前誇大口說，他的布鼓聲音比雷公的精鋼大鼓的聲音更偉大，這倒眞是愚弄人了。然而如果我哪天敲擊布鼓時，當然不會嚇死人，因爲無聲。若是有人來問，我就說：「我這個布鼓的鼓聲是最大聲、也最好聽的。」有愚癡人就說：「你那個布鼓根本敲不出聲音來，怎麼會是最好聽？」我偏偏要誇口說：「我這個布鼓聲是三界裡最好聽的鼓聲，而且聲震天下。」永遠都說這是最好聽、最大聲的。你如果明心了，你也會承認這個布鼓聲音確實好聽；假使咱家活到一百二十歲，也許哪一天國家劇院請我去表演，門票一張五萬元，我就故意弄個布鼓去那邊敲；敲上兩個鐘頭下來說：「請問：好不好聽？」誰要是敢跟我說不好聽，我就把布鼓向他砸過去，「雷門誇布鼓」，就是講這個，不是在說愚癡人去雷公門前誇耀他的布鼓有多麼響亮。

然後說：「謾說李將軍，藍田射石虎。」李廣將軍有一次以為樹林裡面隱隱約約有一隻老虎，他拿起箭來用力一射，結果過去一看之後，發覺不是老虎，原來只是石頭；結果竟然也被他射進石頭去了，他想：「咦！我這個箭竟然這麼厲害。」隨後他重新再射，不論怎麼射，再也射不進石頭裡面去，就只有那一箭射進去。五祖法演說：「謾說李將軍，藍田射石虎。」說那都是騙人的，不論有誰對人家說他能夠像李廣一樣射中石虎，那都是騙人的。然而，五祖法師只是在耍嘴皮騙人嗎？當然不是！那麼到底哪個不是騙人的？那就是諸位要琢磨的地方。

這樣子解說了，跟這一品的〈所說非說分〉，到底有什麼關聯？其實道理都一樣。五祖法演禪師講了一大堆，他說的也都不是他說的，而他所未說的也都是他說的，這到底是什麼道理？也許有人想：「你是不是跟相聲家學來的？怎麼會說『他說的不是他說的』？」然而他說的確實不是他說的，等你悟了，你卻會反過來說：「他說的確實是他說的。」因為他說的確實沒有錯誤，確實是真的告訴你了：他說的是他說的，也是佛說的；佛說的也是他說的，佛說的又不是佛說的，而佛說的也不是他說的。那麼究竟是哪個說的？當你悟了以後可就都通了，隨便哪一句都可以通，這樣才是中國禪宗眞正的宗門悟入。

如果這些還不通，當人家拿了公案來問的時候，他開口就罵：「那些都是一千多年前的老古董，現在已經一千多年過去了，二十一世紀了，你還拿那些老古董來問我。」也許有的大師會這樣說：「那都是老掉牙的東西了，你還拿來問我，現在都已經是二十一世紀了。」可是這種人眞該打，我跟你保證：打了他們都沒有罪。因爲打了以後即使他把你告到法院去，判了你該罰錢，或者去拘役十天等等，你都別管，我還是會說你沒罪。你萬一進去監獄服了刑，還是沒有罪，罪還是在他。這樣才是眞正的佛法，可是那些愚癡人說：「那些公案都老掉牙了，都發霉了。」問題來了，這些公案講的是什麼東西？這些公案講的可不是東西，它們講的可都是那個心而不是東西。可是那個心千古以來不曾變過，萬古以來、亙古以來都不曾變過；既然還是同一個而且現前還在護念著毀謗祂的大師們，怎麼會老掉牙？不管你科學怎麼昌明，這個傢伙始終不會老掉牙。因爲祂從來沒有老過，永遠不老，可是祂比所有的老人家都老，因爲祂比南山還要老。祝壽時向壽星說「壽比南山」，然而南山在祂面前，能夠算什麼老？沒得比！這樣才是眞的佛法。所以，所說絕對非所說，不說法的才是眞說法者；說法的五蘊不是眞實說法者，說法的五蘊所說的一切言說，也都不是 佛所要說的那個法。在三藏十二部經裡面顯示出來背後那個眞實心，才是眞實法，那才是 佛的所說。佛陀來到人間的唯一大事因緣，就是要幫有緣眾生**開示悟**入這個東西；所以特來**開**給眾生看，**示**給眾生觀，還要眾生**悟**這個眞如，進**入**這個眞如的實相境界中；因此，經中所說的那些語言文字，都不是 佛陀所說的內涵；那麼到底是哪個東西？我今晚就明白告訴諸位：祂眞不是東西。這才是眞說法。

第二段經文：**【爾時慧命須菩提白佛言：「世尊！頗有眾生於未來世，聞說是法生信心不？」佛言：「須菩提！彼非眾生，非不眾生。何以故？須菩提！眾生、眾生者，如來說非眾生，是名眾生。」】**

講記：這個時候慧命須菩提向 佛陀稟白說：「世尊！會不會有眾生於未來的末法之世裡，聞說這樣的金剛心妙法而生起信心呢？」佛陀回答說：「須菩提啊！那時的那些眾生都不是眾生，也不能說他們都不是眾生。什麼緣故而這樣說呢？須菩提啊！一個又一個眾生，所說眾生的意思，如來說就不是眾生，這樣才說是眾生。」

須菩提聽了 佛的說法，就向 佛稟白說：「世尊！是否會有眾生會在未來世，聽聞您所說的這些法的時候生起具足的信心呢？」爲什麼要這樣問？因爲這個法很難令人信受，除非在往世曾經熏習過，否則很不容易相信這個法。也許有人不信，心想：「你講得太誇張了！你看，很多學佛的人每天早上都在誦《金剛經》，怎會不信？」但是他們誦《金剛經》是爲了什麼？是因爲人家說誦《金剛經》有十大利益，什麼家庭平安、事業順利、無諸遮障，什麼消除業障等，講了一大堆，他們大多是爲這個原因而誦《金剛經》。有幾個人誦《金剛經》是爲了想要實證經中的密意？沒有！全台灣攏攏總總算起來，也不過你們三千個人在學這個法（編案：這是二〇〇七年講的）；其他外面那些人，你們隨便找個人問一下：「你想不想證悟《金剛經》講的實相境界？」他們通常會這樣回答：「我算老幾？你不要把我算進去了。」大約都是這樣講的。

如果傳到某些六識論的法師耳裡去，他們就講：「北部那個好像很平凡實在的人，說他可以幫人開悟，你信嗎？」大多是這樣反問或質問學佛人。由此可見須菩提眞的是「慧命」，因爲他悟了以後，知道**證得這個金剛心就會出生法身慧命**，所以名爲**慧命**須菩提，但他也知道這個金剛心的內涵很難使人相信。確實很難信啊！你告訴他們說《金剛經》有那個密意可以實證，他們卻不想要知道，只想每天唸誦，每天拿著小木魚「叩！叩！叩！叩！」不停地一直唸誦。他們心中想的是：「我每天努力課誦《金剛經》，要保佑我平安，讓我兒子順利考上理想大學，讓我女兒嫁個好郎君。」他們想的都是這個。現在不過是末法才開始一千年而已，已經很難讓人相信了，未來九千年後呢？眞不敢想像。

台灣現在佛法這麼昌盛都還如此，所以聽了這個法能夠生起信心的人，確實很少，只能稱爲鳳毛麟角。大乘佛教地區有多少信徒？你們可以算算看：大陸十二億人（不知現在是十幾億人？）有多少眞正的佛教徒呢？那些佛教徒裡面眞正想要得這個法的人又有多少？眞的非常少。台灣佛教最昌盛了，二千三百萬人之中，佛教徒號稱有九百萬、一千萬人，其實大部分是佛教混合著道教與民間信仰，已經歸依佛法僧三寶的人可能不超過二百萬人，歸依以後眞正在學佛的人可能不到十萬人，大多是信佛而不是學佛；而其中眞正在學佛的人裡面，又能有多少人想要證《金剛經》的密意？大多數人若是被問到的時候都會這樣說：「哎喲！我不行啦！我不行啦！那是大菩薩們才能開悟的，我只要有在學法就好了。」如果只有大菩薩才能開悟，那意思就是說：大菩薩永遠是大菩薩，凡夫永遠是凡夫了？就變成這樣了。然而佛道之中眞有這個道理嗎？

所以能夠信這個法的人眞的很稀有，須菩提才會這麼問。他問完了，佛告訴他說：「須菩提啊！那些人不是眾生，但也不能夠說不是眾生。爲什麼呢？須菩提啊！眾生、所謂的眾生，如來說不是眾生，這才是眞正的眾生。」世尊到底在講解什麼道理？有些人就解釋說：「那個不是眾生也是眾生，所以就是告訴你，不要去分別他是不是眾生，你只要不分別就對了。」你們一定都聽過這樣的解釋，也有《金剛經》的註解是這樣註的，但其實不是這樣。佛是說：那個不是眾生的，也不能說祂不是眾生。這意思就是說，如來藏這個金剛心不是眾生，因爲不是五陰、十二處、十八界，也沒有眾生的六入境界；但也不能夠說祂不是眾生，因爲一切眾生都是由祂所生、由祂所支持才能存在，所以眾生的本質其實還是祂。這才是 世尊說的：「**眾生、眾生者，如來說非眾生，是名眾生。**」

那麼，這個如來藏到底是有情還是無情？（有人答：非有情非無情。）對！你們很有智慧，讀過《宗通與說通》的人就知道這個眞理了，我都在書中講過了。你不能夠說祂不是有情，因爲一切有情都由祂而來；而祂不住在六塵等見聞覺知境界中，卻又了知眾生心行，因此而不斷在運作著，所以你不能說祂不是有情。但是，你如果說祂是有情，偏偏祂又不是；因爲凡是有情都有喜怒哀樂貪厭等情緒，所以利衰毀譽現前的時候就會產生情緒而且斤斤計較，那才是有情，但金剛心如來藏從來沒有絲毫情緒，所以又不是有情。

如果被打了不知道痛，那還能叫作有情嗎？被罵了也不知道要生氣，那還能叫作有情嗎？都不能。可是金剛心如來藏正好這樣，被罵了也不生氣，無始劫以來都是如此，沒生過一絲一毫的瞋。你看，印順法師罵他的如來藏、否定他自己的如來藏，這樣罵了一輩子、否定了一輩子，他的如來藏可從來沒有生氣過，因此印順從來不曾發覺到他有金剛心如來藏，你怎能說祂是有情？可是印順法師想要什麼，全都是祂在支援；也因爲他的自心如來護念，他才能活到一百〇三歲。當印順法師看了我的文章、讀了我的書籍，看到我專門弘揚如來藏而生起煩惱的時候，也是他的如來藏在幫他生起煩惱，而他的如來藏從來不會煩惱，沒有任何情緒反應所以不被印順感覺到祂的存在。對呀！如果不是如來藏幫他，他還起不了煩惱呢！那麼到底祂是不是有情？這時又不能說祂不是有情，因爲祂讓有情具備了有情的自性。

佛講的就是這個道理：祂不是眾生，可是又不能說祂不是眾生；因爲祂跟眾生非一非異，是互相有連繫的；但是這個連繫之間，卻又有不同的差異存在。所以 佛又說了：「須菩提啊！一個又一個眾生，所說的一切眾生，如來說不是眾生；懂得我說的這個『不是眾生』的道理，才能夠說是眞的懂得眾生，那才是眞的眾生。」所以如果大法師罵你說：「你怎麼還落在如來藏裡面？怎麼還沒有住在離念靈知裡面開悟？你眞不是眾生。」你說：「對呀！我不是眾生。我這個不是眾生，才眞是眾生；你認爲那個不是眾生，其實你還是凡夫眾生。」你就跟他來個顚三倒四，看他怎麼回嘴？全都開不了口。所以當他們遇到了一個眞悟的人，確實開不了口；不但那些凡夫大師們開不了口，即使是阿羅漢來了，也照樣開不了口。

好多人讀了我書上這麼說，心裡很生氣；特別是南傳佛法跟密宗那些人，可是他們又沒有辦法找到一個阿羅漢或法王來我眼前說話，因為明明現在沒有阿羅漢，也沒有開悟的密宗法王。有一些自認為阿羅漢的人，他們如果讀過我的書，真的也不敢來與我論法，因為他其實根本不是阿羅漢。就算真的有阿羅漢來了，如果他沒有讀過我的書，沒聽過我說法，他還真敢開口；但是只要幾句話，我就叫他開不了口。這是事實呀！可是有些人對我很生氣，雖然很生氣卻又沒有辦法，真的無可奈何，所以每天晚上睡前想到這一點時就生悶氣。假使有空閑時遇到那些人，你們得要勸勸他們：「每天晚上生悶氣，會老得很快。」還要再勸他們：「比起每天晚上生悶氣，氣蕭平實，一點利益也沒有。你不如來正覺學一學，等你將來開悟了，你再來對付他，是不是更好？」應該這樣勸他們嘛！可是等到他們悟了以後，我會告訴他們：「你如今真的開悟了，更無法對付我；你只能承認我，因為法界的實相是無可推翻的，你若有實相智慧時自然會自己證明這一點。」

所以，末法中能對「此經」產生信心的人是非常稀有的，因為禪宗所說的眞如，般若經所說的「此經」無住心、非心心，方廣唯識諸經講的如來藏、阿賴耶識、異熟識、無垢識，眞的很難實證，即使只想要了知也都非常困難。想想看，在正覺出來弘法以前，有誰出來宣說如來藏的體性？從來沒有！所以想要了知都很困難，想要深入瞭解也是一樣的困難。因爲現代從來沒有人告訴你，如來藏是個什麼東西；也沒有人告訴你說，要怎麼樣才能證得如來藏；也沒有人告訴你說，禪宗開悟明心之標的就是證如來藏。即使我們正覺的書籍寫得那麼多了，現在還是有法師在網路上主張說，禪宗開悟不是悟得如來藏。也還有密宗喇嘛或學徒毀謗而說我是阿賴耶外道，那麼　世尊特地來人間弘揚阿賴耶識妙法，依他們的說法倒是成爲外道了！

話說那些自以爲悟的法師與居士們，都說開悟不是悟得如來藏，而是住入離念靈知的境界中；那麼這樣看來，他們好像是比大慧宗杲厲害，似乎也比天童宏智還要厲害，那我就要問那些默照禪的現代弘揚者：「**難道你們要把自己的祖師爺天童宏智也否定掉嗎？**」因爲天童宏智說的開悟也是悟如來藏，而他們就是還欠人家質問這麼一句。只要有人問上這麼一句，他們也只好口似扁擔，不然就是嘴掛壁上。所以「此經」眞的很難理解，我們說了又說，已經連續演說了十幾年，他們還是無法瞭解：如來藏到底是個什麼物事？眞的不知道，確實很難證啦！即使想要理解祂都非常困難，更不要說知道祂，更別說要證得祂；所以都是因爲難知難解難證的緣故，克勤圜悟大師才會有這樣的一段開示記錄：

《佛果圜悟禪師碧巖錄》卷二：【舉雪竇重顯禪師頌：「金烏急，玉兔速，善應何曾有輕觸？展事投機見洞山，跛鱉盲龜入空谷。花簇簇，錦簇簇，南地竹兮北地木；因思長慶陸大夫，解道合笑不合哭。咦！」雪竇見得透，所以劈頭便道「金烏急，玉兔速。」與洞山答「麻三斤」，更無兩般。日出月沒，日日如是；人多情解，只管道：「金烏是左眼，玉兔是右眼。」纔問著，便瞠眼云：「在這裏。」有什麼交涉？若恁麼會，達磨一宗掃地而盡，所以道：「垂鉤四海只釣獰龍，格外玄機爲尋知己。」雪竇是出陰界底人，豈作這般見解？雪竇輕輕去敲關擊節處，略露些子教爾見，便下箇註腳道：「善應何曾有輕觸？」洞山不輕酬這僧，如鐘在扣，如谷受響；大小隨應，不敢輕觸。雪竇一時突出心肝五臟，呈似爾諸人了也。……洞山於言下豁然大悟，……洞山便辭去。他當時悟處直下穎脫，豈同小見？後來出世應機「麻三斤」語，諸方只作答佛話會。如何是佛？杖林山下竹筋鞭，丙丁童子來求火，只管於佛上作道理。雪竇云：「若恁麼作展事與投機會，正似跛鼈、盲龜入空谷，」何年日月尋得出路去？「花簇簇、錦簇簇」，此是僧問智門和尚：「洞山道『麻三斤』，意旨如何？」智門云：「花簇簇，錦簇簇。會麼？」僧云：「不會。」智門云：「南地竹兮北地木。」僧回，舉似洞山；山云：「我不爲汝説，我爲大衆説。」遂上堂云：「言無展事，語不投機。承言者喪，滯句者迷。」雪竇破人情見，故意引作一串頌出；後人卻轉生情見，道：「麻是孝服，竹是孝杖，所以道：南地竹兮北地木。『花簇簇，錦簇簇』，是棺材頭邊畫底花草。」還識羞麼？殊不知「南地竹兮北地木」與「麻三斤」，只是阿爺與阿爹相似，古人答一轉語，決是意不恁麼。正似雪竇道「金烏急，玉兔速」，自是一般寬曠，只是金鍮難辨，魚魯參差。雪竇老婆心切，要破爾疑情，更引箇死漢；因思長慶陸大夫，解道「合笑不合哭」；若論他頌，只頭上三句，一時頌了。我且問爾：都盧只是箇麻三斤，雪竇卻有許多葛藤？只是慈悲忒殺，所以如此。陸亘大夫，作宣州觀察使，參南泉。泉遷化，亘聞喪，入寺下祭，卻呵呵大笑。院主云：「先師與大夫，有師資之義。何不哭？」

大夫云：「道得即哭。」院主無語，亘大哭云：「蒼天！蒼天！先師去世遠矣！」後來長慶聞云：「大夫合笑不合哭。」雪竇借此意大綱，道：「爾若作這般情解，正好笑，莫哭。」是即是，末後有一箇字不妨聱訛，更道「咦！」雪竇還洗得脫麼？】

上週《金剛經宗通》的〈所說非說分〉第二段，我們談到補充資料宗說的部分，唸完了第一部分，但還沒有講解。這個《金剛經宗通》在末法中弘傳時，如果有人對於「此經」眞實法能夠生起信心，這是非常稀有的人。嚴格來說，現在對我們正覺的第八識妙法出生了信心，還不算是頂頂稀有難得。頂頂稀有難得的人，是末法剩下最後五百年時，也就是到了末法的最後五百年時，對《金剛經》妙法，也就是對我們正覺弘傳的這個第八識妙法還能夠產生信心，那就是頂頂稀有者。因爲畢竟現在還只是末法時期剛開始的第一千年而已，最後的那五百年時邪說泛濫，佛門中的外道見比現在更加猖狂，第八識妙法更難弘傳，所以那時候更難信。因爲那時候會有更多的佛門裡的法師說：「如來藏是外道法。」也會有更多的人根據聽來的表相密意而寫書明說，然後就嘲笑說：「正覺竟然說這個就是如來藏，笑死人了！這算什麼！」所以那時我們弘揚如來藏妙法時更加使人難以信受。因此我們現在的希望，是那個時候的惡劣現象可以不會太嚴重，而我們今天就得要開始努力來作。今天努力作一分，到那個時候可以省力三分；今天若不作，那時候不只要付出九分的力量，恐怕還抵擋不了邪見的勢力。

「此經」第八識妙法因爲非常的現成，可是很不容易深入體驗；所以到末法時代，特別是到了最後五百年時密意都洩漏了，那時候可能是一上網查詢如來藏時，表相密意就寫在那裡：「如來藏就是哪個、哪個、哪個。」都已經以文字公開講出來了，因此都不可能親自經歷體驗的過程與內容，智慧就無法出生，所以也無法信受如來藏勝義，因此那個時候要信如來藏妙義眞的很難。都是因爲沒有體驗如來藏金剛心的機會，也都是在沒有斷我見的前提下就先知道表相密意的人，根本不可能信受這個金剛心。誰要認定這個金剛心是眞的、是常住不壞的，大家都會嘲笑他；但因爲這個心確實是法界的實相，所以 佛說在那個時候還能夠對《金剛經》講的這個眞實心生起信心的人，當他被嘲笑而仍然堅信不疑時，先世所造一切罪業當然都會滅除；因爲這表示信力已經具足圓滿，而智慧也確實生起而具有抉擇分了。信力具足圓滿，表示你的智慧非常好；當然你轉依成功了以後，所有的罪業都會因爲被人家嘲笑就消滅了。這意思其實是在表顯一件事實，就是說：這個金剛心眞如非常非常難以親證。凡是自己參究而親證的人就能生起智慧，就不會退轉而信受到底，於是就在被人嘲笑之下，先世一切罪業全部滅除。

近年以來台灣佛門也開始有許多大師們開口眞如、閉口眞如，可是他們畢竟都不知道眞如是個什麼；因爲眞如不是心、不是物，所以想要單憑意識思惟或閱讀就如實瞭解祂，確實很困難。如果我們說確實有眞如，大師們都不會反對，因爲般若諸經中都有說到眞如；但是咱們一旦說確實有如來藏時，他們就說如來藏是外道神我。他們都不知道：眞如是這個如來藏顯示出來的清淨自性，所以眞如是依附如來藏而有，有時就以眞如來稱呼金剛心如來藏。比如說，你看到某一個人，讚揚他說：「這個人好有氣質，說話文雅，不像蕭平實講話那麼直接。」你讚歎說這個人很有氣質，但這個氣質是什麼？說穿了，就是那個人所表現出來的語氣表情及動作。可是現在有個愚人說：「他那個氣質是眞的，而那個人是假的。」現代就是有人這樣倒說眞如，那就是台灣已故的釋印順那一派人；他們承認眞如是眞實的，確實有眞如可證，可是他卻又說：如來藏是假的，是神我、梵我，是外道所說的眞我。

他完全不知道：眞如其實是如來藏在人間運作的時候，顯示出來的眞實與如如的法性，由於如來藏顯示出祂自己的眞實與如如二種法性，所以合稱爲眞如。所以眞如是一個所顯法，就像氣質是所顯法，氣質不能作出什麼功用，你不能拿氣質來喝水、拿氣質來跳舞、拿氣質來吃飯，你什麼都不能作。人表現出來的氣質雖然是所顯法，但是表現所顯法的根本其實是人；氣質沒有作用，可是表現出氣質的那個人，卻可以有很多的作用，可以追趕跑跳碰，連唱歌遊戲都行。所以氣質沒有作用，是依於人類的五陰身心所顯示出來的法相，並沒有作用；可是人類身心眞的有作用，而氣質也是依人而有，不是由氣質來出生或顯示五陰。

譬如有人評論說：「那個人很沒有氣質，看來就像個三八阿花。」閩南話就罵：「那個人呵，圓仔花！」圓仔花就是小小的、圓圓的，學名叫什麼花？（有人答：千日紅。）那個生長起來蠻野性的，花的色調也眞的很沒有氣質，花的形狀也沒有什麼氣質；所以閩南話罵一個女人沒有氣質時，就說她像圓仔花。而那種花的俗氣，正是由那種花的花體顯示出來的，那個俗氣是沒有自體的。這意思是一樣的，眞如只是阿賴耶識的所顯性——眞如是如來藏阿賴耶識的所顯性；而如來藏有種種的功能在運作，運作的過程中顯示出如來藏金剛心是眞實與如如；所以眞如是如來藏顯示出來的，不是如來藏心體的所依。

現在他們承認有眞如，卻把如來藏給否定掉；這就好像大力讚歎說這一朵花好美、好美，卻又說美是眞的、花是假的，花並不存在，說花的美可以獨立於花體之外。這種說法能成立嗎？所以那些愚癡人自己還不知道愚癡，得要我們爲他們點明了以後，晚上偷偷地關起房門在那邊讀《燈影》、《眞假開悟》；偷讀過了以後，由於燈光不很亮，而他們自己也沒拿鏡子照，所以耳朵已經紅了，自己都還不知道；只是有一點警覺，耳朵似乎有一點點熱，可是到了白天說法時又是死不認帳。所以說，想要眞的信受這個金剛心確實很難；金剛心就是此經，佛說「此經」確實很難使末法時代的學佛人完全信受。眞的很難信，所以我說你們是佛教界的稀有動物。你們想想看，全球佛教徒有多少人？且不說全球，單說台灣就好，號稱幾百萬、上千萬人，但是這麼多人之中，究竟能有幾人肯眞的信受「此經」如來藏？都是只能信文字表面的此經，每天不中斷地課誦《金剛經》經文，對實際理地的「此經」可就不能信受了，所以我們正覺的同修們才需要很辛苦將正法訊息傳播出去，來建立佛門大眾對「此經」如來藏的大信心。

這幾天大家都忙翻了，忙什麼呢？要趕印《正覺學報》；我們的創刊號快要印製出來了，好多人一起在忙；當大家都在忙時，我就不可能閒著，我也要跟著忙，因為所有論文最後都會來到我這裡審閱。所以我昨天晚上忙到十點才吃晚餐，再有人打電話來時，我就說：「對不起！我不談了，我得要吃晚飯了。」我這樣子忙著幹什麼呢？是因為要趕在十二月二日，當諸位去聽演講的時候，也要送你們每人一冊。這意思是說，促使正法永續流傳，對我們來說是個大擔子；可是我們有能力挑起來，就必須要挑起來。即使沒有能力，也得要勉為其難；何況是有能力而不去作，那就會是我們的過失。

話說回來，這個眞如是依什麼而有？是依如來藏而有，如來藏又名阿賴耶識。所以說穿了，眞如法身就是如來藏阿賴耶識心體；但是由於很難知、很難理解、很難實證，所以 世尊得要施設教外別傳之法，就是後來延續到中國禪宗的禪。如果 佛陀單單只是從教門來講這個眞如法性，那麼除了往世悟後再來的那些阿羅漢迴心的菩薩們以外，凡夫們想要悟入，連門都沒有！所以 佛陀有時候得要裝神弄鬼、弄點機鋒。天竺的教外別傳，由達摩祖師傳到中國來以後，也仍然如是。如果不是有這些祖師們，大家努力一代又一代地傳下來，今天的大乘、小乘佛教不可能還有希望，早就全部變質成爲常見外道法了。

然而中國禪宗的宗門祖師傳授密意時，卻又是不許明說的；所以雖然說是不立文字、教外別傳，卻因爲不許明說而不得不講很多的開示，用烘雲托月的方式來讓大家瞭解而建立正知正見，然後參禪時才有可能悟入；所以號稱不立文字的中國禪宗，留下的文字反而最多。諸宗部，你們把它翻出來看看，還是禪宗的文字最多；當然，其中的文字也有魚目混珠的，然而大部分還是正確的。咱們東山禪，溯自五祖弘忍，當然還是要依後來的祖師爺 克勤大師講的東西，當作最好的內容來爲大家說明；而他的東西也確實是最好的，在宗門裡面要找到像他證得那麼深、講得那麼好的，其實古今沒有幾個人，也就只有不同年代的雪竇重顯那麼幾位，眞的沒有多少人。

那麼我們就來看看 克勤佛果禪師怎麼開示。有一天，他舉出雪竇重顯禪師的頌：「金烏急，玉兔速，善應何曾有輕觸？」金烏，現在的人好像聽不懂這個名詞了。金烏像什麼？亮晶晶的黃金卻可能是黑色的嗎？哪有黃金是黑色的？當然不是。金烏，是講太陽；太陽的光明像黃金一樣地明亮，可是當太陽眞正亮的時候，讓你無法張開眼睛去瞧它；所以你才這麼張眼一瞧就趕快把眼睛閉起來，這時閉著眼睛就看到一圈黑黑的；是因爲它太亮了，照壞你的視網膜了，這時眼裡暫時就只能看見一圈烏黑，所以太陽就叫作金烏。「金烏急」，金烏跑得好快。你如果說太陽跑得好快，小孩子都不服氣；可是如今問你們「太陽跑得快不快」時，你們都會說「眞的好快」。譬如我如今六十幾歲了，記得我們小時候，家門前的縣道都還是碎石路，那還是在市鎮裡面的縣道，那時的交通要道還是碎石路。那時候才三、四歲，還記得我們所有孩子們全都穿著開襠褲，可沒見過柏油路；沒想到現在已是花甲之年，不但都是柏油路，而且還到處塞車。可見金烏跑得好快，眞的好快。可是小孩子往往說：「哪有？我都希望快點長大，現在都沒辦法趕快長大。」因爲他們還不懂這道理。金烏其實眞的很快，人生不過幾十年，大不了百來年，眞的是轉眼就過去了，所以雪竇禪師一開頭就說「金烏急」。

玉兔呢？玉兔大概諸位都知道了，就是月亮，那個傳說可就不談它。月亮其實也是一樣快，因爲太陽有多快，月亮就有多快，總而言之就是一樣，所以雪竇說「玉兔速」。可是當人家問說：「如何是佛法大意？」禪師卻答覆說：「金烏急，玉兔速。」外行人聽了不免覺得莫名其妙，佛門中的六識論者落入意識中，成爲常見外道，就罵禪師這些公案是無頭公案。禪師這樣子答了，看來似乎是在告訴對方說：「日子過得眞快啊！」其實是已經把佛法中的般若密意指示給對方了，只是難會。

雪竇禪師的頌中接著又說：「善應何曾有輕觸？」此經如來藏對五陰眾生眞的是「善應」，但祂卻是打從無始劫來就不曾對五陰身心有過「輕觸」。再從禪師接人的事相上來說，眞悟底禪師們，不管打人罵人都沒有觸忤人的地方，都是慈悲爲人；眞悟禪師都是這樣子，不管誰來了，才剛進門就大喝：「出去！」要不然就是在學人剛進門時，什麼話都不講，冷不防一棍就打過去；甚至還把人追著打，叫作「打趁」。不管禪師如何粗魯對待參學人，全都是「善應」，其實不曾觸忤過別人，所以說「善應何曾有輕觸？」

即使人家來問佛法大意，禪師答覆說「金烏急，玉兔速」，也是「善應」，

「何曾有輕觸」？然而從實際理地來說，雪竇說的「金烏急，玉兔速」是一回事，「善應何曾有輕觸」又是另一回事；而這兩回事其實卻是同一回事，只是未開眼者總是霧裡看花，矇矓一片；既會不得「金烏急，玉兔速」，也不能會得「善應何曾有輕觸」，於是諸般公案全都成爲無頭公案，再也解不得了。因此 克勤圜悟大師舉出雪竇大師的一段開示說：「展事投機見洞山，跛鱉盲龜入空谷。」意思是，「何年日月尋得出路去？」禪師住世都應該接人，但總是以展事的方式來接人，至於投機或不投機，卻不是禪師所能考慮的；因爲各人的福德因緣與知見成熟與否，才是關鍵。所以不論是誰來問佛法大意，反正禪師就叫你：「去那邊，幫我挑三擔泥土過來！」木平三轉泥，不是這樣嗎？不然就說：「我那片竹園裡面雜草多了，幫我除草去！」明天又來問佛法大意，就指示說：「菜園子裡摘菜去！」反正有一大堆的事情作不完，就是不跟你直接解說佛法大意；這叫作什麼呢？就是展事。

投機，如果覺得這個人可以接引，就先試試，看他是不是個上上根器，所以有人來問：「如何是佛法大意？」答：「麻三斤！」又有人問：「如何是佛法大意？」鳥窠禪師答道：「諸惡莫作，眾善奉行。」有人問：「萬法歸一，一歸何處？」老趙州回答說：「老僧去年在青州做得一領布衫，重七斤。」這都是展事投機。「投機」並不是現代人講的投機，現在有些語言都給亂用了，竟說成「投機取巧」。禪宗的投機是指什麼？是投出可以適應於參禪人的機鋒；用適合你的機鋒投給你，叫作投機。禪師們的展事都是投機，「金烏急，玉兔速」就是投機而說；懂得展事與投機，就可以親見洞山老人如在目前。你可別說：「洞山老人早已死了多少世代，你講什麼『還在目前』？」我告訴你：「他就在目前。」如果你找到了，還來問我說：「洞山老人在哪裡？」我就罵你：「你喚什麼作洞山老人？」所以那些人不懂就亂解釋一通，那就像跛鱉一般；本來鱉走路就很慢，牠偏偏又跛了腳，又不知道方向而一拐一拐地邁入空谷去，要到什麼時候才能出得谷來？跛鱉如此，盲龜更是如此，同樣往空谷裡面走去，要等到什麼時候才能出得了空谷？眞的不知道。世間人都是這樣，展事、投機全都會不得，卻想要見洞山老人。

也有人問：「如何是佛法大意呢？」禪師說：「花簇簇，錦簇簇。」「花簇簇，錦簇簇」的意思就像現在插的花，一朵又一朵，把很多的花插在一起，這叫作花簇簇；又因爲花插很多了，顯得很光鮮，不就是像一片錦嗎？所以又說錦簇簇。如果是粗布衣就不會簇簇，因為看起來平平淡淡地，都不會有光亮反射回來，就像沒什麼顏色而不會被注意一般，你根本不會感覺到他存在，視而不見。可是如果另外一個人來，身上穿的是錦繡，大家就會注意他，因為他的衣服很光鮮，這叫作簇簇。禪師回答「花簇簇、錦簇簇」，可是問者仍然是眼見如盲，會不得。於是又有人問：「花簇簇、錦簇簇，是什麼意思？」禪師就說：「南地竹兮北地木。」指示說：閩南的竹子、嶺北的樹木。雪竇的頌寫到這裡，又想到眾生總是不會，於是接著說：「因此我雪竇重顯就想到長慶的陸大夫，他還眞的懂得應該要笑而不應該哭。」

南泉普願禪師死的時候，他的在家弟子陸大夫來弔唁（「大夫」是個官名）；陸大夫來上香禮拜時，卻是很歡喜的樣子，呵呵大笑著上香。於是人家問他說：「師父死了，你來上香時既然不哭，怎麼還笑呢？」就是講這個公案，雪竇重顯禪師說：「因為上面這些事情，所以我就想起長慶那個陸大夫，他眞的懂得上香的時候是應該笑而不應該哭。」南泉老人死的時候，他的弟子眞的是該笑不該哭，因為老人家脫了這個沈重的殼漏子，那是大喜的事情，為他哭什麼呢？所以合該笑而不該哭。可是遇到南泉先師座下一個不懂的徒弟，講不出門裡的事，陸大夫卻哭喊著：「蒼天啊！蒼天啊！」重顯禪師寫了這樣的頌以後，最後附帶一個字「咦！」又來個一字禪。如今這個一字禪也失傳了，就只在我們東山禪裡面才有。所以我們這個正覺禪門百貨，附屬於正覺百貨公司裡面；禪門裡面的什麼東西，我們這裡全都有。

舉出雪竇寫的這首頌以後，接著 克勤大師就解釋這一首頌：【雪竇見得透，所以劈頭便道「金烏急，玉兔速。」與洞山答「麻三斤」，更無兩般。】找到金剛心如來藏就懂這個道理。這裡是說，雪竇重顯禪師看得很通透，所以這一首頌裡面一開始劈頭就說「金烏急，玉兔速」，這跟洞山良价禪師答人家問佛法大意的時候說「麻三斤」，根本就沒有兩般，完全是一樣的。人家問洞山禪師：「如何是佛法大意？」他老人家說：「麻三斤。」怪不怪？眞的怪！因爲佛法大意竟然是麻三斤，難道麻四斤就不行嗎？麻兩斤也不行嗎？我告訴你：也可以。不管你會不會，要是有人來問：「聽說你在正覺悟了，被印證了，我問你如何是佛法大意？你有沒有辦法講？」你說：「有呀！怎麼不能講？」「那是什麼？」你就說：「你重問一遍。」他就問：「如何是佛法大意？」你就說：「麻三斤。」他說：「這是洞山講的，你呢？」那你就說：「麻四斤。」也可以呀！因為都一樣。你要是會了，全都一樣，沒有兩樣。所以這句「麻三斤」，和老趙州的「鎭州出大蘿蔔頭」其實是一樣的，這跟雲門禪師講的胡餅、花藥欄也是一樣的；難就難在這個東西不是東西，所以眞會的人用什麼東西來講就都可以了。

如果祂是東西，你就不能用東西來講了；正因為祂不是東西，所以你用什麼東西來講都可以，只是別錯會我這句話的意思。如果他帶了個人來，又說：「換我問啦！你不會問啦！」就問：「如何是佛法大意？你不許講剛剛說的，剛才那是學來的，不算數。」那你就告訴他：「幫我摘下那朵花來。」他會說：「你還沒有答我，叫我為你作什麼？」你就告訴他：「三十年後遇到個明眼人，把這個公案告訴他吧！」因此一般人是不會的，因為禪宗的開悟內涵太深了、太難會了。如果我們不是忒老婆、大慈悲，弄盡神頭鬼臉，今天想要有這麼多人悟，是不可能的。如果都像古時候祖師那樣儉，難啦！

克勤大師又解釋說：「日出月沒，日日如是；人多情解，只管道：『金烏是左眼，玉兔是右眼。』纔問著，便瞠眼云：『在這裏。』有什麼交涉？」金烏當然是指太陽，玉兔當然是指月亮。每天大約是這樣：太陽出來了，月亮就消失了，一天就這樣子過去了！健健康康如是過一生，跛跛挈挈也是如此過一生，日日如是。可是禪師講的「金烏急，玉兔速」，多數的人都只是在情解上面去用心，就只是靠著世間法裡的事相，用自己的意識從世間的情理之中去拆解、去分析禪師說底話，甚至於有的人說：「金烏、玉兔就是太陽、月亮，這是大家都知道的，所以禪師講的應該不是指時間過得很快，應該是說金烏就是左眼，玉兔就是右眼。」還眞的解釋出一大堆道理。你們看現代那些「大禪師」們寫公案時，不是解釋了一大堆嗎？可是他們解釋了一大堆以後，總都是在那邊計算：這一顆銅沙、那一顆銅沙……。全都是埋首在地上計算銅沙有多少，擺在他們面前的好一大座金山，他們竟然都沒看到，全都是這樣。如今台灣講禪的大師們，哪個不是把整座金山放在旁邊，只顧著地上那一些銅粒，一顆一顆在那邊數著，還誇口說他們手裡有黃金，所以就寫了一大堆講公案的書，全都錯會禪師之意。

今天如是，古人也如是，當他們解釋說金烏是左眼、玉兔是右眼時，好像是眞悟底人；可是等到人家才剛剛問著佛法大意時，他們就瞪著眼睛說：「在這裡。」眞會模仿禪師呀！卻只是裝模作樣，其實還遠著呢！所以克勤大師接著說：「像他們這樣子學禪，那跟禪宗有什麼交涉？」說眞的，根本就不相干。「如果是這樣體會祖師說底話，達磨一宗掃地而盡。」確實早就沒有宗門正法可說了。事實上也確實是這樣。你看，從民初一直到咱們正覺出來弘法之前，有誰是眞實證悟底？從清末到民初，你們可以數得出來的那些有名氣的大師們，全都是落在離念靈知裡面，不離意識常見，只有一個廣欽老和尚示現證悟之相。

清末、民初，那個時候時局亂，我不出來弘法，我住在江蘇、浙江一帶，過著快活安逸的日子，沒事可幹。儘管兵荒馬亂，卻也跟我無關；我一個人住著，什麼事都不用管；老實說，根本就管不著。那種日子，要怎麼弘法呢？根本不可能弘法，後來也就生到台灣來了。我往生到台灣來，過去世有個在家徒弟的兒子，他也把紡織工廠搬到台灣來，我們又遇見了；他不知道我是誰，卻總是願意聽從我的建議，但我卻知道他。所以世間事情眞的很難說，人間的事情將來會變怎麼樣，誰也無法預料。話說回頭，從清末到民初，再從民初一直到台灣來，就只看見一個廣欽老和尚得了實相正法；可是他由於因緣所限，也不敢傳授下來；因爲他若是一傳下來，那些證悟因緣不夠的徒弟們不把他反了才怪。如果得法的徒弟智慧不夠、信力不足時，向他造反了起來，他可就沒有辦法自己證明法的正眞了；因爲他不識字，無法尋經覓論、引經據典，那要怎麼樣去攝受生疑的弟子？確實沒有辦法攝受得法弟子。

不要以爲我說的是誇大其詞，你們看看廣欽老和尚的年譜；從他的第一在家弟子林覺非先生寫出來的《廣欽老和尚年譜》中，你們看看那本年譜記錄的內容是什麼。他若是把妙法傳給弟子，眞的會被人家造反的。所以他沒有把妙法傳下來，當他離開此世的時候，如來藏妙法算是失傳了。一直到我們再出世說法，才又有如來藏妙法而把「此經」繼續弘傳下來。所以佛教宗門的妙法不是那麼容易可以實證的，哪有可能天下所有的法師、居士都悟了，就只有一個蕭平實悟錯了？豈不是「百萬將軍一個兵」，有這個可能嗎？我想，應該是「一個將軍百萬兵」還差不多。所以古來禪師們都不像我這樣，禪師大約就只願意當禪師，他們不願意同時當經師、論師、戒師，他們都不想同時當這三師的。可是到了現在，我們得要全部擔當起來；因爲想要振興佛法，就必須如此，得要把佛法的法與次法全面振興起來，才能鞏固與長久；因此我們得要上下通吃、三根普被，不識字的人來了，若是福德具足，也是一樣可以幫他悟入。

然而古來禪師可不是這樣，大部分禪師都是挑三揀四，都不隨便收入室弟子，所以 克勤佛果才會說「垂鉤四海只釣獰龍」。獰龍，是那最猙獰的天龍，就是勢力最大、脾氣最壞的龍；須菩提不正是這種人嗎？他卻被 佛陀給釣上了。眞悟禪師就是專要釣這種人，他們都只釣獰龍，那些溫馴而不能作事、不敢面對邪法勢力、不敢出頭護法的乖乖龍，他們可不想要。換句話說，他要釣的是天下第一把好手，悟後一定能夠摧邪顯正而獨力荷擔如來家業，他才想要接引；若不是天下第一等好手，他們還不想收作弟子。既然想要釣的是天下第一等好手，當然是度上上根人；所以他們給的機鋒都很隱晦，都不明顯。可是他們這種大鉤子到處拋，要看有誰能跟他相應；把大鉤往四海到處拋，所以說「垂鉤四海」。如果鉤到的只是小蝦，他就要放掉；不但小魚要放掉，連大魚也不要，都只想要釣得獰龍而已。禪師們一生只要釣到一條獰龍，他就認爲足夠上報佛恩了。所以古來禪師們眼界都很高，不像我這個人從來眼界很低，老喜歡往下看著眾生，看看有誰可以接引就盡量接引，所以我喜歡跟小老百姓混在一起。可是有時候我也會抬頭看看上面，等候著哪一天有大菩薩來指導我，我可就能夠快速再往上躍進了。

（未完，詳續第七輯。）

佛菩提二主要道次第概要表——二道並修，以外無別佛法

佛菩提道——大菩提道

資糧位

十信位修集信心——一劫乃至一萬劫

初住位修集布施功德（以財施爲主）。

二住位修集持戒功德。

三住位修集忍辱功德。

四住位修集精進功德。

五住位修集禪定功德。

六住位修集般若功德（熏習般若中觀及斷我見，加行位也）。

外門廣修六度萬行

見道位

七住位明心般若正觀現前，親證本來自性清淨涅槃。

八住位於一切法現觀般若中道。漸除性障。

十住位眼見佛性，世界如幻觀成就。

一至十行位，於廣行六度萬行中，依般若中道慧，現觀陰處界猶如陽焰，至第十行滿心位，陽焰觀成就。

一至十迴向位熏習一切種智；修除性障，唯留最後一分思惑不斷。第十迴向滿心位成就菩薩道如夢觀。

內門廣修六度萬行

遠波羅蜜多

初地：第十迴向位滿心時，成就道種智一分（八識心王一一親證後，領受五法、三自性、七種第一義、七種性自性、二種無我法）復由勇發十無盡願，成通達位菩薩。復又永伏性障而不具斷，能證慧解脫而不取證，由大願故留惑潤生。此地主修法施波羅蜜多及百法明門。證「猶如鏡像」現觀，故滿初地心。

二地：初地功德滿足以後，再成就道種智一分而入二地；主修戒波羅蜜多及一切種智。滿心位成就「猶如光影」現觀，戒行自然清淨。

解脫道：二乘菩提

→ 斷三縛結，成初果解脫

→ 薄貪瞋癡，成二果解脫

→ 斷五下分結，成三果解脫

入地前的四加行令煩惱障現行悉斷，成四果解脫，留惑潤生。分段生死已斷，煩惱障習氣種子開始斷除，兼斷無始無明上煩惱。

近波羅蜜多

大波羅蜜多

圓滿波羅蜜多

修道位

三地：二地滿心再證道種智一分，故入三地。此地主修忍波羅蜜多及四禪八定、四無量心、五神通。能成就俱解脫果而不取證，留惑潤生。滿心位成就「猶如谷響」現觀及無漏妙定意生身。

四地：由三地再證道種智一分故入四地。主修精進波羅蜜多，於此土及他方世界廣度有緣，無有疲倦。進修一切種智，滿心位成就「如水中月」現觀。

五地：由四地再證道種智一分故入五地。主修禪定波羅蜜多及一切種智，斷除下乘涅槃貪。滿心位成就「變化所成」現觀。

六地：由五地再證道種智一分故入六地。此地主修般若波羅蜜多——依道種智現觀十二因緣一一有支及意生身化身，皆自心眞如變化所現，「非有似有」，成就細相觀，不由加行而自然證得滅盡定，成俱解脫大乘無學。

七地：由六地「非有似有」現觀，再證道種智一分故入七地。此地主修一切種智及方便波羅蜜多，由重觀十二有支一一支中之流轉門及還滅門一切細相，成就方便善巧，念念隨入滅盡定。滿心位證得「如犍闥婆城」現觀。

八地：由七地極細相觀成就故再證道種智一分而入八地。此地主修一切種智及願波羅蜜多。至滿心位純無相觀任運恆起，故於相土自在，滿心位復證「如實覺知諸法相意生身」故。

九地：由八地再證道種智一分故入九地。主修力波羅蜜多及一切種智，成就四無礙，滿心位證得「種類俱生無行作意生身」。

十地：由九地再證道種智一分故入此地。此地主修一切種智——智波羅蜜多。滿心位起大法智雲，及現起大法智雲所含藏種種功德，成受職菩薩。

等覺：由十地道種智成就故入此地。此地應修一切種智，圓滿等覺地無生法忍；於百劫中修集極廣大福德，以之圓滿三十二大人相及無量隨形好。

究竟位

妙覺：示現受生人間已斷盡煩惱障一切習氣種子，並斷盡所知障一切隨眠，永斷變易生死無明，成就大般涅槃，四智圓明。人間捨壽後，報身常住色究竟天利樂十方地上菩薩；以諸化身利樂有情，永無盡期，成就究竟佛道。

七地滿心斷除故意保留之最後一分思惑時，煩惱障所攝色、受、想三陰有漏習氣種子全部斷盡。

煩惱障所攝行、識二陰無漏習氣種子任運漸斷，所知障所攝上煩惱任運漸斷。

斷盡變易生死
成就大般涅槃

圓滿成就究竟佛果

佛子**蕭平實** 謹製
（二〇〇九、〇二 修訂）
（二〇一二、〇二 增補）

佛教正覺同修會〈修學佛道次第表〉

第一階段

* 以憶佛及拜佛方式修習動中定力。
* 學第一義佛法及禪法知見。
* 無相拜佛功夫成就。
* 具備一念相續功夫—動靜中皆能看話頭。
* 努力培植福德資糧，勤修三福淨業。

第二階段

* 參話頭，參公案。
* 開悟明心，一片悟境。
* 鍛鍊功夫求見佛性。
* 眼見佛性〈餘五根亦如是〉親見世界如幻，成就如幻觀。
* 學習禪門差別智。
* 深入第一義經典。
* 修除性障及隨分修學禪定。
* 修證十行位陽焰觀。

第三階段

* 學一切種智真實正理—楞伽經、解深密經、成唯識論…。
* 參究末後句。
* 解悟末後句。
* 透牢關—親自體驗所悟末後句境界，親見實相，無得無失。
* 救護一切衆生迴向正道。護持了義正法，修證十迴向位如夢觀。
* 發十無盡願，修習百法明門，親證猶如鏡像現觀。
* 修除五蓋，發起禪定。持一切善法戒。親證猶如光影現觀。
* 進修四禪八定、四無量心、五神通。進修大乘種智，求證猶如谷響現觀。

佛教正覺同修會 共修現況 及 招生公告　2017/12/21

一、共修現況：（請在共修時間來電，以免無人接聽。）

台北正覺講堂 103 台北市承德路三段 277 號九樓 捷運淡水線圓山站旁
Tel..總機 02-25957295（晚上）（**分機：九樓**辦公室 10、11；知客櫃檯 12、13。 **十樓**知客櫃檯 15、16；書局櫃檯 14。 **五樓**辦公室 18；知客櫃檯 19。**二樓**辦公室 20；知客櫃檯 21。）
Fax..25954493

第一講堂　台北市承德路三段 277 號九樓

禪淨班：週一晚班、週三晚班、週四晚班、週五晚班、週六下午班、週六上午班（共修期間二年半，全程免費。皆須報名建立學籍後始可參加共修，欲報名者詳見本公告末頁。）

進階班：週一晚班、週三晚班、週四晚班、週五晚班（禪淨班結業後轉入共修）。

增上班：瑜伽師地論詳解：每月單數週之週末 17.50～20.50。平實導師講解，2003 年 2 月開講至今，預計 2019 年圓滿，僅限已明心之會員參加。

禪門差別智：每月第一週日全天　平實導師主講（事冗暫停）。

大法鼓經詳解　詳解末法時代大乘佛法修行之道。佛教正法消毒妙藥塗於大鼓而以擊之，凡有眾生聞之者，一切邪見鉅毒悉皆消殞；此經即是大法鼓之正義，凡聞之者，所有邪見之毒悉皆滅除，見道不難；亦能發起菩薩無量功德，是故諸大菩薩遠從諸方佛土來此娑婆聞修此經。平實導師主講，定於 2017 年 12 月底起，每逢周二晚上開講，第一至第六講堂都可同時聽聞，歡迎已發成佛大願的菩薩種性學人，攜眷共同參與此殊勝法會現場聞法，不限制聽講資格。本會學員憑上課證進入第一至第四講堂聽講，會外學人請以身分證件換證進入聽講（此爲大樓管理處安全管理規定之要求，敬請諒解）；第五及第六講堂（B1、B2）對外開放，不需出示任何證件，請由大樓側門直接進入。

第二講堂　台北市承德路三段 267 號十樓。

禪淨班：週一晚上班。

進階班：週三晚班、週四晚班、週五晚班、週六下午班。禪淨班結業後轉入共修。

大法鼓經詳解：平實導師講解。每週二 18.50~20.50 影像音聲即時傳輸

第三講堂　台北市承德路三段 277 號五樓。

禪淨班：週六下午班。

進階班：週一晚班、週三晚班、週四晚班、週五晚班。

大法鼓經詳解：平實導師講解。每週二 18.50~20.50 影像音聲即時傳輸

第四講堂　台北市承德路三段 267 號二樓。

進階班：週一晚上班、週三晚上班、週四晚上班（禪淨班結業後轉入共修）。

大法鼓經詳解：平實導師講解。每週二 18.50~20.50 影像音聲即時傳輸

第五、第六講堂

念佛班　每週日晚上，第六講堂共修（B2），一切求生極樂世界的三寶弟子皆可參加，不限制共修資格。

進階班：週一晚班、週三晚班、週四晚班。

大法鼓經詳解：平實導師講解。每週二 18.50~20.50 影像音聲即時傳輸。第五、第六講堂爲**開放式講堂**，不需以身分證件換證即可進入聽講，台北市承德路三段 267 號地下一樓、地下二樓。每逢週二晚上講經時段開放給會外人士自由聽經，請由大樓側面梯階逕行進入聽講。**聽講者請尊重講者的著作權及肖像權，請勿錄音錄影，以免違法；若有錄音錄影被查獲者，將依法處理。**

正覺祖師堂　大溪鎮美華里信義路 650 巷坑底 5 之 6 號（台 3 號省道 34 公里處 妙法寺對面斜坡道進入）電話 03-3886110　傳眞 03-3881692 本堂供奉 克勤圓悟大師，專供會員每年四月、十月各三次精進禪三共修，兼作本會出家菩薩掛單常住之用。除禪三時間以外，每逢單月第一週之週日 9:00~17:00 開放會內、外人士參訪，當天並提供午齋結緣。教內共修團體或道場，得另申請其餘時間作團體參訪，務請事先與常住確定日期，以便安排常住菩薩接引導覽，亦免妨礙常住菩薩之日常作息及修行。

桃園正覺講堂（第一、第二講堂）：桃園市介壽路 286、288 號 10 樓（陽明運動公園對面）電話：03-3749363（請於共修時聯繫，或與台北聯繫）

禪淨班：週一晚上班（1）、週一晚上班（2）、週三晚上班、週四晚上班、週五晚上班。

進階班：週四晚班、週五晚班、週六上午班。

增上班：雙週六晚上班（增上重播班）。

大法鼓經詳解：平實導師講解。每週二晚上，以台北正覺講堂所錄 DVD 放映；歡迎會外學人共同聽講，不需出示身分證件。

新竹正覺講堂　新竹市東光路 55 號二樓之一　電話 03-5724297（晚上）

第一講堂：

禪淨班：週一晚上班、週五晚上班、週六上午班。

進階班：週三晚上班、週四晚上班（由禪淨班結業後轉入共修）。

增上班：單週六晚上班。雙週六晚上班（重播班）。

大法鼓經詳解：平實導師講解。每週二晚上，以台北正覺講堂所錄 DVD 放映。歡迎會外學人共同聽講，不需出示身分證件。

第二講堂：

禪淨班：週三晚上班、週四晚上班。

大法鼓經詳解：每週二晚上與第一講堂同時播放佛藏經詳解 DVD。

第三、第四講堂：裝修完畢，即將開放。

台中正覺講堂 04-23816090（晚上）

第一講堂 台中市南屯區五權西路二段 666 號 13 樓之四（國泰世華銀行樓上。鄰近縣市經第一高速公路前來者，由五權西路交流道可以快速到達，大樓旁有停車場，對面有素食館）。

禪淨班：週三晚上班、週四晚上班。

進階班：週一晚上班、週六上午班（由禪淨班結業後轉入共修）。

增上班：**增上班**：單週六晚上班。雙週六晚上班（重播班）。

大法鼓經詳解：平實導師講解。每週二晚上，以台北正覺講堂所錄 DVD 放映。歡迎會外學人共同聽講，不需出示身分證件。

第二講堂 台中市南屯區五權西路二段 666 號 4 樓

禪淨班：週一晚上班、週三晚上班、週六上午班。

進階班：週五晚上班（由禪淨班結業後轉入共修）。

大法鼓經詳解：每週二晚上與第一講堂同時播放佛藏經詳解 DVD。

第三講堂、第四講堂：台中市南屯區五權西路二段 666 號 4 樓。

嘉義正覺講堂 嘉義市友愛路 288 號八樓之一　電話：05-2318228

第一講堂：

禪淨班：週一晚上班、週四晚上班、週五晚上班、週六上午班。

進階班：週三晚上班（由禪淨班結業後轉入共修）。

增上班：單週六晚上班。雙週六晚上班（重播班）。

大法鼓經詳解：平實導師講解。每週二晚上，以台北正覺講堂所錄 DVD 放映。歡迎會外學人共同聽講，不需出示身分證件。

第二講堂 嘉義市友愛路 288 號八樓之二。

台南正覺講堂

第一講堂 台南市西門路四段 15 號 4 樓。06-2820541（晚上）

禪淨班：週一晚上班、週三晚上班、週四晚上班、週五晚上班、週六下午班。

增上班：**增上班**：單週六晚上班。雙週六晚上班（重播班）。

大法鼓經詳解：平實導師講解。每週二晚上，以台北正覺講堂所錄 DVD 放映。歡迎會外學人共同聽講，不需出示身分證件。

第二講堂 台南市西門路四段 15 號 3 樓。

大法鼓經詳解：每週二晚上與第一講堂同時播放佛藏經詳解 DVD。

第三講堂 台南市西門路四段 15 號 3 樓。

進階班：週三晚上班、週四晚上班、週六上午班（由禪淨班結業後轉入共修）。

大法鼓經詳解：每週二晚上與第一講堂同時播放佛藏經詳解 DVD。

高雄正覺講堂　高雄市新興區中正三路 45 號五樓 07-2234248（晚上）

第一講堂（五樓）：

禪淨班：週一晚班、週三晚班、週四晚班、週五晚班、週六上午班。

增上班：單週週末下午，以台北增上班課程錄成 DVD 放映之，限已明心之會員參加。

大法鼓經詳解：平實導師講解。每週二晚上，以台北正覺講堂所錄 DVD 放映。歡迎會外學人共同聽講，不需出示身分證件。

第二講堂（四樓）：

進階班：週三晚上班、週四晚上班、週六上午班（由禪淨班結業後轉入共修）。

大法鼓經詳解：每週二晚上與第一講堂同時播放佛藏經詳解 DVD。

第三講堂（三樓）：

進階班：週四晚班（由禪淨班結業後轉入共修）。

香港正覺講堂　☆已遷移新址☆

九龍觀塘，成業街 10 號，電訊一代廣場 27 樓 E 室。

（觀塘地鐵站 B1 出口，步行約 4 分鐘）。電話：(852) 23262231

英文地址：Unit E，27th Floor, TG Place, 10 Shing Yip Street, Kwun Tong, Kowloon

禪淨班：雙週六下午班 14:30-17:30，已經額滿。
雙週日下午班 14:30-17:30。
單週六下午班 14:30-17:30，已經額滿。

進階班：雙週五晚上班（由禪淨班結業後轉入共修）。

增上班：單週週末上午，以台北增上班課程錄成 DVD 放映之。

增上重播班：雙週週末上午，以台北增上班課程錄成 DVD 放映之。

大法鼓經詳解：平實導師講解。雙週六 19:00-21:00，以台北正覺講堂所錄 DVD 放映；歡迎會外學人共同聽講，不需出示身分證件。

美國洛杉磯正覺講堂　☆已遷移新址☆

825 S. Lemon Ave Diamond Bar, CA 91789 U.S.A.
Tel. (909) 595-5222（請於週六 9:00~18:00 之間聯繫）
Cell. (626) 454-0607

禪淨班：每逢週末 15：30~17：30 上課。

進階班：每逢週末上午 10：00~12：00 上課。

大法鼓經詳解：平實導師講解。每週六下午 13：00~15：00 以台北所錄 DVD 放映。歡迎各界人士共享第一義諦無上法益，不需報名。

二、招生公告　**本會台北講堂及全省各講堂、香港講堂，每逢四月、十月下旬開新班，每週共修一次**（每次二小時。開課日起三個月內仍可插班）；**但美國洛杉磯共修處之禪淨班得隨時插班共修。各班共修期間皆爲二年半，全程免費，欲參加者請向本會函索報名表**（各共修處皆於共修時間方有人執事，非共修時間請勿電詢或前來洽詢、請書），**或直接從本會官方網站(http://www.enlighten.org.tw/newsflash/class)或成佛之道網站下載報名表**。共修期滿時，若經報名禪三審核通過者，可參加四天三夜之禪三精進共修，有機會明心、取證如來藏，發起般若實相智慧，成爲實義菩薩，脫離凡夫菩薩位。

三、新春禮佛祈福 農曆**年假**期間停止共修：自農曆新年前七天起停止共修與弘法，正月 8 日起回復共修、弘法事務。新春期間正月初一～初七 9.00～17.00 開放台北講堂、正月初一~初三開放桃園、新竹、台中、嘉義、台南、高雄講堂，以及大溪禪三道場（正覺祖師堂），方便會員供佛、祈福及會外人士請書。美國洛杉磯共修處之休假時間，請逕詢該共修處。

密宗四大派修雙身法，是外道性力派的邪法；又以生滅的識陰作爲常住法，是常見外道，是假的藏傳佛教。

西藏覺囊巴以他空見弘揚第八識如來藏勝法，才是真藏傳佛教

佛教正覺同修會　弘法行事表

2017/12/07

1、**禪淨班**　以無相念佛及拜佛方式修習動中定力，實證一心不亂功夫。傳授解脫道正理及第一義諦佛法，以及參禪知見。共修期間：二年六個月。每逢四月、十月開新班，詳見招生公告表。

2、**進階班**　禪淨班畢業後得轉入此班，進修更深入的佛法，期能證悟明心。各地講堂各有多班，繼續深入佛法、增長定力，悟後得轉入增上班修學道種智，期能證得無生法忍。

3、**增上班 瑜伽師地論**詳解　詳解論中所言凡夫地至佛地等 17 師之修證境界與理論，從凡夫地、聲聞地……宣演到諸地所證無生法忍、一切種智之眞實正理。由平實導師開講，每逢一、三、五週之週末晚上開示，僅限已明心之會員參加。2003 年二月開講至今，預定 2019 年講畢。

4、**大法鼓經**詳解　詳解末法時代大乘佛法修行之道。佛教正法消毒妙藥塗於大鼓而以擊之，凡有眾生聞之者，一切邪見鉅毒悉皆消殞；此經即是大法鼓之正義，凡聞之者，所有邪見之毒悉皆滅除，見道不難；亦能發起菩薩無量功德，是故諸大菩薩遠從諸方佛土來此娑婆聞修此經。平實導師主講。定於 2017 年 12 月底開講，歡迎已發成佛大願的菩薩種性學人，攜眷共同參與此殊勝法會聽講。

本經破「有」而顯涅槃，以此名爲眞實的「法」；眞法即是第八識如來藏，《金剛經》《法華經》中亦名之爲「此經」。若墮在「有」中，皆名「非法」，「有」即是五陰、六入、十二處、十八界及內我所、外我所，皆非眞實法。若人如是俱說「法」與「非法」而宣揚佛法，名爲擊大法鼓；如是依「法」而捨「非法」，據以建立山門而爲眾說法，方可名爲眞正的法鼓山。此經中說，以「此經」爲菩薩道之本，以證得「此經」之正知見及法門作爲度人之「法」，方名眞實佛法，否則盡名「非法」。本經中對法與非法、有與涅槃，有深入之闡釋，歡迎教界一切善信（不論初機或久學菩薩），一同親沐 如來聖教，共沾法喜。由平實導師詳解。不限制聽講資格。

5、**精進禪三**　主三和尚：平實導師。於四天三夜中，以克勤圓悟大師及大慧宗杲之禪風，施設機鋒與小參、公案密意之開示，幫助會員剋期取證，親證不生不滅之眞實心——人人本有之如來藏。每年四月、十月各舉辦二個梯次；平實導師主持。僅限本會會員參加禪淨班共修期滿，報名審核通過者，方可參加。並選擇會中定力、慧力、福德三條件皆已具足之已明心會員，給以指引，令得眼見自己無形無相之佛性遍布山河大地，眞實而無障礙，得以肉眼現觀世界身心悉皆如幻，具足成就如幻觀，圓滿十住菩薩之證境。

6、**不退轉法輪經**詳解　本經所說妙法極爲甚深難解，時至末法，已然無有知者；而其甚深絕妙之法，流傳至今依舊多人可證，顯示佛學眞是義學而非玄談，其中甚深極妙令人拍案稱絕之第一義諦妙義，平實導師將會加以解說。待《大法鼓經》宣講完畢時繼續宣講此經。

7、**阿含經**詳解　選擇重要之阿含部經典，依無餘涅槃之實際而加以詳解，令大眾得以現觀諸法緣起性空，亦復不墮斷滅見中，顯示經中所隱說之涅槃實際—如來藏—確實已於四阿含中隱說；令大眾得以聞後觀行，確實斷除我見乃至我執，證得**見到**眞現觀，乃至**身證**……等眞現觀；已得大乘或二乘見道者，亦可由此聞熏及聞後之觀行，除斷我所之貪著，成就慧解脫果。由平實導師詳解。不限制聽講資格。

8、**解深密經**詳解　重講本經之目的，在於令諸已悟之人明解大乘法道之成佛次第，以及悟後進修一切種智之內涵，確實證知三種自性性，並得據此證解七眞如、十眞如等正理。每逢週二 18.50~20.50 開示，由平實導師詳解。將於《大法鼓經》講畢後開講。不限制聽講資格。

9、**成唯識論**詳解　詳解一切種智眞實正理，詳細剖析一切種智之微細深妙廣大正理；並加以舉例說明，使已悟之會員深入體驗所證如來藏之微密行相；及證驗見分相分與所生一切法，皆由如來藏—阿賴耶識—直接或展轉而生，因此證知一切法無我，證知無餘涅槃之本際。將於增上班《瑜伽師地論》講畢後，由平實導師重講。僅限已明心之會員參加。

10、**精選如來藏系經典**詳解　精選如來藏系經典一部，詳細解說，以此完全印證會員所悟如來藏之眞實，得入不退轉住。另行擇期詳細解說之，由平實導師講解。僅限已明心之會員參加。

11、**禪門差別智**　藉禪宗公案之微細淆訛難知難解之處，加以宣說及剖析，以增進明心、見性之功德，啓發差別智，建立擇法眼。每月第一週日全天，由平實導師開示，僅限破參明心後，復又眼見佛性者參加（事冗暫停）。

12、**枯木禪**　先講智者大師的《小止觀》，後說《釋禪波羅蜜》，詳解四禪八定之修證理論與實修方法，細述一般學人修定之邪見與岔路，及對禪定證境之誤會，消除枉用功夫、浪費生命之現象。已悟般若者，可以藉此而實修初禪，進入大乘通教及聲聞教的三果心解脫境界，配合應有的大福德及後得無分別智、十無盡願，即可進入初地心中。親教師：平實導師。未來緣熟時將於正覺寺開講。不限制聽講資格。

註：本會例行年假，自 2004 年起，改爲每年農曆新年前七天開始停息弘法事務及共修課程，農曆正月 8 日回復所有共修及弘法事務。新春期間（每日 9.00~17.00）開放台北講堂，方便會員禮佛祈福及會外人士請書。大溪區的正覺祖師堂，開放參訪時間，詳見〈正覺電子報〉或成佛之道網站。本表得因時節因緣需要而隨時修改之，不另作通知。

佛教正覺同修會　贈閱書籍 目錄　　2015/09/29

1.**無相念佛**　平實導師著　回郵 10 元
2.**念佛三昧修學次第**　平實導師述著　回郵 25 元
3.**正法眼藏—護法集**　平實導師述著　回郵 35 元
4.**真假開悟簡易辨正法＆佛子之省思**　平實導師著　回郵 3.5 元
5.**生命實相之辨正**　平實導師著　回郵 10 元
6.**如何契入念佛法門**（附：印順法師否定極樂世界）平實導師著　回郵 3.5 元
7.**平實書箋**—答元覽居士書　平實導師著　回郵 35 元
8.**三乘唯識**—如來藏系經律彙編　平實導師編　回郵 80 元
（精裝本　長 27 cm　寬 21 cm　高 7.5 cm　重 2.8 公斤）
9.**三時繫念全集**—修正本　回郵掛號 40 元（長 26.5 cm×寬 19 cm）
10.**明心與初地**　平實導師述　回郵 3.5 元
11.**邪見與佛法**　平實導師述著　回郵 20 元
12.**菩薩正道**—回應義雲高、釋性圓…等外道之邪見　正燦居士著 回郵 20 元
13.**甘露法雨**　平實導師述　回郵 20 元
14.**我與無我**　平實導師述　回郵 20 元
15.**學佛之心態**—修正錯誤之學佛心態始能與正法相應 孫正德老師著 回郵35元
附錄：平實導師著**《略說八、九識並存…等之過失》**
16.**大乘無我觀**—《悟前與悟後》別說　平實導師述著　回郵 20 元
17.**佛教之危機**—中國台灣地區現代佛教之真相（附錄：公案拈提六則）
平實導師著　回郵 25 元
18.**燈　影**—燈下黑（覆「求教後學」來函等）平實導師著　回郵 35 元
19.**護法與毀法**—覆上平居士與徐恒志居士網站毀法二文
張正圜老師著　回郵 35 元
20.**淨土聖道**—兼評選擇本願念佛　正德老師著　由正覺同修會購贈　回郵 25 元
21.**辨唯識性相**—對「紫蓮心海《辯唯識性相》書中否定阿賴耶識」之回應
正覺同修會 台南共修處法義組 著　回郵 25 元
22.**假如來藏**—對法蓮法師《如來藏與阿賴耶識》書中否定阿賴耶識之回應
正覺同修會 台南共修處法義組 著　回郵 35 元
23.**入不二門**—公案拈提集錦 第一輯（於平實導師公案拈提諸書中選錄約二十則，
合輯為一冊流通之）平實導師著　回郵 20 元
24.**真假邪說**—西藏密宗索達吉喇嘛《破除邪說論》真是邪說
釋正安法師著　回郵 35 元
25.**真假開悟**—真如、如來藏、阿賴耶識間之關係　平實導師述著　回郵 35 元
26.**真假禪和**—辨正釋傳聖之謗法謬說　孫正德老師著　回郵 30 元

27.**眼見佛性**—駁慧廣法師眼見佛性的含義文中謬說
游正光老師著　回郵 25 元

28.**普門自在**—公案拈提集錦 第二輯（於平實導師公案拈提諸書中選錄約二十則，合輯爲一冊流通之）平實導師著　回郵 25 元

29.**印順法師的悲哀**—以現代禪的質疑為線索　恒毓博士著　回郵 25 元

30.**識蘊真義**—現觀識蘊內涵、取證初果、親斷三縛結之具體行門。
—依《成唯識論》及《惟識述記》正義，略顯安慧《大乘廣五蘊論》之邪謬
平實導師著　回郵 35 元

31.**正覺電子報** 各期紙版本　免附回郵　每次最多函索三期或三本。
（已無存書之較早各期，不另增印贈閱）

32.**現代人應有的宗教觀**　蔡正禮老師 著　回郵 3.5 元

33.**遠惑趣道**—正覺電子報般若信箱問答錄　第一輯　回郵 20 元

34.**遠惑趣道**—正覺電子報般若信箱問答錄　第二輯　回郵 20 元

35.**確保您的權益**—器官捐贈應注意自我保護　游正光老師 著　回郵 10 元

36.**正覺教團電視弘法三乘菩提 DVD 光碟（一）**
由正覺教團多位親教師共同講述錄製 DVD 8 片，MP3 一片，共 9 片。有二大講題：一爲「三乘菩提之意涵」，二爲「學佛的正知見」。內容精闢，深入淺出，精彩絕倫，幫助大眾快速建立三乘法道的正知見，免被外道邪見所誤導。有志修學三乘佛法之學人不可不看。（製作工本費 100 元，回郵 25 元）

37.**正覺教團電視弘法 DVD 專輯（二）**
總有二大講題：一爲「三乘菩提之念佛法門」，一爲「學佛正知見（第二篇）」，由正覺教團多位親教師輪番講述，內容詳細闡述如何修學念佛法門、實證念佛三昧，以及學佛應具有的正確知見，可以幫助發願往生西方極樂淨土之學人，得以把握往生，更可令學人快速建立三乘法道的正知見，免於被外道邪見所誤導。有志修學三乘佛法之學人不可不看。（一套 17 片，工本費 160 元。回郵 35 元）

38.**佛藏經** 燙金精裝本 每冊回郵 20 元。正修佛法之道場欲大量索取者，請正式發函並蓋用大印寄來索取（2008.04.30 起開始敬贈）

39.**喇嘛性世界**—揭開假藏傳佛教譚崔瑜伽的面紗　張善思 等人合著
由正覺同修會購贈　回郵 20 元

40.**假藏傳佛教的神話**—性、謊言、喇嘛教　張正玄教授編著　回郵 20 元
由正覺同修會購贈　回郵 20 元

41.**隨 緣**—理隨緣與事隨緣　平實導師述　回郵 20 元。

42.**學佛的覺醒**　正枝居士 著　回郵 25 元

43.**導師之真實義**　蔡正禮老師 著　回郵 10 元

44.**淺談達賴喇嘛之雙身法**—兼論解讀「密續」之達文西密碼
吳明芷居士 著　回郵 10 元

45.**魔界轉世**　張正玄居士 著　回郵 10 元

46.**一貫道與開悟**　蔡正禮老師 著　回郵 10 元

47.**博愛**—愛盡天下女人　正覺教育基金會 編印　回郵10元
48.**意識虛妄經教彙編**—實證解脫道的關鍵經文　正覺同修會編印　回郵25元
49.**邪箭囈語**—破斥藏密外道多識仁波切《破魔金剛箭雨論》之邪說
陸正元老師著　上、下冊回郵各30元
50.**真假沙門**—依 佛聖教闡釋佛教僧寶之定義
蔡正禮老師著　俟正覺電子報連載後結集出版
51.**真假禪宗**—藉評論釋性廣《印順導師對變質禪法之批判
及對禪宗之肯定》以顯示真假禪宗
附論一：凡夫知見 無助於佛法之信解行證
附論二：世間與出世間一切法皆從如來藏實際而生而顯
余正偉老師著　俟正覺電子報連載後結集出版　回郵未定
52.**假鋒虛焰金剛乘**—揭示顯密正理，兼破索達吉師徒《般若鋒兮金剛焰》。
釋正安 法師著　俟正覺電子報連載後結集出版

★ 上列贈書之郵資，係台灣本島地區郵資，大陸、港、澳地區及外國地區，請另計酌增（大陸、港、澳、國外地區之郵票不許通用）。尚未出版之書，請勿先寄來郵資，以免增加作業煩擾。

★ 本目錄若有變動，唯於後印之書籍及「成佛之道」網站上修正公佈之，不另行個別通知。

函索書籍請寄：佛教正覺同修會　103台北市承德路3段277號9樓
台灣地區函索書籍者請附寄郵票，無時間購買郵票者可以等值現金抵用，但不接受郵政劃撥、支票、匯票。大陸地區得以人民幣計算，國外地區請以美元計算（請勿寄來當地郵票，在台灣地區不能使用）。欲以掛號寄遞者，請另附掛號郵資。

親自索閱：正覺同修會各共修處。　★請於共修時間前往取書，餘時無人在道場，請勿前往索取；共修時間與地點，詳見書末正覺同修會共修現況表（以近期之共修現況表為準）。

註：正智出版社發售之局版書，請向各大書局購閱。若書局之書架上已經售出而無陳列者，請向書局櫃台指定洽購；若書局不便代購者，請於正覺同修會共修時間前往各共修處請購，正智出版社已派人於共修時間送書前往各共修處流通。 郵政劃撥購書及 大陸地區 購書，請詳別頁正智出版社發售書籍目錄最後頁之說明。

成佛之道 網站：http://www.a202.idv.tw　正覺同修會已出版之結緣書籍，多已登載於 成佛之道 網站，若住外國、或住處遙遠，不便取得正覺同修會贈閱書籍者，可以從本網站閱讀及下載。　書局版之《宗通與說通》亦已上網，台灣讀者可向書局洽購，售價300元。《狂密與眞密》第一輯~第四輯，亦於 2003.5.1.全部於本網站登載完畢；台灣地區讀者請向書局洽購，每輯約400頁，售價300元（網站下載紙張費用較貴，容易散失，難以保存，亦較不精美）。

＊＊假藏傳佛教修雙身法，非佛教＊＊

正智出版社 籌募弘法基金發售書籍目錄 2018/05/13

1.**宗門正眼**—公案拈提 第一輯 重拈 平實導師著 500元
因重寫內容大幅度增加故，字體必須改小，並增爲576頁 主文546頁。比初版更精彩、更有內容。初版《禪門摩尼寶聚》之讀者，可寄回本公司免費調換新版書。免附回郵，亦無截止期限。（2007年起，每冊附贈本公司精製公案拈提〈超意境〉CD一片。市售價格280元，多購多贈。）
2.**禪淨圓融** 平實導師著 200元（第一版舊書可換新版書。）
3.**真實如來藏** 平實導師著 400元
4.**禪—悟前與悟後** 平實導師著 上、下冊，每冊250元
5.**宗門法眼**—公案拈提 第二輯 平實導師著 500元
（2007年起，每冊附贈本公司精製公案拈提〈超意境〉CD一片）
6.**楞伽經詳解** 平實導師著 全套共10輯 每輯250元
7.**宗門道眼**—公案拈提 第三輯 平實導師著 500元
（2007年起，每冊附贈本公司精製公案拈提〈超意境〉CD一片）
8.**宗門血脈**—公案拈提 第四輯 平實導師著 500元
（2007年起，每冊附贈本公司精製公案拈提〈超意境〉CD一片）
9.**宗通與說通**—成佛之道 平實導師著 主文381頁 全書400頁售價300元
10.**宗門正道**—公案拈提 第五輯 平實導師著 500元
（2007年起，每冊附贈本公司精製公案拈提〈超意境〉CD一片）
11.**狂密與真密 一～四輯** 平實導師著 西藏密宗是人間最邪淫的宗教，本質不是佛教，只是披著佛教外衣的印度教性力派流毒的喇嘛教。此書中將西藏密宗密傳之男女雙身合修樂空雙運所有祕密與修法，毫無保留完全公開，並將全部喇嘛們所不知道的部分也一併公開。內容比大辣出版社喧騰一時的《西藏慾經》更詳細。並且函蓋藏密的所有祕密及其錯誤的中觀見、如來藏見……等，藏密的所有法義都在書中詳述、分析、辨正。每輯主文三百餘頁 每輯全書約400頁 售價每輯300元
12.**宗門正義**—公案拈提 第六輯 平實導師著 500元
（2007年起，每冊附贈本公司精製公案拈提〈超意境〉CD一片）
13.**心經密意**—心經與解脫道、佛菩提道、祖師公案之關係與密意 平實導師述 300元
14.**宗門密意**—公案拈提 第七輯 平實導師著 500元
（2007年起，每冊附贈本公司精製公案拈提〈超意境〉CD一片）
15.**淨土聖道**—兼評「選擇本願念佛」 正德老師著 200元
16.**起信論講記** 平實導師述著 共六輯 每輯三百餘頁 售價各250元
17.**優婆塞戒經講記** 平實導師述著 共八輯 每輯三百餘頁 售價各250元
18.**真假活佛**—略論附佛外道盧勝彥之邪說（對前岳靈犀網站主張「盧勝彥是證悟者」之修正） 正犀居士（岳靈犀）著 流通價140元
19.**阿含正義**—唯識學探源 平實導師著 共七輯 每輯300元

20.**超意境** CD 以平實導師公案拈提書中超越意境之頌詞，加上曲風優美的旋律，錄成令人嚮往的超意境歌曲，其中包括正覺發願文及平實導師親自譜成的黃梅調歌曲一首。詞曲雋永，殊堪翫味，可供學禪者吟詠，有助於見道。內附設計精美的彩色小冊，解說每一首詞的背景本事。每片 280 元。【每購買公案拈提書籍一冊，即贈送一片。】

21.**菩薩底憂鬱** CD 將菩薩情懷及禪宗公案寫成新詞，並製作成超越意境的優美歌曲。 1.主題曲〈菩薩底憂鬱〉，描述地後菩薩能離三界生死而迴向繼續生在人間，但因尚未斷盡習氣種子而有極深沈之憂鬱，非三賢位菩薩及二乘聖者所知，此憂鬱在七地滿心位方才斷盡；本曲之詞中所說義理極深，昔來所未曾見；此曲係以優美的情歌風格寫詞及作曲，聞者得以激發嚮往諸地菩薩境界之大心，詞、曲都非常優美，難得一見；其中勝妙義理之解說，已印在附贈之彩色小冊中。 2.以各輯公案拈提中直示禪門入處之頌文，作成各種不同曲風之超意境歌曲，值得玩味、參究；聆聽公案拈提之優美歌曲時，請同時閱讀內附之印刷精美說明小冊，可以領會超越三界的證悟境界；未悟者可以因此引發求悟之意向及疑情，眞發菩提心而邁向求悟之途，乃至因此眞實悟入般若，成眞菩薩。 3.正覺總持咒新曲，總持佛法大意；總持咒之義理，已加以解說並印在隨附之小冊中。本 CD 共有十首歌曲，長達 63 分鐘。每盒各附贈二張購書優惠券。每片 280 元。

22.**禪意無限** CD 平實導師以公案拈提書中偈頌寫成不同風格曲子，與他人所寫不同風格曲子共同錄製出版，幫助參禪人進入禪門超越意識之境界。盒中附贈彩色印製的精美解說小冊，以供聆聽時閱讀，令參禪人得以發起參禪之疑情，即有機會證悟本來面目而發起實相智慧，實證大乘菩提般若，能如實證知般若經中的眞實意。本 CD 共有十首歌曲，長達 69 分鐘，每盒各附贈二張購書優惠券。每片 280 元。

23.**我的菩提路**第一輯　釋悟圓、釋善藏等人合著　售價 300 元

24.**我的菩提路**第二輯　郭正益、張志成等人合著　售價 300 元

25.**我的菩提路**第三輯　王美伶等人合著　售價 300 元

26.**我的菩提路**第四輯　陳晏平等人合著　售價 300 元

27.**鈍鳥與靈龜**—考證後代凡夫對大慧宗杲禪師的無根誹謗。

平實導師著 共 458 頁 售價 350 元

28.**維摩詰經講記** 平實導師述 共六輯 每輯三百餘頁 售價各 250 元

29.**真假外道**—破劉東亮、杜大威、釋證嚴常見外道見 正光老師著 200 元

30.**勝鬘經講記**—兼論印順《勝鬘經講記》對於《勝鬘經》之誤解。

平實導師述　共六輯　每輯三百餘頁　售價 250 元

31.**楞嚴經講記** 平實導師述 共 **15** 輯，每輯三百餘頁 售價 300 元

32.**明心與眼見佛性**—駁慧廣〈蕭氏「眼見佛性」與「明心」之非〉文中謬說

正光老師著　共 448 頁　售價 300 元

33.**見性與看話頭** 黃正倖老師 著，本書是禪宗參禪的方法論。

內文 375 頁，全書 416 頁，售價 300 元。

34.**達賴真面目**—玩盡天下女人 白正偉老師 等著 中英對照彩色精裝大本 800 元
35.**喇嘛性世界**—揭開假藏傳佛教譚崔瑜伽的面紗 張善思 等人著 200 元
36.**假藏傳佛教的神話**—性、謊言、喇嘛教 正玄教授編著 200 元
37.**金剛經宗通** 平實導師述 共九輯 每輯售價 250 元。
38.**空行母**—性別、身分定位，以及藏傳佛教。
珍妮·坎貝爾著 呂艾倫 中譯 售價 250 元
39.**末代達賴**—性交教主的悲歌 張善思、呂艾倫、辛燕編著 售價 250 元
40.**霧峰無霧**—給哥哥的信 辨正釋印順對佛法的無量誤解
游宗明 老師著 售價 250 元
41.**第七意識與第八意識？**—穿越時空「超意識」
平實導師述 每冊 300 元
42.**黯淡的達賴**—失去光彩的諾貝爾和平獎
正覺教育基金會編著 每冊 250 元
43.**童女迦葉考**—論呂凱文〈佛教輪迴思想的論述分析〉之謬。
平實導師 著 定價 180 元
44.**人間佛教**—實證者必定不悖三乘菩提
平實導師 述，定價 400 元
45.**實相經宗通** 平實導師述 共八輯 每輯 250 元
46.**真心告訴您(一)**—達賴喇嘛在幹什麼？
正覺教育基金會編著 售價 250 元
47.**中觀金鑑**—詳述應成派中觀的起源與其破法本質
孫正德老師著 分爲上、中、下三冊，每冊 250 元
48.**藏傳佛教要義**—《狂密與真密》之簡體字版 平實導師 著 上、下冊
僅在大陸流通 每冊 300 元
49.**法華經講義** 平實導師述 共二十五輯 每輯 300 元
已於 2015/05/31 起開始出版，每二個月出版一輯
50.**西藏「活佛轉世」制度**—附佛、造神、世俗法
許正豐、張正玄老師合著 定價 150 元
51.**廣論三部曲** 郭正益老師著 定價 150 元
52.**真心告訴您(二)**—達賴喇嘛是佛教僧侶嗎？
—補祝達賴喇嘛八十大壽
正覺教育基金會編著 售價 300 元
53.**次法**—實證佛法前應有的條件
張善思居士著 分爲上、下二冊，每冊 250 元
54.**涅槃**—解說四種涅槃之實證及內涵 平實導師著 上下冊 各 350 元
預定 2018/09/30 出版上冊，11 月底出版下冊
55.**廣論之平議**—宗喀巴《菩提道次第廣論》之平議 正雄居士著
約二或三輯 俟正覺電子報連載後結集出版 書價未定
56.**末法導護**—對印順法師中心思想之綜合判攝 正慶老師著 書價未定

57.**菩薩學處**—菩薩四攝六度之要義　陸正元老師著　出版日期未定。
58.**八識規矩頌**詳解　○○居士 註解　出版日期另訂　書價未定。
59.**印度佛教史**—法義與考證。依法義史實評論印順《印度佛教思想史、佛教史地考論》之謬說　正偉老師著　出版日期未定　書價未定
60.**中國佛教史**—依中國佛教正法史實而論。 ○○老師 著　書價未定。
61.**中論正義**—釋龍樹菩薩《中論》頌正理。
孫正德老師著　出版日期未定　書價未定
62.**中觀正義**—註解平實導師《中論正義頌》。
○○法師（居士）著　出版日期未定　書價未定
63.**佛藏經講記**　平實導師述　出版日期未定　書價未定
64.**阿含經講記**—將選錄四阿含中數部重要經典全經講解之，講後整理出版。
平實導師述　約二輯　每輯300元　出版日期未定
65.**寶積經講記**　平實導師述　每輯三百餘頁 優惠價300元 出版日期未定
66.**解深密經講記**　平實導師述 約四輯　將於重講後整理出版
67.**成唯識論略解**　平實導師著　五～六輯　每輯300元　出版日期未定
68.**修習止觀坐禪法要講記**　平實導師述　每輯三百餘頁
將於正覺寺建成後重講、以講記逐輯出版　出版日期未定
69.**無門關**—《無門關》公案拈提　平實導師著　出版日期未定
70.**中觀再論**—兼述印順《中觀今論》謬誤之平議。正光老師著 出版日期未定
71.**輪迴與超度**—佛教超度法會之真義。
○○法師（居士）著　出版日期未定　書價未定
72.**《釋摩訶衍論》平議**—對偽稱龍樹所造《釋摩訶衍論》之平議
○○法師（居士）著　出版日期未定　書價未定
73.**正覺發願文**註解—以真實大願為因 得證菩提
正德老師著　出版日期未定　書價未定
74.**正覺總持咒**—佛法之總持　正圜老師著　出版日期未定　書價未定
75.**三自性**—依四食、五蘊、十二因緣、十八界法，說三性三無性。
作者未定　出版日期未定
76.**道品**—從三自性說大小乘三十七道品　作者未定　出版日期未定
77.**大乘緣起觀**—依四聖諦七真如現觀十二緣起 作者未定　出版日期未定
78.**三德**—論解脫德、法身德、般若德。　作者未定　出版日期未定
79.**真假如來藏**—對印順《如來藏之研究》謬說之平議　作者未定 出版日期未定
80.**大乘道次第**　作者未定　出版日期未定　書價未定
81.**四緣**—依如來藏故有四緣。　作者未定　出版日期未定
82.**空之探究**—印順《空之探究》謬誤之平議　作者未定 出版日期未定
83.**十法義**—論阿含經中十法之正義　作者未定　出版日期未定
84.**外道見**—論述外道六十二見　作者未定　出版日期未定

正智出版社有限公司 書籍介紹

禪淨圓融：言淨土諸祖所未曾言，示諸宗祖師所未曾示；禪淨圓融，另闢成佛捷徑，兼顧自力他力，闡釋淨土門之速行易行道，亦同時揭櫫聖教門之速行易行道；令廣大淨土行者得免緩行難證之苦，亦令聖道門行者得以藉著淨土速行道而加快成佛之時劫。乃前無古人之超勝見地，非一般弘揚禪淨法門典籍也，先讀爲快。平實導師著 200元。

宗門正眼——公案拈提第一輯：繼承克勤圜悟大師碧巖錄宗旨之禪門鉅作。先則舉示當代大法師之邪說，消弭當代禪門大師鄉愿之心態，摧破當今禪門「世俗禪」之妄談；次則旁通教法，表顯宗門正理；繼以道之次第，消弭古今狂禪；後藉言語及文字機鋒，直示宗門入處。悲智雙運，禪味十足，數百年來難得一睹之禪門鉅著也。平實導師著 500元（原初版書《禪門摩尼寶聚》，改版後補充爲五百餘頁新書，總計多達二十四萬字，內容更精彩，並改名爲《宗門正眼》，讀者原購初版《禪門摩尼寶聚》皆可寄回本公司免費換新，免附回郵，亦無截止期限）（2007年起，凡購買公案拈提第一輯至第七輯，每購一輯皆贈送本公司精製公案拈提〈超意境〉CD一片，市售價格280元，多購多贈）。

禪—悟前與悟後：本書能建立學人悟道之信心與正確知見，圓滿具足而有次第地詳述禪悟之功夫與禪悟之內容，指陳參禪中細微淆訛之處，能使學人明自眞心、見自本性。若未能悟入，亦能以正確知見辨別古今中外一切大師究係眞悟？或屬錯悟？便有能力揀擇，捨名師而選明師，後時必有悟道之緣。一旦悟道，遲者七次人天往返，便出三界，速者一生取辨。學人欲求開悟者，不可不讀。　平實導師著。上、下冊共500元，單冊250元。

真實如來藏：如來藏眞實存在，乃宇宙萬有之本體，並非印順法師、達賴喇嘛等人所說之「唯有名相、無此心體」。如來藏是涅槃之本際，是一切有智之人竭盡心智、不斷探索而不能得之生命實相；是古今中外許多大師自以爲悟而當面錯過之生命實相。如來藏即是阿賴耶識，乃是一切有情本自具足、不生不滅之眞實心。當代中外大師於此書出版之前所未能言者，作者於本書中盡情流露、詳細闡釋。眞悟者讀之，必能增益悟境、智慧增上；錯悟者讀之，必能檢討自己之錯誤，免犯大妄語業；未悟者讀之，能知參禪之理路，亦能以之檢查一切名師是否眞悟。此書是一切哲學家、宗教家、學佛者及欲昇華心智之人必讀之鉅著。　平實導師著　售價400元。

宗門法眼——**公案拈提**第二輯：列舉實例，闡釋土城廣欽老和尚之悟處；並直示這位不識字的老和尚妙智橫生之根由，繼而剖析禪宗歷代大德之開悟公案，解析當代密宗高僧卡盧仁波切之錯悟證據，並例舉當代顯宗高僧、大居士之錯悟證據（凡健在者，爲免影響其名聞利養，皆隱其名）。藉辨正當代名師之邪見，向廣大佛子指陳禪悟之正道，彰顯宗門法眼。悲勇兼出，強捋虎鬚；慈智雙運，巧探驪龍；摩尼寶珠在手，直示宗門入處，禪味十足；若非大悟徹底，不能爲之。禪門精奇人物，允宜人手一冊，供作參究及悟後印證之圭臬。本書於2008年4月改版，增寫為大約500頁篇幅，以利學人研讀參究時更易悟入宗門正法，以前所購初版首刷及初版二刷舊書，皆可免費換取新書。平實導師著 500元（2007年起，凡購買公案拈提第一輯至第七輯，每購一輯皆贈送本公司精製公案拈提〈超意境〉CD一片，市售價格280元，多購多贈）。

宗門道眼——**公案拈提**第三輯：繼宗門法眼之後，再以金剛之作略、慈悲之胸懷、犀利之筆觸，舉示寒山、拾得、布袋三大士之悟處，消弭當代錯悟者對於寒山大士……等之誤會及誹謗。 亦舉出民初以來與虛雲和尚齊名之蜀郡鹽亭袁煥仙夫子——南懷瑾老師之師，其「悟處」何在？並蒐羅許多眞悟祖師之證悟公案，顯示禪宗歷代祖師之睿智，指陳部分祖師、奧修及當代顯密大師之謬悟，作爲殷鑑，幫助禪子建立及修正參禪之方向及知見。假使讀者閱此書已，一時尚未能悟，亦可一面加功用行，一面以此宗門道眼辨別眞假善知識，避開錯誤之印證及歧路，可免大妄語業之長劫慘痛果報。欲修禪宗之禪者，務請細讀。平實導師著 售價500元（2007年起，凡購買公案拈提第一輯至第七輯，每購一輯皆贈送本公司精製公案拈提〈超意境〉CD一片，市售價格280元，多購多贈）。

楞伽經詳解：本經是禪宗見道者印證所悟眞僞之根本經典，亦是禪宗見道者悟後起修之依據經典；故達摩祖師於印證二祖慧可大師之後，將此經典連同佛鉢祖衣一併交付二祖，令其依此經典佛示金言、進入修道位，修學一切種智。由此可知此經對於眞悟之人修學佛道，是非常重要之一部經典。此經能破外道邪說，亦破佛門中錯悟名師之謬說，亦破禪宗部分祖師之狂禪：不讀經典、一向主張「一悟即成究竟佛」之謬執。並開示愚夫所行禪、觀察義禪、攀緣如禪、如來禪等差別，令行者對於三乘禪法差異有所分辨；亦糾正禪宗祖師古來對於如來禪之誤解，嗣後可免以訛傳訛之弊。此經亦是法相唯識宗之根本經典，禪者悟後欲修一切種智而入初地者，必須詳讀。平實導師著，全套共十輯，已全部出版完畢，每輯主文約320頁，每冊約352頁，定價250元。

宗門血脈—**公案拈提第四輯**：末法怪象—許多修行人自以爲悟，每將無念靈知認作眞實；崇尚二乘法諸師及其徒眾，則將**外於如來藏之緣起性空**—無因論之無常空、斷滅空、一切法空—錯認爲 佛所說之般若空性。這兩種現象已於當今海峽兩岸及美加地區顯密大師之中普遍存在；人人自以爲悟，心高氣壯，便敢寫書解釋祖師證悟之公案，大多出於意識思惟所得，言不及義，錯誤百出，因此誤導廣大佛子同陷大妄語之地獄業中而不能自知。彼等書中所說之悟處，其實處處違背第一義經典之聖言量。彼等諸人不論是否身披袈裟，都非佛法宗門血脈，或雖有禪宗法脈之傳承，亦只徒具形式；猶如螟蛉，非眞血脈，未悟得根本眞實故。禪子欲知佛、祖之眞血脈者，請讀此書，便知分曉。平實導師著，主文452頁，全書464頁，定價500元（2007年起，凡購買公案拈提第一輯至第七輯，每購一輯皆贈送本公司精製公案拈提〈超意境〉CD一片，市售價格280元，多購多贈）。

宗通與說通：古今中外，錯誤之人如麻似粟，每以常見外道所說之靈知心，認作眞心；或妄想虛空之勝性能量爲眞如，或錯認物質四大元素藉冥性（靈知心本體）能成就吾人色身及知覺，或認初禪至四禪中之了知心爲不生不滅之涅槃心。此等皆非通宗者之見地。復有錯悟之人一向主張「宗門與教門不相干」，此即尚未通達宗門之人也。其實宗門與教門互通不二，宗門所證者乃是眞如與佛性，教門所說者乃說宗門證悟之眞如佛性，故教門與宗門不二。本書作者以宗教二門互通之見地，細說「宗通與說通」，從初見道至悟後起修之道、細說分明；並將諸宗諸派在整體佛教中之地位與次第，加以明確之教判，學人讀之即可了知佛法之梗概也。欲擇明師學法之前，允宜先讀。平實導師著，主文共381頁，全書392頁，只售成本價300元。

宗門正道—**公案拈提**第五輯：修學大乘佛法有二果須證解脫果及大菩提果。二乘人不證大菩提果，唯證解脫果；此果之智慧，名爲聲聞菩提、緣覺菩提。大乘佛子所證二果之菩提果爲佛菩提，故名大菩提果，其慧名爲一切種智函蓋二乘解脫果。然此大乘二果修證，須經由禪宗之宗門證悟方能相應。而宗門證悟極難，自古已然；其所以難者，咎在古今佛教界普遍存在三種邪見：1.以修定認作佛法，2.以無因論之緣起性空—否定涅槃本際如來藏以後之一切法空作爲佛法，3.以常見外道邪見（離語言妄念之靈知性）作爲佛法。如是邪見，或因自身正見未立所致，或因邪師之邪教導所致，或因無始劫來虛妄熏習所致。若不破除此三種邪見，永劫不悟宗門眞義、不入大乘正道，唯能外門廣修菩薩行。平實導師於此書中，有極爲詳細之說明，有志佛子欲摧邪見、入於內門修菩薩行者，當閱此書。主文共496頁，全書512頁。售價500元（2007年起，凡購買公案拈提第一輯至第七輯，每購一輯皆贈送本公司精製公案拈提〈超意境〉CD一片，市售價格280元，多購多贈）。

狂密與真密：密教之修學，皆由有相之觀行法門而入，其最終目標仍不離顯教經典所說第一義諦之修證；若離顯教第一義經典、或違背顯教第一義經典，即非佛教。西藏密教之觀行法，如灌頂、觀想、遷識法、寶瓶氣、大聖歡喜雙身修法、喜金剛、無上瑜伽、大樂光明、樂空雙運等，皆是印度教**兩性生生不息思想之轉化，自始至終**皆以**如何能運用交合淫樂之法達到全身受樂**爲其中心思想，純屬欲界五欲的貪愛，不能令人超出欲界輪迴，更不能令人斷除我見；何況大乘之明心與見性，更無論矣！故密宗之法絕非佛法也。而其明光大手印、大圓滿法教，又皆同以常見外道所說**離語言妄念之無念靈知心**錯認爲佛地之眞如，不能直指不生不滅之眞如。西藏密宗所有法王與徒眾，都尚未開頂門眼，不能辨別眞僞，以**依人不依法、依密續不依經典**故，不肯將其上師喇嘛所說對照第一義經典，純依密續之藏密祖師所說爲準，因此而誇大其證德與證量，動輒謂彼祖師上師爲究竟佛、爲地上菩薩；如今台海兩岸亦有自謂其師證量高於 釋迦文佛者，然觀其師所述，猶未見道，仍在觀行即佛階段，尚未到禪宗相似即佛、分證即佛階位，竟敢標榜爲究竟佛及地上法王，誑惑初機學人。凡此怪象皆是狂密，不同於眞密之修行者。近年狂密盛行，密宗行者被誤導者極眾，動輒自謂已證佛地眞如，自視爲究竟佛，陷於大妄語業中而不知自省，反謗顯宗眞修實證者之證量粗淺；或如義雲高與釋性圓…等人，於報紙上公然誹謗眞實證道者爲「騙子、無道人、人妖、癩蛤蟆…」等，造下誹謗大乘勝義僧之大惡業；或以外道法中有爲有作之甘露、魔術……等法，誑騙初機學人，狂言彼外道法爲眞佛法。如是怪象，在西藏密宗及附藏密之外道中，不一而足，舉之不盡，學人宜應愼思明辨，以免上當後又犯毀破菩薩戒之重罪。密宗學人若欲遠離邪知邪見者，請閱此書，即能了知密宗之邪謬，從此遠離邪見與邪修，轉入眞正之佛道。

平實導師著 共四輯 每輯約400頁（主文約340頁）每輯售價300元。

宗門正義—公案拈提第六輯：佛教有六大危機，乃是藏密化、世俗化、膚淺化、學術化、宗門密意失傳、悟後進修諸地之次第混淆；其中尤以宗門密意之失傳，爲當代佛教最大之危機。由宗門密意失傳故，易令世尊本懷普被錯解，易令世尊正法被轉易爲外道法，以及加以淺化、世俗化，是故宗門密意之廣泛弘傳與具緣佛弟子，極爲重要。然而欲令宗門密意之廣泛弘傳予具緣之佛弟子者，必須同時配合錯誤知見之解析、普令佛弟子知之，然後輔以公案解析之直示入處，方能令具緣之佛弟子悟入。而此二者，皆須以公案拈提之方式爲之，方易成其功、竟其業，是故平實導師續作宗門正義一書，以利學人。　全書500餘頁，售價500元（2007年起，凡購買公案拈提第一輯至第七輯，每購一輯皆贈送本公司精製公案拈提〈超意境〉CD一片，市售價格280元，多購多贈）。

心經密意—心經與解脫道、佛菩提道、祖師公案之關係與密意。二乘菩提所證之解脫道，實依第八識心之斷除煩惱障現行而立解脫之名；大乘菩提所證之佛菩提道，實依親證第八識如來藏之涅槃性、清淨自性、及其中道性而立般若之名；禪宗祖師公案所證之眞心，即是此第八識如來藏；是故三乘佛法所修所證之三乘菩提，皆依此如來藏心而立名也。此第八識心，即是《心經》所說之心也。證得此如來藏已，即能漸入大乘佛菩提道，亦可因證知此心而了知二乘無學所不能知之無餘涅槃本際，是故《心經》之密意，與三乘佛菩提之關係極爲密切、不可分割，三乘佛法皆依此心而立名故。今者平實導師以其所證解脫道之無生智及佛菩提之般若種智，將《心經》與解脫道、佛菩提道、祖師公案之關係與密意，以演講之方式，用淺顯之語句和盤托出，發前人所未言，呈三乘菩提之眞義，令人藉此《心經密意》一舉而窺三乘菩提之堂奧，迥異諸方言不及義之說；欲求眞實佛智者、不可不讀！主文317頁，連同跋文及序文…等共384頁，售價300元。

宗門密意——公案拈提第七輯：佛教之世俗化，將導致學人以信仰作爲學佛，則將以感應及世間法之庇祐，作爲學佛之主要目標，不能了知學佛之主要目標爲親證三乘菩提。大乘菩提則以般若實相智慧爲主要修習目標，以二乘菩提解脫道爲附帶修習之標的；是故學習大乘法者，應以禪宗之證悟爲要務，能親入大乘菩提之實相般若智慧中故，般若實相智慧非二乘聖人所能知故。此書則以台灣世俗化佛教之三大法師，說法似是而非之實例，配合眞悟祖師之公案解析，提示證悟般若之關節，令學人易得悟入。平實導師著，全書五百餘頁，售價500元（2007年起，凡購買公案拈提第一輯至第七輯，每購一輯皆贈送本公司精製公案拈提〈超意境〉CD一片，市售價格280元，多購多贈）。

淨土聖道——兼評日本本願念佛：佛法甚深極廣，般若玄微，非諸二乘聖僧所能知之，一切凡夫更無論矣！所謂一切證量皆歸淨土是也！是故大乘法中「聖道之淨土、淨土之聖道」，其義甚深，難可了知；乃至眞悟之人，初心亦難知也。今有正德老師眞實證悟後，復能深探淨土與聖道之緊密關係，憐憫眾生之誤會淨土實義，亦欲利益廣大淨土行人同入聖道，同獲淨土中之聖道門要義，乃振奮心神、書以成文，今得刊行天下。主文279頁，連同序文等共301頁，總有十一萬六千餘字，正德老師著，成本價200元。

起信論講記：詳解大乘起信論**心生滅門**與**心眞如門**之眞實意旨，消除以往大師與學人對起信論所說**心生滅門**之誤解，由是而得了知眞心如來藏之非常非斷中道正理；亦因此一講解，令此論以往隱晦而被誤解之眞實義，得以如實顯示，令大乘佛菩提道之正理得以顯揚光大；初機學者亦可藉此正論所顯示之法義，對大乘法理生起正信，從此得以眞發菩提心，眞入大乘法中修學，世世常修菩薩正行。平實導師演述，共六輯，都已出版，每輯三百餘頁，售價250元。

優婆塞戒經講記：本經詳述在家菩薩修學大乘佛法，應如何受持菩薩戒？對人間善行應如何看待？對三寶應如何護持？應如何正確地修集此世後世證法之福德？應如何修集後世「行菩薩道之資糧」？並詳述第一義諦之正義：五蘊非我非異我、自作自受、異作異受、不作不受……等深妙法義，乃是修學大乘佛法、行菩薩行之在家菩薩所應當了知者。出家菩薩今世或未來世登地已，捨報之後多數將如華嚴經中諸大菩薩，以在家菩薩身而修行菩薩行，故亦應以此經所述正理而修之，配合《楞伽經、解深密經、楞嚴經、華嚴經》等道次第正理，方得漸次成就佛道；故此經是一切大乘行者皆應證知之正法。平實導師講述，每輯三百餘頁，售價各250元；共八輯，已全部出版。

真假活佛—略論附佛外道盧勝彥之邪說：人人身中都有眞活佛，永生不滅而有大神用，但眾生都不了知，所以常被身外的西藏密宗假活佛籠罩欺瞞。本來就眞實存在的眞活佛，才是眞正的密宗無上密！諾那活佛因此而說禪宗是大密宗，但藏密的所有活佛都不知道、也不曾實證自身中的眞活佛。本書詳實宣示眞活佛的道理，舉證盧勝彥的「佛法」不是眞佛法，也顯示盧勝彥是假活佛，直接的闡釋第一義佛法見道的眞實正理。眞佛宗的所有上師與學人們，都應該詳細閱讀，包括盧勝彥個人在內。正犀居士著，優惠價140元。

阿含正義—唯識學探源：廣說四大部《阿含經》諸經中隱說之眞正義理，一一舉示佛陀本懷，令阿含時期初轉法輪根本經典之眞義，如實顯現於佛子眼前。並提示末法大師對於阿含眞義誤解之實例，一一比對之，證實唯識增上慧學確於原始佛法之阿含諸經中已隱覆密意而略說之，證實 世尊確於原始佛法中已曾密意而說第八識如來藏之總相；亦證實 世尊在四阿含中已說此藏識是名色十八界之因、之本—證明如來藏是能生萬法之根本心。佛子可據此修正以往受諸大師（譬如西藏密宗應成派中觀師：印順、昭慧、性廣、大願、達賴、宗喀巴、寂天、月稱、……等人）誤導之邪見，建立正見，轉入正道乃至親證初果而無困難；書中並詳說三果所證的**心解脫**，以及四果**慧解脫**的親證，都是如實可行的具體知見與行門。全書共七輯，已出版完畢。平實導師著，每輯三百餘頁，售價300元。

超意境CD：以平實導師公案拈提書中超越意境之頌詞，加上曲風優美的旋律，錄成令人嚮往的超意境歌曲，其中包括正覺發願文及平實導師親自譜成的黃梅調歌曲一首。詞曲雋永，殊堪翫味，可供學禪者吟詠，有助於見道。內附設計精美的彩色小冊，解說每一首詞的背景本事。每片280元。【每購買公案拈提書籍一冊，即贈送一片。】

鈍鳥與靈龜：鈍鳥及靈龜二物，被宗門證悟者說爲二種人：前者是精修禪定而無智慧者，也是以定爲禪的愚癡禪人；後者是或有禪定、或無禪定的宗門證悟者，凡已證悟者皆是靈龜。但後來被人虛造事實，用以嘲笑大慧宗杲禪師，說他雖是靈龜，卻不免被天童禪師預記「患背」痛苦而亡：「**鈍鳥離巢易，靈龜脫殼難**。」藉以貶低大慧宗杲的證量。同時將天童禪師實證如來藏的證量，曲解爲意識境界的離念靈知。自從大慧禪師入滅以後，錯悟凡夫對他的不實毀謗就一直存在著，不曾止息，並且捏造的假事實也隨著年月的增加而越來越多，終至編成「鈍鳥與靈龜」的假公案、假故事。本書是考證大慧與天童之間的不朽情誼，顯現這件假公案的虛妄不實；更見大慧宗杲面對惡勢力時的正直不阿，亦顯示大慧對天童禪師的至情深義，將使後人對大慧宗杲的誣謗至此而止，不再有人誤犯毀謗賢聖的惡業。書中亦舉證宗門的所悟確以第八識如來藏爲標的，詳讀之後必可改正以前被錯悟大師誤導的參禪知見，日後必定有助於實證禪宗的開悟境界，得階大乘眞見道位中，即是實證般若之賢聖。全書459頁，售價350元。

我的菩提路第一輯：凡夫及二乘聖人不能實證的佛菩提證悟，末法時代的今天仍然有人能得實證，由正覺同修會釋悟圓、釋善藏法師等二十餘位實證如來藏者所寫的見道報告，已為當代學人見證宗門正法之絲縷不絕，證明大乘義學的法脈仍然存在，為末法時代求悟般若之學人照耀出光明的坦途。由二十餘位大乘見道者所繕，敘述各種不同的學法、見道因緣與過程，參禪求悟者必讀。全書三百餘頁，售價300元。

我的菩提路第二輯：由郭正益老師等人合著，書中詳述彼等諸人歷經各處道場學法，一一修學而加以檢擇之不同過程以後，因閱讀正覺同修會、正智出版社書籍而發起抉擇分，轉入正覺同修會中修學；乃至學法及見道之過程，都一一詳述之。其中張志成等人係由前現代禪轉進正覺同修會，張志成原為現代禪副宗長，以前未閱本會書籍時，曾被人藉其名義著文評論 平實導師（詳見《宗通與說通》辨正及《眼見佛性》書末附錄…等）；後因偶然接觸正覺同修會書籍，深覺以前聽人評論平實導師之語不實，於是投入極多時間閱讀本會書籍、深入思辨，詳細探索中觀與唯識之關聯與異同，認為正覺之法義方是正法，深覺相應；亦解開多年來對佛法的迷雲，確定應依八識論正理修學方是正法。乃不顧面子，毅然前往正覺同修會面見平實導師懺悔，並正式學法求悟。今已與其同修王美伶（亦為前現代禪傳法老師），同樣證悟如來藏而證得法界實相，生起實相般若真智。此書中尚有七年來本會第一位眼見佛性者之見性報告一篇，一同供養大乘佛弟子。全書共四百頁，售價300元。

我的菩提路第三輯：由王美伶老師等人合著。自從正覺同修會成立以來，每年夏初、冬初都舉辦精進禪三共修，藉以助益會中同修們得以證悟明心發起般若實相智慧；凡已實證而被平實導師印證者，皆書具見道報告用以證明佛法之眞實可證而非玄學，證明佛法並非純屬思想、理論而無實質，是故每年都能有人證明正覺同修會的「實證佛教」主張並非虛語。特別是眼見佛性一法，自古以來中國禪宗祖師實證者極寡，較之明心開悟的證境更難令人信受；至2017年初，正覺同修會中的證悟明心者已近五百人，然而其中眼見佛性者至今唯十餘人爾，可謂難能可貴，是故明心後欲冀眼見佛性者實屬不易。黃正倖老師是懸絕七年無人見性後的第一人，她於2009年的見性報告刊於本書的第二輯中，爲大眾證明佛性確實可以眼見；其後七年之中求見性者都屬解悟佛性而無人眼見，幸而又經七年後的2016冬初，以及2017夏初的禪三，復有三人眼見佛性，希冀鼓舞四眾佛子求見佛性之大心，今則具載一則於書末，顯示求見佛性之事實經歷，供養現代佛教界欲得見性之四眾弟子。全書四百頁，售價300元，預定2017年6月30日發行。

我的菩提路第四輯：由陳晏平等人著。中國禪宗祖師往往有所謂「見性」之言，所言多屬看見如來藏具有能令人發起成佛之自性，並非《大般涅槃經》中 如來所說之眼見佛性。眼見佛性者，於親見佛性之時，即能於山河大地眼見自己佛性，亦能於他人身上眼見自己佛性及對方之佛性，如是境界無法爲尚未實證者解釋；勉強說之，縱使眞實明心證悟之人聞之，亦只能以自身明心之境界想像之，但不論如何想像多屬非量，能有正確之比量者亦是稀有，故說眼見佛性極爲困難。眼見佛性之人若所見極分明時，在所見佛性之境界下所眼見之山河大地、自己五蘊身心皆是虛幻，自有異於明心者之解脫功德受用，此後永不思證二乘涅槃，必定邁向成佛之道而進入第十住位中，已超第一阿僧祇劫三分有一，可謂之爲超劫精進也。今又有明心之後眼見佛性之人出於人間，將其明心及後來見性之報告，連同其餘證悟明心者之精彩報告一同收錄於此書中，供養眞求佛法實證之四眾佛子。全書380頁，售價300元，預定2018年6月30日發行。

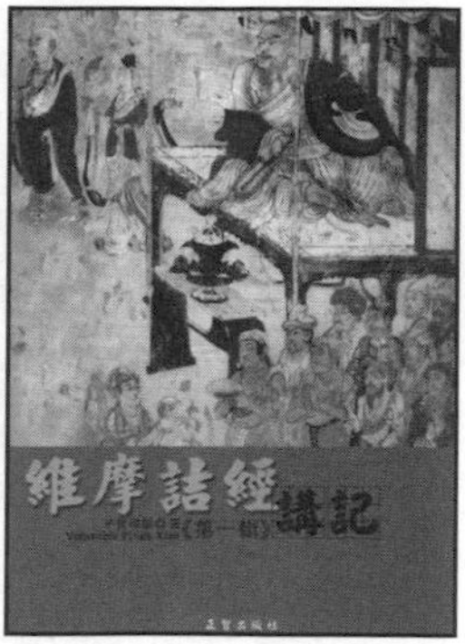

維摩詰經講記：本經係 世尊在世時，由等覺菩薩維摩詰居士藉疾病而演說之大乘菩提無上妙義，所說函蓋甚廣，然極簡略，是故今時諸方大師與學人讀之悉皆錯解，何況能知其中隱含之深妙正義，是故普遍無法爲人解說；若強爲人說，則成依文解義而有諸多過失。今由平實導師公開宣講之後，詳實解釋其中密意，令維摩詰菩薩所說大乘不可思議解脫之深妙正法得以正確宣流於人間，利益當代學人及與諸方大師。書中詳實演述大乘佛法深妙不共二乘之智慧境界，顯示諸法之中絕待之實相境界，建立大乘菩薩妙道於永遠不敗不壞之地，以此成就護法偉功，欲冀永利娑婆人天。已經宣講圓滿整理成書流通，以利諸方大師及諸學人。全書共六輯，每輯三百餘頁，售價各250元。

真假外道：本書具體舉證佛門中的常見外道知見實例，並加以教證及理證上的辨正，幫助讀者輕鬆而快速的了知常見外道的錯誤知見，進而遠離佛門內外的常見外道知見，因此即能改正修學方向而快速實證佛法。游正光老師著。成本價200元。

勝鬘經講記：如來藏爲三乘菩提之所依，若離如來藏心體及其含藏之一切種子，即無三界有情及一切世間法，亦無二乘菩提緣起性空之出世間法；本經詳說無始無明、一念無明皆依如來藏而有之正理，藉著詳解煩惱障與所知障間之關係，令學人深入了知二乘菩提與佛菩提相異之妙理；聞後即可了知佛菩提之特勝處及三乘修道之方向與原理，邁向攝受正法而速成佛道的境界中。平實導師講述，共六輯，每輯三百餘頁，售價各250元。

楞嚴經講記：楞嚴經係密教部之重要經典，亦是顯教中普受重視之經典；經中宣說明心與見性之內涵極爲詳細，將一切法都會歸如來藏及佛性—妙眞如性；亦闡釋佛菩提道修學過程中之種種魔境，以及外道誤會涅槃之狀況，旁及三界世間之起源。然因言句深澀難解，法義亦復深妙寬廣，學人讀之普難通達，是故讀者大多誤會，不能如實理解佛所說之明心與見性內涵，亦因是故多有悟錯之人引爲開悟之證言，成就大妄語罪。今由平實導師詳細講解之後，整理成文，以易讀易懂之語體文刊行天下，以利學人。全書十五輯，全部出版完畢。每輯三百餘頁，售價每輯300元。

明心與眼見佛性：本書細述明心與眼見佛性之異同，同時顯示了中國禪宗破初參明心與重關眼見佛性二關之間的關聯；書中又藉法義辨正而旁述其他許多勝妙法義，讀後必能遠離佛門長久以來積非成是的錯誤知見，令讀者在佛法的實證上有極大助益。也藉慧廣法師的謬論來教導佛門學人回歸正知正見，遠離古今禪門錯悟者所墮的意識境界，非唯有助於斷我見，也對未來的開悟明心實證第八識如來藏有所助益，是故學禪者都應細讀之。游正光老師著　共448頁

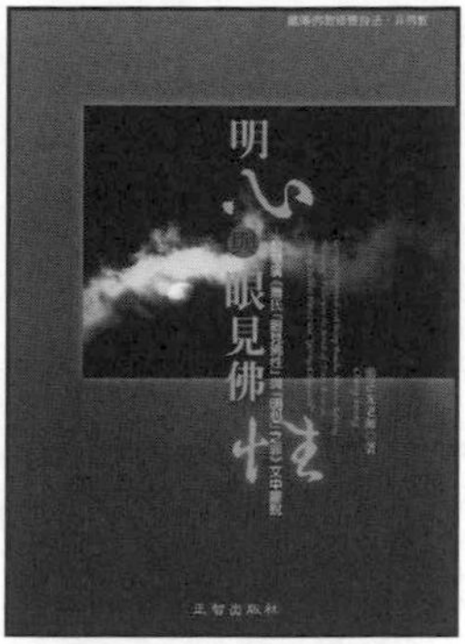

售價300元。

菩薩底憂鬱CD將菩薩情懷及禪宗公案寫成新詞，並製作成超越意境的優美歌曲。1.主題曲〈菩薩底憂鬱〉，描述地後菩薩能離三界生死而迴向繼續生在人間，但因尚未斷盡習氣種子而有極深沈之憂鬱，非三賢位菩薩及二乘聖者所知，此憂鬱在七地滿心位方才斷盡；本曲之詞中所說義理極深，昔來所未曾見；此曲係以優美的情歌風格寫詞及作曲，聞者得以激發嚮往諸地菩薩境界之大心，詞、曲都非常優美，難得一見；其中勝妙義理之解說，已印在附贈之彩色小冊中。2.以各輯公案拈提中

直示禪門入處之頌文，作成各種不同曲風之超意境歌曲，值得玩味、參究；聆聽公案拈提之優美歌曲時，請同時閱讀內附之印刷精美說明小冊，可以領會超越三界的證悟境界；未悟者可以因此引發求悟之意向及疑情，眞發菩提心而邁向求悟之途，乃至因此眞實悟入般若，成眞菩薩。3.正覺總持咒新曲，總持佛法大意；總持咒之義理，已加以解說並印在隨附之小冊中。本CD共有十首歌曲，長達63分鐘，附贈二張購書優惠券。每片280元。

禪意無限CD平實導師以公案拈提書中偈頌寫成不同風格曲子，與他人所寫不同風格曲子共同錄製出版，幫助參禪人進入禪門超越意識之境界。盒中附贈彩色印製的精美解說小冊，以供聆聽時閱讀，令參禪人得以發起參禪之疑情，即有機會證悟本來面目，實證大乘菩提般若。本CD共有十首歌曲，長達69分鐘，每盒各附贈二張購書優惠券。每片280元。

金剛經宗通：三界唯心，萬法唯識，是成佛之修證內容，是諸地菩薩之所修；般若則是成佛之道（實證三界唯心、萬法唯識）的入門，若未證悟實相般若，即無成佛之可能，必將永在外門廣行菩薩六度，永在凡夫位中。然而實相般若的發起，全賴實證萬法的實相；若欲證知萬法的眞相，則必須探究萬法之所從來，則須實證自心如來—金剛心如來藏，然後現觀這個金剛心的金剛性、眞實性、如如性、清淨性、涅槃性、能生萬法的自性性、本住性，名為證眞如；進而現觀三界六道唯是此金剛心所成，人間萬法須藉八識心王和合運作方能現起。如是實證《華嚴經》的「三界唯心、萬法唯識」以後，由此等現觀而發起實相般若智慧，繼續進修第十住位的如幻觀、第十行位的陽焰觀、第十迴向位的如夢觀，再生起增上意樂而勇發十無盡願，方能滿足三賢位的實證，轉入初地；自知成佛之道而無偏倚，從此按部就班、次第進修乃至成佛。第八識自心如來是般若智慧之所依，般若智慧的修證則要從實證金剛心自心如來開始；《金剛經》則是解說自心如來之經典，是一切三賢位菩薩所應進修之實相般若經典。這一套書，是將平實導師宣講的《金剛經宗通》內容，整理成文字而流通之；書中所說義理，迥異古今諸家依文解義之說，指出大乘見道方向與理路，有益於禪宗學人求開悟見道，及轉入內門廣修六度萬行。講述完畢後結集出版，總共9輯，每輯約三百餘頁，售價各250元。

空行母—性別、身分定位，以及藏傳佛教：本書作者爲蘇格蘭哲學家，因爲嚮往佛教深妙的哲學內涵，於是進入當年盛行於歐美的假藏傳佛教密宗，擔任卡盧仁波切的翻譯工作多年以後，被邀請成爲卡盧的空行母（又名佛母、明妃），開始了她在密宗裡的實修過程；後來發覺在密宗雙身法中的修行，其實無法使自己成佛，也發覺密宗對女性岐視而處處貶抑，並剝奪女性在雙身法中擔任一半角色時應有的身分定位。當她發覺自己只是雙身法中被喇嘛利用的工具，沒有獲得絲毫應有的尊重與基本定位時，發現了密宗的父權社會控制女性的本質；於是作者傷心地離開了卡盧仁波切與密宗，但是卻被恐嚇不許講出她在密宗裡的經歷，也不許她說出自己對密宗的教義與教制下對女性剝削的本質，否則將被咒殺死亡。後來她去加拿大定居，十餘年後方才擺脫這個恐嚇陰影，下定決心將親身經歷的實情及觀察到的事實寫下來並且出版，公諸於世。出版之後，她被流亡的達賴集團人士大力攻訐，誣指她爲精神狀態失常、說謊……等。但有智之士並未被達賴集團的政治操作及各國政府政治運作吹捧達賴的表相所欺，使她的書銷售無阻而又再版。正智出版社鑑於作者此書是親身經歷的事實，所說具有針對「藏傳佛教」而作學術研究的價值，也有使人認清假藏傳佛教剝削佛母、明妃的男性本位實質，因此洽請作者同意中譯而出版於華人地區。珍妮·坎貝爾女士著，呂艾倫 中譯，每冊250元。

霧峰無霧—給哥哥的信：本書作者藉兄弟之間信件往來論義，略述佛法大義；並以多篇短文辨義，舉出釋印順對佛法的無量誤解證據，並一一給予簡單而清晰的辨正，令人一讀即知。久讀、多讀之後即能認清楚釋印順的六識論見解，與眞實佛法之牴觸是多麼嚴重；於是在久讀、多讀之後，於不知不覺之間提升了對佛法的極深入理解，正知正見就在不知不覺間建立起來了。當三乘佛法的正知見建立起來之後，對於三乘菩提的見道條件便將隨之具足，於是聲聞解脫道的見道也就水到渠成；接著大乘見道的因緣也將次第成熟，未來自然也會有親見大乘菩提之道的因緣，悟入大乘實相般若也將自然成功，自能通達般若系列諸經而成實義菩薩。作者居住於南投縣霧峰鄉，自喻見道之後不復再見霧峰之霧，故鄉原野美景一一明見，於是立此書名爲《霧峰無霧》；讀者若欲撥霧見月，可以此書爲緣。游宗明 老師著 售價250元。

假藏傳佛教的神話—性、謊言、喇嘛教：本書編著者是由一首名叫「阿姊鼓」的歌曲爲緣起，展開了序幕，揭開假藏傳佛教—喇嘛教—的神祕面紗。其重點是蒐集、摘錄網路上質疑「喇嘛教」的帖子，以揭穿「假藏傳佛教的神話」爲主題，串聯成書，並附加彩色插圖以及說明，讓讀者們瞭解西藏密宗及相關人事如何被操作爲「神話」的過程，以及神話背後的眞相。作者：張正玄教授。售價200元。

達賴真面目—玩盡天下女人：假使您不想戴綠帽子，請記得詳細閱讀此書；假使您不想讓好朋友戴綠帽子，請您將此書介紹給您的好朋友。假使您想保護家中的女性，也想要保護好朋友的女眷，請記得將此書送給家中的女性和好友的女眷都來閱讀。本書爲印刷精美的大本彩色中英對照精裝本，爲您揭開達賴喇嘛的眞面目，內容精彩不容錯過，爲利益社會大眾，特別以優惠價格嘉惠所有讀者。編著者：白志偉等。大開版雪銅紙彩色精裝本。售價800元。

喇嘛性世界—揭開假藏傳佛教譚崔瑜伽的面紗：這個世界中的喇嘛，號稱來自世外桃源的香格里拉，穿著或紅或黃的喇嘛長袍，散布於我們的身邊傳教灌頂，吸引了無數的人嚮往學習；這些喇嘛虔誠地爲大眾祈福，手中拿著寶杵（金剛）與寶鈴（蓮花），口中唸著咒語：「唵‧嘛呢‧叭咪‧吽……」，咒語的意思是說：「我至誠歸命金剛杵上的寶珠伸向蓮花寶穴之中」！「喇嘛性世界」是什麼樣的「世界」呢？本書將爲您呈現喇嘛世界的面貌。當您發現眞相以後，您將會唸：「噢！喇嘛‧性‧世界，譚崔性交嘛！」作者：張善思、呂艾倫。售價200元。

末代達賴——性交教主的悲歌：簡介從藏傳僞佛教（喇嘛教）的修行核心——性力派男女雙修，探討達賴喇嘛及藏傳僞佛教的修行內涵。書中引用外國知名學者著作、世界各地新聞報導，包含：歷代達賴喇嘛的祕史、達賴六世修雙身法的事蹟，以及《時輪續》中的性交灌頂儀式……等；達賴喇嘛書中開示的雙修法、達賴喇嘛的黑暗政治手段；達賴喇嘛所領導的寺院爆發喇嘛性侵兒童；新聞報導《西藏生死書》作者索甲仁波切性侵女信徒、澳洲喇嘛秋達公開道歉、美國最大假藏傳佛教組織領導人邱陽創巴仁波切的性氾濫；等等事件背後眞相的揭露。作者：張善思、呂艾倫、辛燕。售價250元。

第七意識與第八意識？——穿越時空「超意識」：「三界唯心，萬法唯識」是佛教中應該實證的聖教，也是《華嚴經》中明載而可以實證的法界實相。唯心者，三界一切境界、一切諸法唯是一心所成就，即是每一個有情的第八識如來藏，不是意識心。唯識者，即是人類各各都具足的八識心王——眼識、耳鼻舌身意識、意根、阿賴耶識，第八阿賴耶識又名如來藏，人類五陰相應的萬法，莫不由八識心王共同運作而成就，故說萬法唯識。依聖教量及現量、比量，都可以證明意識是二法因緣生，是由第八識藉意根與法塵二法爲因緣而出生，又是夜夜斷滅不存之生滅心，即無可能反過來出生第七識意根、第八識如來藏，當知不可能從生滅性的意識心中，細分出恆審思量的第七識意根，更無可能細分出恆而不審的第八識如來藏。本書是將演講內容整理成文字，細說如是內容，並已在〈正覺電子報〉連載完畢，今彙集成書以廣流通，欲幫助佛門有緣人斷除意識我見，跳脫於識陰之外而取證聲聞初果；嗣後修學禪宗時即得不墮外道神我之中，得以求證第八識金剛心而發起般若實智。平實導師 述，每冊300元。

黯淡的達賴—失去光彩的諾貝爾和平獎：本書舉出很多證據與論述，詳述達賴喇嘛不爲世人所知的一面，顯示達賴喇嘛並不是眞正的和平使者，而是假借諾貝爾和平獎的光環來欺騙世人；透過本書的說明與舉證，讀者可以更清楚的瞭解，達賴喇嘛是結合暴力、黑暗、淫欲於喇嘛教裡的集團首領，其政治行爲與宗教主張，早已讓諾貝爾和平獎的光環染污了。　本書由財團法人正覺教育基金會寫作、編輯，由正覺出版社印行，每冊250元。

童女迦葉考—論呂凱文〈佛教輪迴思想的論述分析〉之謬：童女迦葉是佛世率領五百大比丘遊行於人間的歷史事實，是以童貞行而依止菩薩戒弘化於人間的大菩薩，不依別解脫戒（聲聞戒）來弘化於人間。這是大乘佛教與聲聞佛教同時存在於佛世的歷史明證，證明大乘佛教不是從聲聞法中分裂出來的部派佛教的產物，卻是聲聞佛教分裂出來的部派佛教聲聞凡夫僧所不樂見的史實；於是古今聲聞法中的凡夫都欲加以扭曲而作詭說，更是末法時代高聲大呼「大乘非佛說」的六識論聲聞凡夫極力想要扭曲的佛教史實之一，於是想方設法扭曲迦葉菩薩爲聲聞僧，以及扭曲迦葉童女爲比丘僧等荒謬不實之論著便陸續出現，古時聲聞僧寫作的《分別功德論》是最具體之事例，現代之代表作則是呂凱文先生的〈佛教輪迴思想的論述分析〉論文。鑑於如是假藉學術考證以籠罩大眾之不實謬論，未來仍將繼續造作及流竄於佛教界，繼續扼殺大乘佛教學人法身慧命，必須舉證辨正之，遂成此書。平實導師　著，每冊180元。

人間佛教—實證者必定不悖三乘菩提：「大乘非佛說」的講法似乎流傳已久，卻只是日本人企圖擺脫中國正統佛教的影響，而在明治維新時期才開始提出來的說法；台灣佛教、大陸佛教的淺學無智之人，由於未曾實證佛法而迷信日本人錯誤的學術考證，錯認為這些別有用心的日本佛學考證的講法為天竺佛教的眞實歷史；甚至還有更激進的反對佛教者提出「釋迦牟尼佛並非眞實存在，只是後人捏造的假歷史人物」，竟然也有少數人願意跟著「學術」的假光環而信受不疑，於是開始有一些佛教界人士造作了反對中國佛教而推崇南洋小乘佛教的行為，使佛教的信仰者難以檢擇，導致一般大陸人士開始轉入基督教的盲目迷信中。在這些佛教及外教人士之中，也就有一分人根據此邪說而大聲主張「大乘非佛說」的謬論，這些人以「人間佛教」的名義來抵制中國正統佛教，公然宣稱中國的大乘佛教是由聲聞部派佛教的凡夫僧所創造出來的。這樣的說法流傳於台灣及大陸佛教界凡夫僧之中已久，卻非眞正的佛教歷史中曾經發生過的事，只是繼承六識論的聲聞法中凡夫僧依自己的意識境界立場，純憑臆想而編造出來的妄想說法，卻已經影響許多無智之凡夫僧俗信受不移。本書則是從佛教的經藏法義實質及實證的現量內涵本質立論，證明大乘佛法本是佛說，是從《阿含正義》尚未說過的不同面向來討論「人間佛教」的議題，證明「大乘眞佛說」。閱讀本書可以斷除六識論邪見，迴入三乘菩提正道發起實證的因緣；也能斷除禪宗學人學禪時普遍存在之錯誤知見，對於建立參禪時的正知見有很深的著墨。平實導師 述，內文488頁，全書528頁，定價400元。

見性與看話頭：黃正倖老師的《見性與看話頭》於《正覺電子報》連載完畢，今集結出版。書中詳說禪宗看話頭的詳細方法，並細說看話頭與眼見佛性的關係，以及眼見佛性者求見佛性前必須具備的條件。本書是禪宗實修者追求明心開悟時參禪的方法書，也是求見佛性者作功夫時必讀的方法書，內容兼顧眼見佛性的理論與實修之方法，是依實修之體驗配合理論而詳述，條理分明而且極為詳實、周全、深入。本書內文375頁，全書416頁，售價300元。

中觀金鑑——**詳述應成派中觀的起源與其破法本質**：學佛人往往迷於中觀學派之不同學說，被應成派與自續派所迷惑；修學般若中觀二十年後自以爲實證般若中觀了，卻仍不曾入門，甫聞實證般若中觀者之所說，則茫無所知，迷惑不解；隨後信心盡失，不知如何實證佛法；凡此，皆因惑於這二派中觀學說所致。自續派中觀所說同於常見，以意識境界立爲第八識如來藏之境界，應成派所說則同於斷見，但又同立意識爲常住法，故亦具足斷常二見。今者孫正德老師有鑑於此，乃將起源於密宗的應成派中觀學說，追本溯源，詳考其來源之外，亦一一舉證其立論內容，詳加辨正，令密宗雙身法祖師以識陰境界而造之應成派中觀學說本質，詳細呈現於學人眼前，令其維護雙身法之目的無所遁形。若欲遠離密宗此二大派中觀謬說，欲於三乘菩提有所進道者，允宜具足閱讀並細加思惟，反覆讀之以後將可捨棄邪道返歸正道，則於般若之實證即有可能，證後自能現觀如來藏之中道境界而成就中觀。本書分上、中、下三冊，每冊250元，已全部出版完畢。

真心告訴您（一）——**達賴喇嘛在幹什麼？** 這是一本報導篇章的選集，更是「破邪顯正」的暮鼓晨鐘。「破邪」是戳破假象，說明達賴喇嘛及其所率領的密宗四大派法王、喇嘛們，弘傳的佛法是仿冒的佛法；他們是假藏傳佛教，是坦特羅(譚崔性交)外道法和藏地崇奉鬼神的苯教混合成的「喇嘛教」，推廣的是以所謂「無上瑜伽」的男女雙身法冒充佛法的假佛教，詐財騙色誤導眾生，常常造成信徒家庭破碎、家中兒少失怙的嚴重後果。「顯正」是揭櫫眞相，指出眞正的藏傳佛教只有一個，就是覺囊巴，傳的是 釋迦牟尼佛演繹的第八識如來藏妙法，稱爲他空見大中觀。正覺教育基金會即以此古今輝映的如來藏正法正知見，在眞心新聞網中逐次報導出來，將箇中原委「眞心告訴您」，如今結集成書，與想要知道密宗眞相的您分享。售價250元。

實相經宗通：學佛之目的在於實證一切法界背後之實相，禪宗稱之爲本來面目或本地風光，佛菩提道中稱之爲實相法界；此實相法界即是金剛藏，又名佛法之祕密藏，即是能生有情五陰、十八界及宇宙萬有（山河大地、諸天、三惡道世間）的第八識如來藏，又名阿賴耶識心，即是禪宗祖師所說的眞如心，此心即是三界萬有背後的實相。證得此第八識心時，自能瞭解般若諸經中隱說的種種密意，即得發起實相般若——實相智慧。每見學佛人修學佛法二十年後仍對實相般若茫然無知，亦不知如何入門，茫無所趣；更因不知三乘菩提的互異互同，是故越是久學者對佛法越覺茫然，都肇因於尚未瞭解佛法的全貌，亦未瞭解佛法的修證內容即是第八識心所致。本書對於修學佛法者所應實證的實相境界提出明確解析，並提示趣入佛菩提道的入手處，有心親證實相般若的佛法實修者，宜詳讀之，於佛菩提道之實證即有下手處。平實導師述著，共八輯，全部出版完畢，每輯成本價250元。

法華經講義：此書爲平實導師始從2009/7/21演述至2014/1/14之講經錄音整理所成。世尊一代時教，總分五時三教，即是華嚴時、聲聞緣覺教、般若教、種智唯識教、法華時；依此五時三教區分爲藏、通、別、圓四教。本經是最後一時的圓教經典，圓滿收攝一切法教於本經中，是故最後的圓教聖訓中，特地指出無有三乘菩提，其實唯有一佛乘；皆因眾生愚迷故，方便區分爲三乘菩提以助眾生證道。世尊於此經中特地說明如來示現於人間的唯一大事因緣，便是爲有緣眾生「開、示、悟、入」諸佛的所知所見——第八識如來藏妙眞如心，並於諸品中隱說「妙法蓮花」如來藏心的密意。然因此經所說甚深難解，眞義隱晦，古來難得有人能窺堂奧；平實導師以知如是密意故，特爲末法佛門四眾演述《妙法蓮華經》中各品蘊含之密意，使古來未曾被古德註解出來的「此經」密意，如實顯示於當代學人眼前。乃至〈藥王菩薩本事品〉、〈妙音菩薩品〉、〈觀世音菩薩普門品〉、〈普賢菩薩勸發品〉中的微細密意，亦皆一併詳述之，開前人所未曾言之密意，示前人所未見之妙法。最後乃至以〈法華大意〉而總其成，全經妙旨貫通始終，而依佛旨圓攝於一心如來藏妙心，厥爲曠古未有之大說也。平實導師述　已於2015/5/31起出版第一輯，每兩個月出版一輯，共有25輯。每輯300元。

西藏「活佛轉世」制度—附佛、造神、世俗法：歷來關於喇嘛教活佛轉世的研究，多針對歷史及文化兩部分，於其所以成立的理論基礎，較少系統化的探討。尤其是此制度是否依據「佛法」而施設？是否合乎佛法眞實義？現有的文獻大多含糊其詞，或人云亦云，不曾有明確的闡釋與如實的見解。因此本文先從活佛轉世的由來，探索此制度的起源、背景與功能，並進而從活佛的尋訪與認證之過程，發掘活佛轉世的特徵，以確認「活佛轉世」在佛法中應具足何種果德。定價150元。

真心告訴您(二)—達賴喇嘛是佛教僧侶嗎？補祝達賴喇嘛八十大壽：這是一本針對當今達賴喇嘛所領導的喇嘛教，冒用佛教名相、於師徒間或師兄姊間，實修男女邪淫，而從佛法三乘菩提的現量與聖教量，揭發其謊言與邪術，證明達賴及其喇嘛教是仿冒佛教的外道，是「假藏傳佛教」。藏密四大派教義雖有「八識論」與「六識論」的表面差異，然其實修之內容，皆共許「無上瑜伽」四部灌頂爲究竟「成佛」之法門，也就是共以男女雙修之邪淫法爲「即身成佛」之密要，雖美其名曰「欲貪爲道」之「金剛乘」，並誇稱其成就超越於（應身佛）釋迦牟尼佛所傳之顯教般若乘之上；然詳考其理論，則或以意識離念時之粗細心爲第八識如來藏，或以中脈裡的明點爲第八識如來藏，或如宗喀巴與達賴堅決主張第六意識爲常恆不變之眞心者，分別墮於外道之常見與斷見中；全然違背　佛說能生五蘊之如來藏的實質。售價300元。

涅槃：眞正學佛之人，首要即是見道，由見道故方有涅槃之實證，證涅槃者方能出生死，但涅槃有四種：二乘聖者的有餘涅槃、無餘涅槃，以及大乘聖者的本來自性清淨涅槃、佛地的無住處涅槃。大乘聖者實證本來自性清淨涅槃，入地前再取證二乘涅槃，然後起惑潤生捨離二乘涅槃，繼續進修而在七地心前斷盡三界愛之習氣種子，依七地無生法忍之具足而證得念念入滅盡定；八地後進斷異熟生死，直至妙覺地下生人間成佛，具足四種涅槃，方是眞正成佛。此理古來少人言，以致誤會涅槃正理者比比皆是，今於此書中廣說四種涅槃、如何實證之理、實證前應有之條件，實屬本世紀佛教界極重要之著作，令人對涅槃有正確無訛之認識，然後可以依之實行而得實證。本書共有上下二冊，每冊各四百餘頁，對涅槃詳加解說，每冊各350元。預定2018/9出版上冊，2018/11出版下冊。

解深密經講記：本經係 世尊晚年第三轉法輪，宣說地上菩薩所應熏修之唯識正義經典，經中所說義理乃是大乘一切種智增上慧學，以阿陀那識—如來藏—阿賴耶識爲主體。禪宗之證悟者，若欲修證初地無生法忍乃至八地無生法忍者，必須修學《楞伽經、解深密經》所說之八識心王一切種智；此二經所說正法，方是眞正成佛之道；印順法師否定如來藏之後所說萬法緣起性空之法，是以誤會後之二乘解脫道取代大乘眞正成佛之道，亦已墮於斷滅見中，不可謂爲成佛之道也。平實導師曾於本會郭故理事長往生時，於喪宅中從初七至第十七，宣講圓滿，作爲郭老之往生佛事功德，迴向郭老早證八地、速返娑婆住持正法；茲爲今時後世學人故，將擇期重講《解深密經》，以淺顯之語句講畢後將會整理成文，用供證悟者進道；亦令諸方未悟者，據此經中佛語正義，修正邪見，依之速能入道。平實導師述著，全書輯數未定，每輯三百餘頁，將於未來重講完畢後逐輯出版。

修習止觀坐禪法要講記：修學四禪八定之人，往往錯會禪定之修學知見，欲以無止盡之坐禪而證禪定境界，卻不知修除性障之行門才是修證四禪八定不可或缺之要素，故智者大師云「性障初禪」；性障不除，初禪永不現前，云何修證二禪等？又：行者學定，若唯知數息，而不解六妙門之方便善巧者，欲求一心入定，未到地定極難可得，智者大師名之爲「事障未來」：障礙未到地定之修證。又禪定之修證，不可違背二乘菩提及第一義法，否則縱使具足四禪八定，亦不能實證涅槃而出三界。此諸知見，智者大師於《修習止觀坐禪法要》中皆有闡釋。作者平實導師以其第一義之見地及禪定之實證證量，曾加以詳細解析。將俟正覺寺竣工啓用後重講，不限制聽講者資格；講後將以語體文整理出版。欲修習世間定及增上定之學者，宜細讀之。平實導師述著。

阿含經講記——小乘解脫道之修證：數百年來，南傳佛法所說證果之不實，所說解脫道之虛妄，所弘解脫道法義之世俗化，皆已少人知之；從南洋傳入台灣與大陸之後，所說法義虛謬之事，亦復少人知之；今時台灣全島印順系統之法師居士，多不知南傳佛法數百年來所說解脫道之義理已然偏斜、已然世俗化、已非眞正之二乘解脫正道，猶極力推崇與弘揚。彼等南傳佛法近代所謂之證果者多非眞實證果者，譬如阿迦曼、葛印卡、帕奧禪師、一行禪師……等人，悉皆未斷我見故。近年更有台灣南部大願法師，高抬南傳佛法之二乘修證行門爲「捷徑究竟解脫之道」者，然而南傳佛法縱使眞修實證，得成阿羅漢，至高唯是二乘菩提解脫之道，絕非究竟解脫，無餘涅槃中之實際尚未得證故，法界之實相尚未了知故，習氣種子待除故，一切種智未實證故，焉得謂爲「究竟解脫」？即使南傳佛法近代眞有實證之阿羅漢，尚且不及三賢位中之七住明心菩薩本來自性清淨涅槃智慧境界，則不能知此賢位菩薩所證之無餘涅槃實際，仍非大乘佛法中之見道者，何況普未實證聲聞果乃至未斷我見之人？謬充證果已屬逾越，更何況是誤會二乘菩提之後，以未斷我見之凡夫知見所說之二乘菩提解脫偏斜法道，焉可高抬爲「究竟解脫」？而且自稱「捷徑之道」？又妄言解脫之道即是成佛之道，完全否定般若實智、否定三乘菩提所依之如來藏心體，此理大大不通也！平實導師爲令修學二乘菩提欲證解脫果者，普得迴入二乘菩提正見、正道中，是故選錄四阿含諸經中，對於二乘解脫道法義有具足圓滿說明之經典，預定未來十年內將會加以詳細講解，令學佛人得以了知二乘解脫道之修證理路與行門，庶免被人誤導之後，未證言證，干犯道禁，成大妄語，欲升反墮。本書首重斷除我見，以助行者斷除我見而實證初果爲著眼之目標，若能根據此書內容，配合平實導師所著《識蘊眞義》《阿含正義》內涵而作實地觀行，實證初果非爲難事，行者可以藉此三書自行確認聲聞初果爲實際可得現觀成就之事。此書中除依二乘經典所說加以宣示外，亦依斷除我見等之證量，及大乘法中道種智之證量，對於意識心之體性加以細述，令諸二乘學人必定得斷我見、常見，免除三縛結之繫縛。次則宣示斷除我執之理，欲令升進而得薄貪瞋痴，乃至斷五下分結…等。平實導師述，共二冊，每冊三百餘頁。每輯300元。

＊喇嘛教修外道雙身法、墮識陰境界，非佛教＊

＊弘揚如來藏他空見的覺囊派才是真正藏傳佛教＊

總經銷： 飛鴻 國際行銷股份有限公司
231 新北市新店市中正路 501 之 9 號 2 樓
Tel.02－82186688（五線代表號） Fax.02-82186458、82186459

零售：1.**全台連鎖經銷書局：**
三民書局、誠品書局、何嘉仁書店
敦煌書店、紀伊國屋、金石堂書局、建宏書局
諾貝爾圖書城、墊腳石圖書文化廣場

2.**台北市：**佛化人生 **大安區**羅斯福路 3 段 325 號 6 樓之 4　台電大樓對面
3.**新北市：**春大地書店 **蘆洲區**中正路 117 號
4.**桃園市：**御書堂 **龍潭區**中正路 123 號
5.**新竹市：**大學書局 **東區**建功路 10 號
6.**台中市：**瑞成書局 **東區**雙十路 1 段 4 之 33 號
佛教詠春書局 **南屯區**永春東路 884 號
文春書店 **霧峰區**中正路 1087 號
7.**彰化市：**心泉佛教文化中心 南瑤路 286 號
8.**高雄市：**政大書城 **苓雅區**光華路 148-83 號
明儀書局 **三民區**明福街 2 號\
青年書局 **苓雅區**青年一路 141 號
9.**宜蘭市：**金隆書局　中山路 3 段 43 號
10.**台東市：**東普佛教文物流通處 博愛路 282 號
11.**其餘鄉鎮市經銷書局：**請電詢總經銷**飛鴻**公司。
12.**大陸地區請洽：**

香港：樂文書店
旺角店 :香港九龍旺角西洋菜街 62 號 3 樓
電話 : (852) 2390 3723　email: luckwinbooks@gmail.com
銅鑼灣店 :香港銅鑼灣駱克道 506 號 2 樓
電話 : (852) 2881 1150　email: luckwinbs@gmail.com

廈門：廈門外圖臺灣書店有限公司
地址：廈門市思明區湖濱南路809 號 廈門外圖書城3 樓 郵編：361004
電話：0592-5061658（臺灣地區請撥打 86-592-5061658）
E-mail：JKB118＠188.COM

13.**美國：世界日報圖書部：**紐約圖書部　電話 7187468889#6262
洛杉磯圖書部　電話 3232616972#202

14.**國內外地區網路購書：**
正智出版社 書香園地　http://books.enlighten.org.tw/
（書籍簡介、經銷書局可直接聯結下列網路書局購書）
三民 網路書局　http://www.sanmin.com.tw
誠品 網路書局　http://www.eslitebooks.com

博客來 網路書局　http://www.books.com.tw
金石堂 網路書局　http://www.kingstone.com.tw
飛鴻 網路書局　http://fh6688.com.tw

附註：1.請儘量向各經銷書局購買：郵政劃撥需要八天才能寄到（本公司在您劃撥後第四天才能接到劃撥單，次日寄出後第二天您才能收到書籍，此六天中可能會遇到週休二日，是故共需八天才能收到書籍）若想要早日收到書籍者，請劃撥完畢後，將劃撥收據貼在紙上，旁邊寫上您的姓名、住址、郵區、電話、買書詳細內容，直接傳眞到本公司 02-28344822，並來電 02-28316727、28327495 確認是否已收到您的傳眞，即可提前收到書籍。 2.因台灣每月皆有五十餘種宗教類書籍上架，書局書架空間有限，故唯有新書方有機會上架，通常每次只能有一本新書上架；本公司出版新書，大多上架不久便已售出，若書局未再叫貨補充者，書架上即無新書陳列，則請直接向書局櫃台訂購。 3.若書局不便代購時，可於晚上共修時間向正覺同修會各共修處請購（共修時間及地點，詳閱**共修現況表**。每年例行年假期間請勿前往請書，年假期間請見共修現況表）。 4.郵購：郵政劃撥帳號 19068241。 5.正覺同修會會員購書都以八折計價（戶籍台北市者爲一般會員，外縣市爲護持會員）都可獲得優待，欲一次購買全部書籍者，可以考慮入會，節省書費。入會費一千元（第一年初加入時才需要繳），年費二千元。**6.尚未出版之書籍，請勿預先郵寄書款與本公司，謝謝您！** 7.若欲一次購齊本公司書籍，或同時取得正覺同修會贈閱之全部書籍者，請於正覺同修會共修時間，親到各共修處請購及索取；**台北市讀者**請洽：103 台北市承德路三段 267 號 10 樓（捷運淡水線 圓山站旁）請書時間：週一至週五爲 18.00~21.00，第一、三、五週週六爲 10.00~21.00，雙週之週六爲 10.00~18.00 請購處專線電話：25957295-分機 14（於請書時間方有人接聽）。

敬告大陸讀者：

大陸讀者購書、索書捷徑（尚未在大陸出版的書籍，以下二個途徑都可以購得，電子書另包括結緣書籍）：

1.廈門外國圖書公司：廈門市思明區湖濱南路 809 號 廈門外圖書城 3F
郵編：361004　電話：0592-5061658　網址：http://www.xibc.com.cn/

2.電子書：正智出版社有限公司及正覺同修會在台灣印行的各種局版書、結緣書，已有『**正覺電子書**』陸續上線中，提供讀者於手機、平板電腦上購書、下載、閱讀正智出版社、正覺同修會及正覺教育基金會所出版之電子書，詳細訊息敬請參閱『正覺電子書』專頁：http://books.enlighten.org.tw/ebook

關於平實導師的書訊，請上網查閱：

成佛之道　http://www.a202.idv.tw

正智出版社 書香園地　http://books.enlighten.org.tw/

中國網採訪佛教正覺同修會、正覺教育基金會訊息：

http://big5.china.com.cn/gate/big5/fangtan.china.com.cn/2014-06/19/content_32714638.htm

http://pinpai.china.com.cn/

★ 正智出版社有限公司售書之稅後盈餘，全部捐助財團法人正覺寺籌備處、佛教正覺同修會、正覺教育基金會，供作弘法及購建道場之用；懇請諸方大德支持，功德無量。

★ 聲　明 ★

本社於 2015/01/01 開始調整本目錄中部分書籍之售價，以因應各項成本的持續增加。

＊ 喇嘛教修外道雙身法、墮識陰境界，非佛教 ＊

＊ 弘揚如來藏他空見的覺囊派才是真正藏傳佛教 ＊

換書及道歉公告

《法華經講義》第十三輯，因謄稿、印製等相關人員作業疏失，導致該書中的經文及內文用字將「**親近**」誤植成「清淨」。茲爲顧及讀者權益，自 2017/8/30 開始免費調換新書；敬請所有讀者將以前所購第十三輯初版首刷及二刷本，攜回或寄回本社免費換新，或請自行更正其中的錯誤之處；郵寄者之回郵由本社負擔，不需寄來郵票。同時對因此而造成讀者閱讀、以及換書的困擾及不便，在此向所有讀者致上最誠懇的歉意，祈請讀者大眾見諒！錯誤更正說明如下：

一、第 256 頁第 10 行~第 14 行：【就是先要具備「**法親近處**」、「**眾生親近處**」；法**親近**處就是在實相之法有所實證，如果在實相法上有所實證，他在二乘菩提中自然也能有所實證，以這個作爲第一個**親近**處——第一個基礎。然後還要有第二個基礎，就是瞭解應該如何善待眾生；對於眾生不要有排斥或者是貪取之心，平等觀待而攝受、親近一切有情。以這兩個**親近**處作爲基礎，來實行其他三個安樂行法。】。

二、第 268 頁第 13 行：【具足了那兩個「**親近處**」，使你能夠在末法時代，如實而圓滿的演述《法華經》時，那麼你作這個夢，它就是如理作意的，完全符合邏輯去完成這個過程，就表示你那個晚上，在那短短的一場夢中，已經度了不少眾生了。】

正智出版社有限公司 敬啓

國家圖書館出版品預行編目(CIP)資料

金剛經宗通／平實導師述. -- 初版. -- 臺北市：
正智，2013.01
冊；　公分
ISBN 978-986-6431-33-3（第 1 輯：平裝）
ISBN 978-986-6431-37-1（第 2 輯：平裝）
ISBN 978-986-6431-38-8（第 3 輯：平裝）
ISBN 978-986-6431-39-5（第 4 輯：平裝）
ISBN 978-986-6431-48-7（第 5 輯：平裝）
ISBN 978-986-6431-49-4（第 6 輯：平裝）
ISBN 978-986-6431-50-0（第 7 輯：平裝）
ISBN 978-986-6431-51-7（第 8 輯：平裝）
ISBN 978-986-6431-60-9（第 9 輯：平裝）
1.般若部
221.44　　　　101007242

金剛經宗通——第六輯

著述者：平實導師
音文轉換：劉惠莉
校對：章乃鈞 陳介源 孫淑貞 傅素嫻 王美伶
出版者：正智出版社有限公司
電話：○二 28327495　28316727（白天）
傳眞：○二 28344822
111 台北郵政 73-151 號信箱
郵政劃撥帳號：一九○六八二四一
正覺講堂：總機○二 25957295（夜間）
總經銷：飛鴻國際行銷股份有限公司
231 新北市新店區中正路 501-9 號 2 樓
電話：○二 82186688（五線代表號）
傳眞：○二 82186458　82186459
初版首刷：二○一三年三月三十一日　二千冊
初版七刷：二○一八年六月　二千冊
定　價：二五○元